新时代

油气田企业与属地文化融合研究

编著 蒋彬 杜强 张莉 裴森奇

编委 陈军 胡可超 张丽耘 胡文英 刘永柯
应宏 王应容 王领林 刘世平 赵沁沛
曾刚 王凯 胡小英 王子瑞

四川大学出版社
SICHUAN UNIVERSITY PRESS

图书在版编目（CIP）数据

新时代油气田企业与属地文化融合研究 / 蒋彬等编著. —成都：四川大学出版社，2023.5
　　ISBN 978-7-5690-6073-7

Ⅰ.①新… Ⅱ.①蒋… Ⅲ.①石油企业－关系－地方文化－文化研究－四川 Ⅳ.①F426.22 ②G127.71

中国国家版本馆CIP数据核字（2023）第058329号

书　　名：	新时代油气田企业与属地文化融合研究
	Xinshidai Youqitian Qiye yu Shudi Wenhua Ronghe Yanjiu
编　著：	蒋　彬　杜　强　张　莉　裴森奇

选题策划：孙明丽
责任编辑：孙明丽
责任校对：吴连英
装帧设计：墨创文化
责任印制：王　炜

出版发行：四川大学出版社有限责任公司
　　　　　地址：成都市一环路南一段24号（610065）
　　　　　电话：（028）85408311（发行部）、85400276（总编室）
　　　　　电子邮箱：scupress@vip.163.com
　　　　　网址：https://press.scu.edu.cn
印前制作：四川胜翔数码印务设计有限公司
印刷装订：四川煤田地质制图印务有限责任公司

成品尺寸：170mm×240mm
印　　张：13.75
字　　数：263千字
版　　次：2023年5月第1版
印　　次：2023年5月第1次印刷
定　　价：58.00元

本社图书如有印装质量问题，请联系发行部调换

版权所有　◆　侵权必究

序一

党的二十大报告提出"深入推进能源革命，加强煤炭清洁高效利用，加大油气资源勘探开发和增储上产力度"，这为建设新时代清洁低碳、安全高效的新型能源体系指明了方向和目标。如今，油气田企业发展的宏观环境和微观环境都发生了极大变化，打造油气田企业新型文化，为油气田企业发展提供精神动力和智力支撑，推动油气田企业转型升级，对于实现可持续发展并保障能源安全具有重大现实意义。企业文化是企业的精神和灵魂。在全党全国各族人民向第二个百年奋斗目标进军的新征程中，加强油气田企业文化建设，将油气田企业的政治优势、文化优势有效转化为竞争优势、发展优势，是油气田企业完善战略体系、提升竞争力的无形力量和有效资本，能为推进企业高质量发展提供不可或缺的价值引导力、文化凝聚力、精神推动力和核心竞争力。

油气田企业在创造巨大物质财富的同时，也创造了巨大的精神财富，形成了以"大庆精神""铁人精神""苦干实干""三老四严"为核心的石油精神，以"和合共生 气美家国"为理念的合气文化，并由此形成了独具油气田企业特色的文化体系。但是，油气田企业的生产经营特点使企业与资源地之间一直存在彼此影响、相辅相成的关系，因此，必须结合地方因素因地制宜地进行企业文化建设和创新。研究表明，油气田企业文化与资源地文化之间存在"基因图谱关联"，找准两者间的结合点，形成油气田企业文化与资源地文化融合发展的生态体系，既是企业文化具化的有效手段，也是构建和谐企地关系的重要方式。基于此，专著立足油气田企业文化优势与资源地文化优势，以文化融合为突破口，以中国石油集团公司西南油气田分公司川西北气矿为典型案例，结合时代特征，积极探索企地文化融合的新思路、新形式、新途径，通过双方文化的同化、感应、渗透、重塑，提出了油气田企业企地文化融合的发展模式及融合机制。

本书不仅对油气田企业文化建设具有直接的指导价值，对于其他企业的企业文化建设也具有普遍的借鉴意义。

中国工程院院士，石油工程专家，西南石油大学教授、博士生导师

序二

新时代背景下，党中央提出可持续发展战略，要求全社会完整准确全面贯彻创新、协调、绿色、开放、共享的新发展理念。油气田企业在油气生产过程中往往会给属地带来较大的自然环境和社会环境影响，容易引发企业与属地之间的矛盾冲突。为了化解企业和地方（以下简称"企地"）之间的这种矛盾，有必要探索属地文化与企业文化的共性，研究新时代背景下油气田企业文化与属地文化之间的碰撞与融合的机制，由表及里地解决油气田企业发展过程中与地方之间存在的各种矛盾。

本书以文化融合相关理论为基础，以企业文化与地方文化内涵为核心，提出新时代背景下油气田企业文化的新内涵，并针对国有企业文化建设中的问题，结合油气田企业文化建设实践现状，提出新时代加强国有企业文化建设的手段和路径，分析油气田企业与属地文化融合的重要性和可行性，为实现企地文化高效融合奠定了扎实的理论基础。

本书借鉴相关文化融合模型并从中获得启示，提出油气田企地文化融合机制的构建思路与原则，以及新时代油气田企地文化融合模型，为类似性质的企业实现企地文化融合提供了有益的指导。

本书以中国石油集团公司西南油气田分公司川西北气矿为案例，按照所构建的油气田企地文化融合机制与模型，对企业发展要素和资源地发展要素进行分析，探究了企地文化发展要素的可融合性，提出构建"五位一体"的新型企地关系，以实现企地文化发展要素融合体系与其他发展要素融合体系的协同建设。同时，总结"川西北气矿"企地文化融合示范工程建设实践，提出新时代企地文化融合工程建设的指导思想与原则，以及深化企地合作需实现的目标，为如何实现"以目标为导向，推动企业文化在属地的渗透与融合，建设多种形式的企地文化融合示范工程"提供了鲜活的、有说服力的案例。

最后，本书针对企地融合实践中存在的问题，系统性地从组织领导、理念转变、理论研究、配套政策和平台搭建五个方面提出企地文化融合的保障措施，并最终形成企地关系和谐发展、企地经济有效增长、企地政治忠诚廉洁、企地文化有效开发、企地生态有效保护的企地融合目标价值体系。

黄进

四川省社会科学院社会学研究所所长，社会发展与公共政策研究中心主任

序三

企业文化作为企业生存、竞争和发展的灵魂，是优化企业人文素质，提高企业竞争力，促进企业经济效益增长的重要抓手。随着新时代的经济社会发展，为了适应环境变化，企业应该把握新时代中国企业文化的本质内涵，把中国特色社会主义的新时代特征深深地融入企业文化建设中。油气田企业作为国有企业更应该敢为人先，积极响应，通过企业文化建设来引导企业的发展。

本书围绕党中央提出的可持续发展战略，针对油气田企业在生产与发展过程中产生的问题，提出通过寻找企业文化与属地文化的共性，实现企地文化融合，以此缓解企地矛盾，实现油气田企业与资源地的协调可持续发展。

本书对企地文化相关理论做了概括性梳理，阐述了新时代油气田企业文化的内涵，结合新时代特征分析了国有企业重视企业文化建设的理论意义和实践意义，提出新时代加强国有企业文化建设的手段和路径，为实现企地文化高效融合奠定了扎实的理论基础。在此基础上，本书以已有的文化融合模型为基础，结合融合机制构建原理，提出了新时代油气田企地文化融合机制模型。

本书以中国石油集团公司西南油气田分公司川西北气矿为典型代表，按照所构建的新时代油气田企地文化融合机制模型，分析了油气田企业与资源地发展要素的可融合性，提出了企地文化融合示范工程建设的思路和布局，以及推进油气田企地文化融合建设的措施，全面系统地展示了能源型国有企业如何实现企业文化与地方文化的高效融合。

固国安邦的政治责任、促进发展的经济责任、和谐幸福的社会责任是石油企业的三大责任，石油企业的生产经营特点决定了企业发展必须与地方的

新时代油气田企业与属地文化融合研究

经济、政治、文化、社会和生态发展紧密结合、相辅相成。属地企业文化必须与属地文化有效融合，并最终形成企地和谐持续发展、企地经济有效增长、企地政治忠诚廉洁、企地文化有效开发、企地生态有效保护的企地融合目标价值体系，才能让企业和地方同心同向同行，实现企业和地方的可持续发展。

四川大学商学院教授、博士生导师，四川大学中国科技金融中心副主任，成都市科技金融协会会长

目 录

第一章　企地文化相关理论与研究 ……………………………………（1）
　　第一节　企业文化的内涵及相关研究 ………………………………（1）
　　第二节　地方文化的内涵及相关研究 ………………………………（17）
　　第三节　企地文化融合相关研究 ……………………………………（20）

第二章　新时代油气田企业文化的内涵和建设路径 …………………（37）
　　第一节　新时代企业文化 ……………………………………………（37）
　　第二节　新时代国企文化建设 ………………………………………（42）
　　第三节　新时代油气田企业文化建设的意义和实践 ………………（51）

第三章　油气田企业与属地文化融合的重要性和可行性 ……………（59）
　　第一节　油气田企业文化建设现状 …………………………………（59）
　　第二节　油气田企业企地文化融合的重要性 ………………………（64）
　　第三节　油气田企业企地文化融合的可行性 ………………………（69）

第四章　新时代油气田企地文化融合机制的构建 ……………………（89）
　　第一节　文化融合模型及其启示 ……………………………………（89）
　　第二节　油气田企地文化融合机制构建的思路与原则 ……………（94）
　　第三节　新时代油气田企地文化融合机制设计 ……………………（101）

第五章　油气田企业与资源地发展要素的融合 ………………………（106）
　　第一节　油气田企业发展要素分析 …………………………………（106）
　　第二节　资源地发展要素分析 ………………………………………（110）
　　第三节　油气田企业与资源地发展要素可融合性分析 ……………（121）

第六章　新时代油气田企地文化融合示范工程建设 …………………（129）
　　第一节　企地文化融合工程建设指导思想与原则 …………………（129）
　　第二节　企地文化融合工程建设目标 ………………………………（138）
　　第三节　企地文化融合示范工程建设布局 …………………………（144）

第七章　推进油气田企地文化融合建设的措施……………………（172）
　第一节　加强企地文化融合发展的组织领导…………………（172）
　第二节　强化理念转变，处理好企地文化融合的关系…………（178）
　第三节　加强企地文化融合理论研究……………………………（185）
　第四节　落实企地文化融合发展的配套政策……………………（191）
　第五节　搭建企地文化融合发展服务平台………………………（198）
参考文献……………………………………………………………（205）

第一章 企地文化相关理论与研究

第一节 企业文化的内涵及相关研究

一、企业文化概述

（一）企业文化的内涵

企业文化是企业在经营实践过程中形成的一种基本精神和凝聚力，它代表了企业全体职工的共同价值观念和行为准则。企业文化也是企业领导和职工在企业经营过程中的文化素质和文化行为的综合，企业文化建设中的组织措施以及组织制度等均属于企业文化的范畴。丹尼森（1984）认为，企业文化是"在一定的社会经济条件下，通过社会实践所形成的并为全体成员遵循的共同意识、价值观念、职业道德、行为规范和准则的总和，是一个企业或一个组织在自身发展过程中形成的以价值为核心的独特的文化管理模式"。陈春花（1999）认为，从狭义方面来说，组织文化是企业在生产经营过程中所形成的企业精神和凝聚力，以及组织成员共同拥有的价值观和行为规范；从广义方面来说，组织文化还包括企业家和员工的文化素养和文化意识，包括企业中关于组织文化建设的相关制度、措施以及标准等。不同学者对企业文化的内涵有不同的认识，表1-1给出了一些代表性的定义。

表1-1 不同学者对企业文化的定义

学者（年代）	定义
霍夫斯泰德（1980）	"企业心理"及组织的潜意识
丹尼尔·丹尼森（1984）	价值、信念及行为模式，一个组织的核心认同
埃德加·沙因（1985）	一组成员共同享有的基本假设

续表

学者（年代）	定义
河野丰弘（1990）	企业成员共同拥有的价值观、共同想法、意见决定的方式以及共同的行为模式，也是社会风气、公司风气、企业形态、企业气质、企业精神等的总称
约翰·科特（1997）	共同拥有的企业价值观和经营实践
陈春花（1999）	狭义：组织文化是企业在生产经营过程中所形成的企业精神和凝聚力，以及组织成员共同拥有的价值观和行为规范；广义：组织文化还包括企业家和员工的文化素养和文化意识，包括企业中关于组织文化建设的相关制度、措施以及标准等

在管理学领域，企业文化往往和组织文化表达同一个概念，即企业或组织的价值观、信念、仪式、符号、处事方式等组成的特有的文化形象。从总体角度来看，企业文化根据其内容大致可分为三个层次，即企业的历史文化、企业的经营文化、企业精神的建设和经营文化。

综上，企业文化是企业在长期生产、经营、建设、发展过程中所形成的管理思想、管理方式、管理理论、群体意识，以及与之相适应的思维方式和行为规范的总和；是企业领导层提倡、上下共同遵守的文化传统和不断革新的一套行为方式。它体现为企业价值观、经营理念和行为规范，渗透于企业的各个领域和全部时空。其核心内容是企业价值观、企业精神、企业经营理念的培育，是企业职工思想道德风貌的提升。通过企业文化的建设，企业的人文素质得以优化，企业竞争力得到提高，从而促进企业社会效益和经济效益的增长。

企业文化建设的一项重点内容就是一个企业在其生产经营管理全过程中，要始终保持自己的价值观念和企业精神，这对于一个企业的全局性发展与未来建设都非常关键。一般情况下，企业文化往往是指企业最核心的文化，也是企业抽象核心层的主要表现。

（二）企业文化的特性

1. 客观性

无论人们承认与否、喜欢与否，无论被人们感知到多少、认识到什么程度，企业文化会对每一名组织成员的行为产生某种程度的影响，从而影响组织的发展变化。企业文化客观存在的这一特性，被称为客观性。作为人类文化系统的一个重要组成部分，企业文化同其他文化一样，是与其载体共生的。尽管不同的组织由于内容、规模、结构、形式等不同而具有不同特点的组织文化，尽管同一组织在不同发展阶段，其组织文化的鲜明、系统、成熟程度会存在明显差异，但组织文化必然与组织相伴而生。

2. 独特性

就像世界上没有完全相同的两片树叶一样，每个企业都有其独特的企业文化。企业存在于不同的社会环境之中，并会受到民族文化的滋养，具有社会性和民族性的特征。比如，美国企业的企业文化一般更加强调个人的能力和奋斗精神；日本企业的企业文化受到中国儒家思想的影响，更强调团队合作与家族精神。企业文化的独特性决定了它对组织本身的依赖性。

3. 稳定性

就像人的性格，企业文化是在长期实践中逐渐积累而成的，具有较强的稳定性，不会因为组织结构的改变、战略的转移或者产品与服务的调整而发生急剧变化。这是因为在组织的内外环境发生变化时，组织成员的认知和行为往往会有一个滞后期，有时甚至在很长的时间内不会发生变化。改变企业成员根深蒂固的思想观念和行为习惯往往需要数年潜移默化的影响。

4. 人本性

人是一切文化的创造者，是一切意识形态的创造者。在企业文化的所有要素中，人始终处于中心地位，即企业文化是围绕着人的因素而展开的。好的企业文化的核心就是以人为本，为人的全面发展和人的价值实现创造机会与条件，做到尊重人、理解人、关心人、依靠人、发展人和服务人。

5. 发展性

就像其他客观事物一样，企业文化不是一成不变的，它会随着历史的积累、环境的变化、社会的进步以及企业、组织的战略变革逐步演进和发展。健康的企业文化有助于组织适应变革，不健康的企业文化可能导致组织朝着不好的方向发展。企业领导者应该正确认识企业文化的发展性，随时关注企业文化的发展方向。

6. 隐藏性

就像生长环境会对人的成长带来潜移默化的影响，企业文化也一样，企业成员平时很难意识到它的存在，但是它会对企业成员的思想观念、行为习惯等带来潜移默化的影响。这种影响是无形的、隐藏的，往往只有在对比和变化中才能发现它的存在。

（三）企业文化的结构

企业文化一般分为三个结构层次：显现层、表层和潜层。

1. 显现层的文化载体

显现层又称物质层，是凝聚着组织文化抽象内容的物质体的外在显现，它既包括了组织整个物质和精神的活动过程的组织行为、产出等外在表现形式，也包括了组织实体性的文化设施，如图书馆等。它是组织文化最直观、最易感知的部分。

2. 表层的制度系统

这是体现某个具体组织的文化特色的各种规章制度、行为准则、伦理规范以及组织内分工协作的组织结构。它是组织文化核心层与显现层的中间层，是由虚体文化向实体文化转化的中介。

3. 潜层的精神活动

这是企业文化中的核心和主体，是组织成员共同而潜在的意识形态，包括合作精神、价值观念、敬业精神、道德规范等。

（四）企业文化在企业发展中的意义

1. 企业文化是企业核心竞争力的关键所在

企业文化具有鲜明的个性和时代特色，是企业的灵魂，是构成企业核心竞争力的关键所在，是企业发展的原动力。毛泽东曾说过，没有文化的军队是愚蠢的军队，而愚蠢的军队是不能战胜敌人的。企业也是一样，没有文化的企业，是不能在竞争中取胜的。企业要进一步发展，真正成为一流企业，就要借助企业文化强大的推动力。纵观世界上成功的企业，必然都有先进的企业文化作支撑，没有卓越的企业价值观、企业精神，企业经营目标便无法实现。随着全球经济一体化进程的不断加快，企业迫切需要提高自己的内部凝聚力和外部竞争力，从而谋求在新形势下的发展。为实现这一目标，企业需要进行系统性变革，而变革的核心就是充分发挥企业文化的力量，进一步提升企业的竞争能力，使企业立于不败之地。

2. 企业文化可增强企业的凝聚力、向心力

优秀的企业文化能为员工提供健康向上、陶冶情操、愉悦身心的精神食粮，能营造和谐的人际关系与高尚的人文环境。企业内部各种文娱活动的开展，丰富了员工的业余生活，加强了员工之间的团结、沟通合作和团队意识；企业的激励机制，分别从物质、荣誉和个人价值三个方面激励员工奋发向上、开拓创新、建功立业的信心和斗志；各种学习和培训使员工丰富了知识、增长了才干，让他们能更好地在企业里实现个人的价值。在具有良好企业文化的企业里工作，员工能在本职岗位上各尽其能，积极进取，使企业内形成一个风气正、人心齐、奋发向上、生动活泼的局面。有这样高素质员工队伍的企业，便

能适应日益变化的经济形势，不断发展壮大。

3. 企业文化对员工起着内在的约束作用

"企业即人"，企业文化是企业人的文化，是人的价值理念。这种价值理念和思想道德属于同一种范畴，都是一种内在约束，即人们在思想理念上的自我约束，是对外在约束的一种补充。经营企业首先依靠企业制度，但制度总是落后于企业的发展，一旦企业制度失效，靠什么来约束员工的行为？就要靠企业文化来约束，靠企业的价值观来约束，使员工少犯或不犯错误。企业文化在一定程度上潜移默化地影响着企业员工的思维模式和行为模式，引导和牵引着企业员工保持健康的心态，追求精神的富足，反腐倡廉、洁身自爱，堂堂正正做人。

事实上，企业一旦发展壮大，单靠权力和制度来管理企业往往会显得力不从心，此时，就需要第三方力量来协助管理企业，引导或约束员工的行为。这个力量没有权力的强迫性，没有制度的威慑性，能和员工进行心灵上的沟通、交流和引导，使员工时时处处自觉约束自己的行为。这个力量就是企业文化的力量。

4. 企业文化对员工起着导向、激励作用

企业文化就像一座无形的灯塔，指引员工朝着某个方向不断前进，这就是企业文化的导向性。在企业价值观和企业精神潜移默化的影响下，员工能将个人目标与企业目标结合起来，使得企业稳定发展。企业文化同时对员工起着激励作用。良好的企业文化可以为企业营造一个团结协作的氛围，在这种氛围中，员工的主动性、积极性会被有效激发。同时，处于轻松愉悦的工作氛围中，员工更容易产生富有创意的想法。

5. 企业文化可促进企业经济效益的提升

企业文化作为一项高级形态的管理职能，它最终的绩效应该体现在企业的经营业绩上。美国学者约翰·科特和詹姆斯·赫斯克特经过11年的艰苦研究，总结了200多家企业的绩效情况，最后集中到10家典型公司的企业文化和经营关系上，证明了企业文化对企业经济效益的提升具有很大的促进作用。

（五）企业文化的塑造

企业文化的塑造是一个长期的过程，也是企业发展过程中一项艰巨、细致的系统工程。从路径上讲，企业文化的塑造需要经过以下几个阶段。

1. 选择合适的企业价值观标准

企业价值观是整个企业文化的核心内容，选择合适的企业价值观是塑造良好企业文化的首要任务。在选择时，一是要根据企业自身的目的、环境要求和组成方式等特点选择适合自身发展的文化模式；二是要把握好组织价值观与组织文化各要素之间的协调关系；三是要符合组织的战略发展方向。

2. 强化组织成员的认同感

选择并确定了企业价值观和企业文化模式之后，就可以将基本认可的方案通过一定的强化方式进行宣传，使之在组织成员心中根深蒂固。一是要通过多种宣传媒体和形式宣传企业文化的精华部分，使其深入人心，以造势的方式创造浓厚的企业文化氛围。二是培养和树立典型，使之成为企业精神和文化的形象代表，并以其特有的感召力和影响力为组织成员提供可以效仿的具体榜样。三是加强培训和教育，使成员系统地接受组织的价值观并强化成员的认同感，例如企业人力资源部门组织的新员工入职培训。

3. 提炼定格

组织文化的塑造不可能一蹴而就，必须经过认真分析、全面归纳、提炼定格三个环节才能完成。一是认真分析：在经过组织员工的初步认同和实践后，对反馈回来的意见加以剖析和评价，详细分析和比较实践结果与规划方案之间的差距，吸收采纳有关专家和员工的合理意见。二是全面归纳：在系统分析的基础上，进行综合整理、归纳、总结和反思，去除那些落后或不适合的内容和形式，保留积极进步的形式和内容。三是提炼定格：把经过科学论证和实践检验的组织精神、组织价值观、组织伦理与行为条理化、格式化，再经过必要的理论加工和文字处理，用精练的语言表达出来。

4. 巩固落实

要巩固落实已提炼定格的企业文化，首先，建立必要的保障制度。在企业文化演变成为全体员工的行为习惯之前，要使每位员工都自觉主动地按照企业文化和企业精神的标准去行动比较困难，即使在企业文化非常成熟的组织中，个别成员背离企业文化宗旨的行为也是经常发生的。因此，建立某种奖优罚劣的规章制度十分必要。其次，领导者在塑造企业文化的过程中应该起到率先垂范的作用。最后，还可以通过定期或不定期的巡检、督导来强化企业文化的落地。

5. 不断丰富和完善

企业文化的进化是一个不断淘汰旧文化和不断生成新文化的过程，也是一个认识与实践不断深化的过程。企业文化在此循环往复中实现螺旋式上升，以达到更高层次。

二、企业文化的主流模型

（一）沙因企业文化三层次模型

麻省理工学院斯隆管理学院的埃德加·沙因（Edgar H. Schein）教授提出了一种十分著名的文化模式。

自西方管理学界揭开企业文化研究的序幕后，沙因（2004）率先提出关于组织文化本质的概念，其组织文化三层次模型是目前中外定义企业文化最常参考的标准。他指出，不同领域的学者从各自的角度对组织文化做出定义，包括交往中可见的行为规则、群体规范、信奉的价值观、正式的理念、游戏规则和组织氛围等。这些概念虽然与组织成员共享的内容相关，但没有触及组织文化的本质。在前人研究的基础上，沙因概括了文化的几个特征：①结构稳定性，即文化暗中说明群体某种程度的稳定性；②深度，指文化一般是组织中最深层次的、无意识的部分；③宽度，指文化一经形成便会渗透到组织的方方面面，影响组织的运行；④模式化或整合，是指文化能够把惯例、气氛、价值观和行为融合成为一个整体。

在全面分析文化的基础上，沙因在《组织文化与领导》（1992）一书中将组织文化定义为：一个群体的文化就是特定群体在处理其外部适应性问题，以及内部聚合问题时，发明、发现或发展出来的一种共享的基本假设，因其运作良好，被组织视为有效机制，并作为思考和解决问题的正确方式传承给新的组织成员。1996 年，沙因又将组织文化定义为："一系列的内隐假设，有关一群人如何分享和决定他们的认知、思想、情感以及公开行为的程度。它借由组织成员的共享历史和期望，以及他们之间的社会互动的产出所形成。"

沙因认为文化是一个整体，由以下三个相互作用的层次组成。

（1）人工制品：文化的人工成分是文化的表层，涵盖了当你偶然遇到一个新的群体并且不熟悉它的文化时所看到、听到和感受到的所有现象。人工制品是那些外显的文化产品，能够看得见、听得见、摸得着，是文化最表面、最明显的层次，虽然容易观察，但却不易被理解。尽管内部文化的这一层次对外部成员来说是最显而易见的，但这些"物质形态"却揭示了企业的一些重要特征。

（2）信奉的价值观：藏于人工制品之下的便是组织的"信仰与价值"，是组织的战略、目标和哲学体系。信奉的价值观是组织成员对应该持有怎样的文化而非文化的实际状况如何的信念，包括组织公开倡导的价值观、使命、愿景、行为规范等。它反映在组织的战略目标和意识形态当中，是被组织认为理所当然的共享认知。

（3）基本假设：被实践反复证明具有科学性的信仰和价值观，会转化成组织文化的核心层次——基本假设。基本假设是组织中潜意识的一些思想、信仰和假设，具有组织行为模式的终极解释力，基本假设一旦形成，就会反过来支配组织的价值观和行为。"组成一个群体文化的共享基本假设可以被认为是个体和群体层面上的心理认知防御机制，它使群体有可能存续下去。同时，这一层次的文化为其成员提供了基本的身份感，并且界定了为人提供自尊的价值观。"在沙因看来，基本假设是组织文化的核心，只有充分了解一个组织的基本假设层次，才能真正了解组织文化。组织文化的核心或精华是早已在人们头脑中生根的不被意识到的假设、价值、信仰、规范等，由于它们大部分出于一种无意识的层次，所以很难被观察到。然而，正是由于它们的存在，我们才得以理解每一个具体组织事件为什么会以特定的形式发生，这些基本隐性假设存在于人们的自然属性、人际关系与活动、现实与事实之中。

沙因的三层次文化模型如图 1-1 所示。

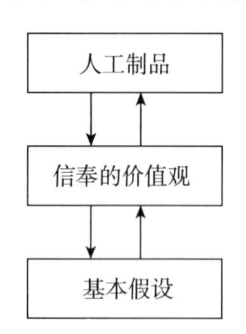

人工制品　　可视化的组织结构和过程（难以解释）

信奉的价值观　　战略、目标、哲学体系（信奉的理由）

基本假设　　无意识的，被认为是理所当然的信念、知觉、思想和感觉（价值和行动的最终来源）

图 1-1　三层次文化模型

组织文化"从潜意识到可见面等各种层面均发挥作用"。沙因认为，组织文化的作用主要体现在解决组织的两个基本问题方面。其一，有助于解决外部环境适应问题。任何组织应能够在与它相关的不断变化的环境中得以存续，在这个过程中组织与环境的相互作用形成了组织文化，文化又反作用于环境。其二，有助于组织内部整合，形成凝聚力。组织的形成过程，从内部看也就是人们的合作共事和人际协调过程。沙因认为，一个群体如果不能管理好内部成员之间的关系，就不能顺利地完成任务并实现生存发展。

（二）丹尼森组织文化模型

丹尼森组织文化模型是由瑞士洛桑国际管理学院著名教授丹尼尔·丹尼森（Daniel Denison）创建的，是组织文化诊断的有力工具。

丹尼森对 1500 多家样本公司进行研究后指出，参与性（Involvement）、一致性（Consistency）、使命（Mission）与适应性（Adaptability）这四大文化特征对一个组织的经营发展具有重大影响。在后续的研究中，丹尼森将上述四个企业文化维度又分别细分为三个考察维度，如图 1-2 所示。参与性是从授权、团队导向与能力发展三个维度来考察；一致性是从核心价值观、配合、协调与整合三个维度来考察；使命是从愿景、目标、战略导向与意图三个维度来考察；适应性是从组织学习、顾客至上、创造变革三个维度来考察。利用这 12 个考察维度，能够比较准确地确定某一组织的文化类型与明显特征。

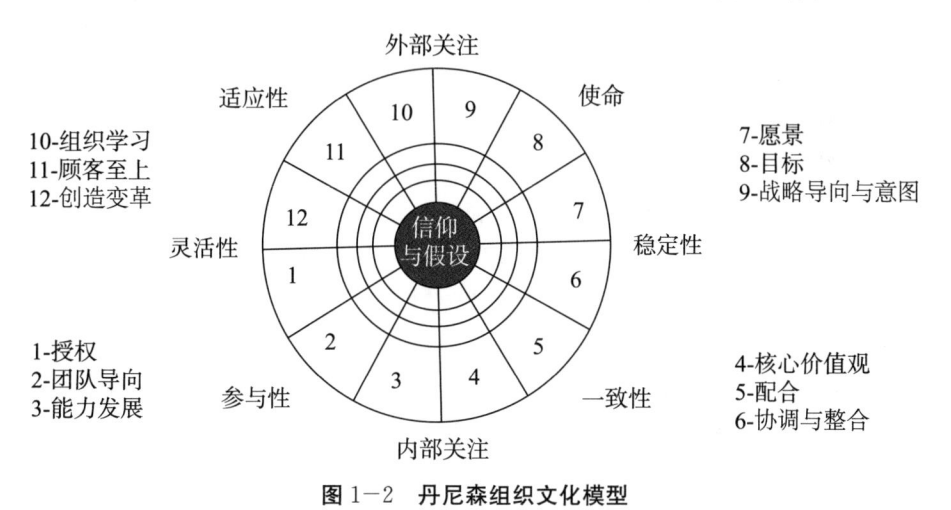

图 1-2　丹尼森组织文化模型

1. 四大文化特征

① 参与性：参与性的考察与测量主要涉及员工的工作能力、主人翁精神和责任感的培养。一家公司在这一文化特征上的得分高低，可以反映出公司对培养员工、公司内部的上下沟通、公司对员工参与管理的认识及为员工参与所开辟的途径多少。

② 一致性：用于衡量公司的内部凝聚力和向心力的情况。

③ 使命：主要帮助诊断者判断公司是否具有远大而明确的目标和志向。

④ 适应性：主要反映公司对外部环境的适应能力，包括对市场和客户的各种直接、间接信号的捕捉能力和反应速度。

2. 模型特点

丹尼森组织文化模型的一个独特之处在于，它所关注的是所有企业一直都面临的两对矛盾主体。其一，适应性与参与性强调组织的灵活性和实施变革的能力，而使命和一致性则强调组织保持可预测性与稳定性的能力，两者构成了一对矛盾主体。其二，适应性与使命强调一个组织对于外部环境的适应能力，参与性与一致性强调一个组织内部的协调能力，这构成了组织文化建设中的又一对矛盾主体。两对矛盾主体是组织在文化建设中所要平衡和解决的主要冲突，这两对矛盾的解决决定了组织文化建设的成败。

（三）弗恩斯·特朗皮纳斯组织文化模型

弗恩斯·特朗皮纳斯（Fonts Trompenaars）根据他的组织文化理论将组织文化分为四种类型：家族型组织文化、保育器型组织文化、导弹型组织文化、埃菲尔铁塔型组织文化。

1. 家族型组织文化

家族型组织文化可能是一种最古老的组织文化，这是一种与人相关的文化，而不是以任务为导向的。在这种文化中，组织的领导者就像组织的"父亲"，有较高的权威和权利。组织更倾向于直觉的学习而不是理性的学习，更重视组织成员的发展而不是更好地利用员工。当组织出现危机，通常不会被公布出来，但是这种内部一体化是以较差的外部适应性为代价的。这类组织文化常见于日本、巴西、土耳其、巴基斯坦、西班牙、意大利、菲律宾等国。

2. 保育器型组织文化

保育器型组织文化是一种既以人为导向，又强调平等的文化，典型的代表在硅谷。这种文化富于创造性，孕育着新的观点。由于强调平等，所以这种文化的组织结构是最精简的，等级也是最少的。在这样的文化中，组织成员共同承担责任并寻求解决办法。

3. 导弹型组织文化

导弹型组织文化是一种平等的、以任务为导向的文化。在这种文化中，任务通常都是由小组或者项目团队完成的，但是这种小组都是临时性的，任务完成，小组就会解散。成员们所做的工作都不是预先设定好的，当有需要完成的任务时，便必须去做。这类组织文化常见于美国、英国、挪威、爱尔兰等国。

4. 埃菲尔铁塔型组织文化

顾名思义，这类文化的组织结构看起来很像埃菲尔铁塔，等级较多，且底层员工较多，越到高层人数越少。每一层对其下一层都有清晰的责任，所以组织员工都是小心谨慎的。对组织的任何不满都要通过一定的章程和实情调查才有可能反映到高层管理者。在这种文化的组织中，组织成员都相信需要必需的技能才能保住现有职位，也需要更进一步的技能才能升迁。这类组织文化常见于德国、法国、澳大利亚、加拿大等国。

(四) 霍夫斯泰德组织文化模型

对文化差异进行更全面分析的是吉尔特·霍夫斯泰德（Geert Hofstede）。他采用问卷调查的方式，通过对 IBM 公司分布于 40 多个国家的 11.6 万名员工进行分析调查，得出了组织文化的四个维度，一个维度是文化的一个方面，并且可以衡量相关的其他维度。后来，在加拿大心理学家迈克尔·哈里斯·邦德的基础上（Hofstede and Bond，1988），他又补充了第五个维度。

下面就是这五个维度（Hofstede，1991，2001）。

(1) 权力距离（Power Distance）。

这是与对人类不平等这一基本问题的不同解决方式相关的维度。人们天生具有不同的体力和智力，从而造成了财富和权力的差异。社会如何处理这种不平等呢？霍夫斯泰德使用"权力距离"一词作为衡量社会对机构和组织内权力分配不平等这一事实认可的尺度。一个权力距离大的社会认可组织内权力的巨大差异，雇员对权威显示出极大的尊敬。在这种社会中，称号、身份及地位占据着极为重要的位置。一些公司发现，在与权力距离大的国家谈判时，所派出的代表应至少与对方头衔相当才有利。这样的国家有菲律宾、委内瑞拉、印度等。相反，权力距离小的社会则在尽可能减少这种不平等。在这种社会中，上级仍拥有权威，但雇员并不恐惧或敬畏老板。丹麦、爱尔兰及奥地利是这类国家的典型。

(2) 不确定性规避（Uncertainty Avoidance）。

这是与如何面对不确定未来的社会压力水平相关的维度。我们生活在一个不确定的世界中，未来在很大程度上是未知的。不同的社会以不同的方式对这种不确定性做出反应。一些社会使其成员接受这种不确定性，在这样的社会中，人们或多或少对风险泰然处之。他们还能对与自己不同的行为和意见表示容忍，因为他们并不感到因此而受到了威胁。霍夫斯泰德将这样的社会描述为低不确定性规避的社会，也就是说，人们感到相对的安全。属于这类国家的有新加坡、瑞士和丹麦。

高不确定性规避的社会以成员中的高焦虑水平为特征，以不安、压力、进取性为证据。在这种社会中，由于人们感到受社会中不确定性和模糊性的威胁，他们创建机构来提供安全和减少风险。他们的组织可能有更正式的规则，人们对异常的思想和行为缺乏容忍，社会成员趋向于相信绝对真理。在一个高不确定性规避的国家中，组织成员表现出较低的工作流动性，终身被雇用是一种普遍实行的政策，这一点是很显然的。属于这类的国家有日本、葡萄牙和希腊等。

(3) 个人主义与集体主义（Individualism Versus Collectivism）。

这是与个体整合进主要团体相关的维度。个人主义（Individualism），指的是一种松散的社会结构，在这一结构中，人们只关心自己的或直系亲属的利益。在一个允许个人有相当大自由度的社会中这是可能的。与个人主义相反的是集体主义（Collectivism），它以一种紧密结合的社会结构为特征。在这一结构中，人们遇到困难时希望自己所归属的群体（比如一个组织）中的其他人能帮助和保护自己。以这种安全感为交换条件，他们感到自己应该对群体绝对忠诚。

(4) 男性气质与女性气质（Masculinity Versus Femininity）。

这是与男性和女性之间情感角色的区分相关的维度。男性气质是指主导价值观对于自信以及获取金钱和其他物质资料的强调程度。比较而言，女性气质强调"女性的"价值观念——关注人际关系和生活质量。在高度男性气质的社会（如奥地利），人们承受很大的职务压力，职务和家庭角色之间存在较多冲突。在低度男性气质的国家（如瑞士），这种冲突和压力则比较少。

有的书上称这一维度为生活数量与生活质量，是为了消除性别歧视。有的文化强调生活数量（Quantity of Life），这种文化的特征是过分自信和物质主义，其实也就是男性气质。还有的民族文化则强调生活质量（Quality of Life），这种文化重视人与人之间的关系，并对他人的幸福表现出敏感和关心。霍夫斯泰德发现，日本和奥地利在生活数量维度上得分高，而挪威、瑞典、丹麦和芬兰则在生活质量维度上得分高。

(5) 长期与短期定向（Long Term Versus Short Term Orientation）。

这是和人们选择努力的焦点——将来、现在还是过去——相联系的维度。这一维度主要考察一个民族对长远利益和短期利益的价值观。长期与短期取向强调一个组织是否愿意长期忠诚于传统的、先前的思想和价值观。长期取向文化倾向于从事并探求正确的行为，而短期取向文化则更倾向于发扬平等的关系并强调个人主义。中国文化中长期导向十分明显，较注重对未来的考虑，对待事物以动态的观点去考察，注重节约、节俭和储备，做任何事均留有余地。

由于霍夫斯泰德认为组织文化是组织而非个人所拥有的特征，因此组织文化问卷的因子分析是以单元而非个体为单位进行的，这忽略了组织文化对外部环境适应的方面。

三、企业文化的描述与测量研究

（一）基于组织有效性的企业文化描述与测量

基于组织有效性的企业文化研究认为，企业文化是实现组织有效性的重要保障，并从有效组织的构成出发构建企业的文化特质。研究者们构建测量量表主要是为了深入探究组织文化如何影响组织的有效性。

奎因和卡梅隆认为组织文化通过组织所信奉的价值观、主导性的领导方式、语言和符号、过程和惯例以及成功的定义方式得到反映。他们在竞争价值观框架（Competing Values Framework，CVF）的基础上构建了组织文化评价量表（Organizational Culture Assessment Instrument，OCAI 量表）。CVF有两个主要的成对维度（灵活性—稳定性和关注内部—关注外部）。两个维度四个象限代表不同类型的组织文化，分别为宗族型（Clan）、活力型（Adhocracy）、层级型（Hierarchy）和市场型（Market）。奎因和卡梅隆等通过大量的文献回顾和实证研究发现组织中的主导文化、领导风格、管理角色、人力资源管理、质量管理以及对成功的判断准则都对组织的绩效表现产生了显著影响。OCAI 从中提炼出六个判据，即主导特征、领导风格、员工管理、组织凝聚力、战略重点和成功准则，用来评价组织文化。OCAI 共有 24 个测量项目，每个判据下有四个陈述句，分别对应四种类型的组织文化。对于某一特定组织来说，它在某一点上的组织文化是四种类型文化的混合体，通过 OCAI 测量后形成一个剖面图，可以直观地用一个四边形表示。卡梅隆和奎因指出 OCAI 在辨识组织文化的类型、强度和一致性方面都是非常有用的。

丹尼森（1990）基于竞争价值框架，运用扎根理论对 1500 多家样本公司进行研究，创建了组织文化诊断的有力工具。他提出的组织有效性的文化特质模型（Theoretical Model of Culture Traits，TMCT）由参与性、一致性、适应性（Adaptability）、使命组成，这四大文化特征对一个组织的经营发展具有重大影响。在后续研究中，丹尼森将上述四个企业文化特征分别细分为三个考察维度。每个维度由 5 个陈述语句进行描述，进而形成了组织文化量表（Organizational Culture Questionnaire，OCQ）。该研究还以 764 个组织的 CEO 为样本进行了假设检验，并根据 500 个组织的调查结果建立常模，使被测组织文化的相对优势和劣势更加直观。测量最后形成一个圆形的组织文化分布图，清晰显示企业与行业总体水平在各维度上的比较得分。研究发现，不同的文化特质对企业业绩的影响点不同。其中，外部关注能较好地预测企业市场份额和销售额的增长状况，而内部关注更能对投资回报率和员工满意度产生影响；灵活性与企业创新密切相关，而稳定性直接影响企业的财务指标。该量表包含更多的子维度，因此在考察组织文化内容时显得更为细致。但 OCQ 中的有些子维度在概念上相近，还有一些子维度更像是其他子维度的内容。比如，顾客至上、团队导向等更像是核心价值观下的内容，它们并非相互独立，因此需要进一步检验和改进。

清华大学的张德教授（2007）从人性假设、利益观念、沟通方式、人际交往、教育培训、信仰、思维方式、目标 8 个角度对东西方文化特征差异进行了比较。根据儒家思想与现代企业文化管理思想，张德教授对东方国家企业常用的测量维度进行了整合，得出了领导风格、能力绩效导向、人际和谐、科学求真、凝聚力、正直诚信、顾客导向、卓越创新、组织学习、使命与战略、团队精神、发展意识、社会责任、文化认同 14 个维度。这些维度能够比较全面、客观地反映中国企业常用的描述，为学者探索中国传统文化影响下的企业文化维度奠定了基础。

以丹尼森和张德教授提出的维度为基础，中国学术界进行的代表性研究有：王国顺、张什璟等（2005）对企业文化特质模型进行了假设改进，删去了概念相近的维度归纳，改为由参与程度、能力发展、组织学习、团队发展、协调一致、创新意识、核心价值观、顾客意识、目标愿景 9 个维度和 45 个描述性问题组成的量表。周欢（2007）对东方国家企业常用的维度进行了扩展，其研究首先通过调查问卷得出适合中国国情的企业文化高频测评维度，然后对 OCQ 模型进行改进和权重体系的建立，形成了由领导风格、能力绩效导向、社会责任、顾客导向、人际和谐、变革创新、诚信经营、重视人才、持续发展、追求卓越、组织学习、使命与战略、团队协作、奉献精神、要求一致、文化认同、求真务实 17 个维度组成的量表，并利用改进后的模型对 5 家样本企业进行文化测评，将测评得分与企业的经营业绩进行了相关性分析，证实了用 OCQ 方法改进的合理性。谢厚鹏（2007）提出对企业文化的测评采用定性与定量相结合的方法。其中使用定性分析挖掘企业文化的深层次内容，包括企业的外部环境和内部环境，即政治体制、社会文化、传统文化、企业现状、文化渊源及发展历史，领导风格、经营理念等。使用定量分析测量企业文化所反映的企业理念与价值观，参与性特质的子维度包括领导风格、能力与绩效导向、团队合作，一致性特质的子维度包括人际和谐、凝聚力、文化认同，适应性特质的子维度包括组织学习、顾客导向、卓越创新；使命特质的子维度包括战略/目标、愿景、社会责任。张旭（2007）从战略管理领域的资源基础理论角度研究企业文化对竞争优势的影响，以文化的内涵与表现以及关注内部与外部两个视角，构建了企业文化研究四分框架，并参考沙因基本假设模型，结合对企业界人士的访谈，开发企业文化测量量表。该量表由经验规则导向、内部和谐导向、环境适应导向、员工效率导向、持续发展导向5个维度和29个题项组成。经过统计检验，该量表在组合信度、区别效度和交叉效度方面都很高。

（二）基于价值观和企业实践的文化描述与测量

组织价值观是一种内在的规范信念（Internalized Normative Beliefs），可以用来引领组织成员的行为。基于价值观的组织文化研究者认为，组织价值观是组织文化的核心，而且能通过理论和方法两个方面来进行重复鉴定，也能进行可操作的定义和测量。

荷兰学者霍夫斯泰德教授认为组织文化是价值观和实践的复合体，其中价值观是核心，实践部分则包括仪式和象征。与其他研究组织文化和组织有效性关系的大多数学者不同，霍夫斯泰德并没有从组织有效性出发来构建量表，而是首先通过文献回顾提出了明确的组织文化层次结构。他认为组织文化由价值观和实践两个部分组成，其中价值观是核心，而实践由表及里又可以分为象征（Symbol）和仪式（Ritual）。

霍夫斯泰德（1990）通过访谈和问卷调研相结合的方法进行案例分析，构建了以价值观和实践两个层面组成的多维度组织文化模型（MMOC），其中价值观部分由对安全的需要、以工作为中心和对权威的需要3个维度组成；实践部分由过程导向—结果导向、员工导向—工作导向、本地化—专业化、开放—封闭、控制松散—控制严格、规范化—实用化6个独立成对的维度组成。在此基础上构建的企业文化测量问卷共有135个题目，其中有81个题目来自国家文化研究问卷。该研究选取丹麦和荷兰的10个不同组织，并分为20个文化同质单元（Homogeneous Unit），对1295个样本进行了实证分析。结果显示，这20个同质单元的实践差异明显大于价值观差异，说明不同组织的文化差异主要通过实践部分来显示。与其他研究相比，MMOC的维度结构从组织文化本身的内容和结构出发，是此类研究的基础。但此量表需进行改进：一是该量表中有81个题目来自对国家文化的调查问卷，高于企业组织的文化层面；二是调查的访谈提纲偏重于企业内部而忽略对组织外部的考察，因此价值观部分和实践部分的维度都值得商榷。以霍夫斯泰德的文化分析和维度划分方法为基础，中国学术界和管理咨询企业分别进行了研究。

我国台湾大学心理学教授郑伯埙认为以往价值观角度（个体层面）的组织文化测量研究缺乏相应的理论构架。他在沙因的组织文化研究成果的基础上构建了VOCS量表，共分9个维度：科学求真、顾客取向、卓越创新、甘苦与共、团队精神、正直诚信、表现绩效、社会责任和敦亲睦邻。郑伯埙构建 VOCS 的报告由三项相关研究组成：第一项研究在组织文化五向度基础上设计问题进行访谈，收集测量项目，并进行初步筛选；第二项研究以台湾 5 家电子公司为对象（$N=267$），采用项目分析的方式探讨了 VOCS 本身的 α 系数，结果表明各维度的 α 系数在 0.70~0.89 之间；第三项研究以台湾 4 家电子公司的 775 名员工为样本，采用不等格双因子方差分析，发现除了敦亲睦邻的价值观之外，其余八大维度上组织之间均有显著差异，说明 VOCS 具有区分效度。郑伯埙的另一项研究则发现 9 个维度经过因子分析后得到两个高阶维度：外部适应价值（包括社会责任、敦亲睦邻、顾客取向和科学求真）与内部整合价值（包括正直诚信、表现绩效、卓越创新、甘苦与共和团队精神）。作为完全本土化的量表，VOCS 在中国组织文化测量研究方面具有一定的开创性。郑伯埙还应用 VOCS 量表通过不同的契合度计算方式考察了组织价值观和个体结果变量之间的关系（郑伯埙，1993 和 1995）。

占德干和张炳林（1996）选取一家民营企业（博能图文）、一家中型国企（南岔木材水解厂）、一家大型国企（中原油田）、一家中外合资企业（南海油田）作为调查对象，探索了我国企业工作价值观和实践构成因素以及不同类型企业的文化差异，并根据香港中文大学亚洲研究中心梁觉和特里安迪斯所设计的《中国价值倾向调查表》，增加了儒家价值观对现代企业文化影响程度的研究。最后得出三个重要结论：一是工作价值观由权威性格、成就欲望、奉献精神、人际依赖、领导接纳和环境支持 6 个要素构成，实践由组织控制程度、经营管理哲学两个要素构成；二是儒家价值由君子人格、人际伦理、自我控制、知足常乐、面子、重利轻义、超脱圆滑、清高 8 个指标构成，三是在系统聚类谱系图中显示 4 种类型的企业在工作价值观、实践和儒家价值倾向上各有特点。该项研究始于中国企业文化定量研究的起步阶段，没有对企业文化与企业经济绩效间的关系进行分析，而且完全采用了霍夫斯泰德、梁觉和特里安迪斯的调查问卷，没有进行本地化改进。但其在儒家价值观方面的探讨，具有重要的实践意义，为符合中国传统文化的企业文化量表的开发提供了指导。

北京仁达方略管理咨询有限公司（2001）邀请专家开发企业文化诊断与评估系统，包含工作环境、组织制度、管理方式、内部沟通、员工激励、领导与决策、培训与员工发展、员工工作动机、员工满意度、员工忠诚度、文化建设、理念与价值观 12 个维度和 33 个要素。该公司的研发团队对来自电力、航空、石油、金融、电子等行业的 1000 多份样本进行了因子分析并验证了其效度。

组织文化的描述和测量可以从不同角度进行，但是它们之间应该是互补关系。

第二节 地方文化的内涵及相关研究

一、文化的地域性

文化是一种社会现象，是人类长期创造形成的产物。文化同时又是一种历史现象，是人类社会与历史的积淀物，其形成与地域地貌、气候气象、自然生态、风土民俗以及历史变革等息息相关。文化作为一种精神力量，能够在人们认识世界、改造世界的过程中转化为物质力量，对社会发展产生深刻的影响。

习近平总书记在党的二十大报告中提出要"推进文化自信自强，铸就社会主义文化新辉煌"。他指出："全面建设社会主义现代化国家，必须坚持中国特色社会主义文化发展道路，增强文化自信，围绕举旗帜、聚民心、育新人、兴文化、展形象建设社会主义文化强国，发展面向现代化、面向世界、面向未来的，民族的科学的大众的社会主义文化，激发全民族文化创新创造活力，增强实现中华民族伟大复兴的精神力量。"要推进整个国家的文化发展，必须先从地方开始。文化根据所形成的范围由大到小可划分为区域文化、地域文化与地方文化，地方文化中还包括地方特色文化。

属地文化中的"属地"，从油气田企业尤其是气矿企业的角度来讲，即气矿的资源地，是气矿企业所在地、气矿及其开采作业区所在地关联的全部地方。地方文化中的"文化"，可以是单要素的，也可以是多要素的。属地特性有明确的范围界限。一般而言，区域文化和地域文化的覆盖范围较大，而地方文化和地方特色文化的覆盖范围较小，对企业文化有更为直接的影响。

二、地方文化和地方特色文化

（一）地方文化

地方文化是与特定区域相联系的文化。一般来说其范围有限，并可能与整个社会的主流文化不同或为其分支。地方文化是人类大文化的一个支脉，产生于一定的区域范围，具有明显的地域性、形成过程的长期性，以及表现形式的广泛性。到目前为止，有关地方文化的理论很多，但仍没有一个权威而明确的概念。

地方文化的地域界限是比较模糊的，不像地域划分那样界限清晰。一个地方与另一个地方的文化往往是互相渗透、互相影响、共同接受、互相丰富的。地方文化"不是在纯粹自然地理单位之上形成的文化事项的总和,而是综合考虑了中华大地的地理概况、文化发展的历史及特点、经济社会结构、各文化特质具体的分布状况等因素确定的文化体系,涵盖了某一地区所有与人有关的物质精神形态"。因此,对地方文化的理解可分为以下几个层面:一是把其放在一个文化空间坐标系里,那么它在大的文化范围内有自身的特殊性,在自己的小的文化空间里则有自身的主导性;二是地方文化有明显的地方人文色彩,又往往超越地域界限,呈现出开放包容性;三是地方文化既是客观存在于某一地方的,又是这一地方人群的主观意识形态的认同反映。

地方文化具有四个特征。第一,地方文化具有普遍性,也就是每个地方都有自己独特的文化标记。第二,地方文化具有群体性,即某一地方的文化是这一地方群体的集体创造,因此这一文化在这一地方具有高度的统一性,也就是说这一地方的人们认同这种高度一致的群体文化,并对这种文化有一种强烈的归属感。第三,地方文化具有时代传承性,一些地方文化瑰宝在这一地方世代传承、经久不息,成为中华文化宝库中重要的一部分。第四,地方文化在渗透中发展,不论地方文化还是企业文化都是在与其他文化的交融、碰撞中发展的,所以地方文化既具有浓郁的地方特色,又传承了大文化的优良基因,与其他地方文化相统一。

(二)地方特色文化

地方特色文化是人们在相当长的时间里创造的具有鲜明地域特色与浓郁生活气息的文化形态,是一个区域依托自己独特的地方文化资源经过一定历史酿造,形成的具有独特色彩和风格的社会文化现象。地方特色文化蕴涵于历史文物、历史典籍、历史故事、风俗风物中,其往往是当地民众精神文化生活的集中反映,能够在一定程度上代表他们对文化类型的喜好。地方特色文化拥有深厚而广阔的群众基础,具有本土性、生动性和生活化等特点,比较容易被认知和接受。通过研究地方特色文化能够了解当地的民俗民情,不断创新地方特色文化,取其精华,弃其糟粕,使地方特色文化富有强大的生命力,更好地丰富人民群众的精神文化生活。

地方特色文化按照内容大概可以归纳成民间艺术、民间文学、民间医药、民间习俗以及信仰、民间武术及民族体育等多个相关类型,具有不同于其他文化的特点,总结起来主要包括以下几点。

(1)传播的小众性。

地方特色文化是特定区域所特有的,是这些特定区域的特殊环境、文化氛围、生活习性孕育而成的,离开了特定的区域,地方特色文化所需要的必要条件就不存在或者不完善,从而难以发展,所以地方特色文化的受众面一般较窄,主要是当地的特定群体。

(2) 内容的封闭性。

地方特色文化大都是当地人们日常生活的体现,与当地的风俗、民族习性、生活习惯密不可分,且受方言、道具等条件限制,其创新和改造的难度较大。所谓"十里不同风,百里不同俗"就是指地方文化的封闭性,所以很多地方特色文化在受到外来文化的冲击时会因不能融合而难以生存。

(3) 手段的独特性。

地方特色文化一般较少使用现代科学技术手段,大多采用传统的艺术表现手法进行手工制作。比如传统的剪纸、刺绣等。

三、地方文化与企业文化的关系

地方文化和企业文化之间具有共性和个性的关系、载体和载物的关系、继承和创新的关系。地域和地方文化是人类文化森林中某一地的群体文化,企业文化则是大文化中的一个支脉的个体文化。地方文化和企业文化都具有丰富的内涵,要对二者进行文化整合必须厘清二者之间的关系。在探讨企业文化的构建与优化过程中,地方文化是不容忽视的力量。对地方文化与企业文化的充分研究和探讨,将有助于促进地方文化和企业文化的发展与融合,有助于企业文化的健康和谐及可持续发展。

1. 共性和个性的关系

任何一个企业的文化,都不是孤立的,都与它所处的地方特色文化环境有着千丝万缕的联系,必然会打上地方特色文化的深刻烙印。企业的创立、成长和发展过程都与它所处的本土文化环境有密切的联系,创业者在地方特色文化的驱动下走上创业道路,并在企业发展过程中,不断把心中积淀的文化精华通过企业组织释放出来,形成企业文化的雏形,最终又通过企业巨大的经济效益和社会效益催生和创新出更优秀的、富有个性的企业文化。因此地方特色文化对企业文化而言具有共性,它对本土政治、经济、文学、法律等各个方面都有着显著的影响,对本土企业在不同方面都有一定程度的渗透;而本土企业,由于长期与外地同行企业和专业市场不断交流和沟通,也汲取了新鲜的血液,使自身的企业文化个性逐渐凸显出来。

2. 载体和载物的关系

地方文化对人的作用是潜移默化的,有着巨大的亲和力和凝聚力,如果加以积极挖掘和利用,会起到事半功倍的作用。企业文化发展到高级阶段后,通常要寻找一种文化和事业上的终极关怀，除了股东、员工和顾客，它必然要回报与它共同成长的故乡，并把这一文化财富最终留在本土。因此，从某种意义上讲，地方特色文化也是企业文化的归宿，企业文化最终作为地方特色文化的组成部分也会大大促进地方特色文化的发展。因而，二者是载体与载物的关系。

3. 继承和创新的关系

地方文化是一个复杂的大系统，它的发展和创新往往需要经过数十年甚至上百年才能察觉到它的较大变化，只有经过千锤百炼才能真正融合成独具一格的地方特色文化。但企业文化不同，一方面，由于企业人数少，企业文化在改革创新过程中较容易达成共识，发展也较快；另一方面，企业文化具体可以从相应的企业形象识别、行为制度识别和理念识别三个层次上实施。企业文化的组成和实践要比地方特色文化简单，它的建设经过相对较短的时间就可以出成果。因此，可以利用企业文化这一特点作为地方特色文化革新的先锋，为加速地方特色文化的发展做出贡献。从这个角度讲，地方特色文化和企业文化的关系又是继承和创新的关系。

第三节　企地文化融合相关研究

一、企业文化冲突

企业文化的建构不是无源之水、无本之木。企业总是存在于一定的地域范围内，至少是形成于一定的地域文化圈里，因此企业文化受地方文化的影响非常明显。不同的地方文化影响甚至决定着不同地方企业的文化和经营战略，决定着领导者的决策思维和员工的意识。企业在地区投资开发和建设的过程中，可能会产生文化冲突问题。

（一）文化冲突概述

1. 文化冲突的概念

国内学者普遍认为文化冲突是指"在文化传播与文化传递过程中，由两种或两种以上不同规范文化的接触、碰撞而产生的文化对抗现象"。郭洁敏（2003）通过对黎德化先生的观点的参考，将文化冲突以一言蔽之：不同文化之间的相互对立、相互排斥、相互否定，其实质在于人类不同特性的冲突。陈平（2004）认为文化冲突指不同文化的性质、特征、功能和力量释放过程中由于差异而引起的互相冲撞和对抗的状态。尹俊芳（2013）将文化冲突概括为不同文化之间的碰撞、竞争、交流、摩擦乃至对立和斗争。钟启春（2013）将文化冲突定义为不同文化在风俗习惯、思维方式和行为方式等方面所表现出的天然差异，以及因文化主体利益需求与满足方式及评价尺度不同而引起的价值观念差异。汤先萍和夏天成（2014）指出不同性质的文化之间的冲突从根源上说是文化在唯我主义下的文化主体性冲突。陈吉德（2015）通过对美国哈佛大学教授塞缪尔·亨廷顿的关于文化冲突的观点引述，认为其观点具有狭隘性，进而指出文化冲突是指不同性质、不同类型的文化在不断发展过程中由于各自功能、价值观念的差异而形成的各种冲撞、对抗或者交融等现象。戴圣鹏（2020）从马克思主义理论角度出发，将文化冲突定义为不同性质的文化发展形态或不同的文化表现形式在其交往与融合中不可相互包容或难以相互包容的文化元素或文化成分之间的对抗、摩擦与碰撞。

2. 文化冲突的表现形式

郭洁敏（2003）基于当时信息化、全球化的潮流，将文化冲突分为文化霸权和文化保护的冲突、"强势"文化和"弱势"文化的冲突、文化一元化同文化多元化的冲突。尹俊芳（2013）将文化冲突的表现形式做了以下分类：按照文化冲突发生的时间和空间可以划分为横向文化冲突和纵向文化冲突；按照文化冲突发生的原因可以划分为内源性文化冲突和外源性文化冲突；按照文化冲突的内容和范围可以分划为内部冲突和外部冲突；此外，还可以划分为主要冲突和次要冲突、显性冲突和隐性冲突、简单冲突和复杂冲突等。陈吉德（2015）根据冲突的不同特性，将其分为如下几种类型：按照冲突的程度，可分为激烈型和舒缓型；按照冲突的环境，可分为内源型和外源型；按照冲突的方式，可分为直接型、间接型、显在型和潜在型；按照冲突的地位，可分为主导型和辅助型；按照冲突的向度，可分为纵向型和横向型；其中，激烈型多表现为直接型，舒缓型多表现为间接型；内源型多为纵向型，外源型多为横向型等。戴圣鹏（2020）认为文化冲突既可以表现为不同观念之间的冲突，也可以表现为不同价值取向或价值评价的冲突，还可以表现为不同社会意识形态的冲突。虽然文化冲突形式多样，但依据其是否可以调和来看，文化冲突又可以分为两大类：一类是具有对抗性特征的文化冲突，另一类是非对抗性的文化冲突。

3. 文化冲突的根源

郭洁敏（2003）认为文化差异和文化价值观的不同是构成文化冲突的外部

条件和内在因素，但在当时的国际关系中，文化扩张在文化冲突中起着催化剂的作用，往往使文化差异变为文化冲突。钟启春（2013）将文化的单一性与多样性之间的矛盾和文化冲突与融合的矛盾视作文化冲突的成因。尹俊芳（2013）把文化冲突产生的原因分为五类：国家利益是文化冲突产生的根本原因；文化霸权主义扩张是文化冲突产生的直接原因；经济全球化和市场经济的发展是文化冲突产生的外部原因；不同的宗教信仰是文化冲突产生的重要原因；高科技手段的完善是文化冲突的外在驱动力。陈吉德（2015）将文化冲突的根源归结于时代差异、区域差异以及不同民族、不同阶级、不同阶层、不同集团由于利益、价值观、文化修养等因素的不同。戴圣鹏（2020）认为文化冲突实质上是社会生产力与生产关系之间的矛盾在文化上的表现与反映，或说在文化领域内的反映与体现，经济冲突、政治冲突和自然环境与地理气候的影响是文化冲突产生的三大原因，其中经济冲突是根本原因，政治冲突是重要原因，自然环境与地理气候的影响作为外在因素而存在。

4. 文化冲突的性质

郭洁敏（2003）认为文化冲突具有普遍性和不确定性两大特点，并且其积极意义在于促进文化反思、维护文化活力、推进文化融合，而消极作用则是在不同程度上阻碍文化认同、激发国家矛盾，甚至引发战争，因此应积极地将消极因素变为积极因素，最理想的是维持"和而不同"的局面。钟启春（2013）从辩证的角度看待文化冲突的消极影响和积极意义：文化生态的失衡导致世界文化的衰亡以及世界文化得以更加丰富多彩、百家争鸣。陈吉德（2015）将文化冲突的性质划分为渐变性、突变性、长期性、多线性四种。

（二）企业文化冲突的类型

企业文化冲突伴随着企业走出去的步伐而产生，对企业的日常经营活动产生着重大的影响，企业不得不高度重视。

企业文化冲突可以分为内部文化冲突与外部文化冲突，也可以分为显性文化冲突与隐性文化冲突。

（1）内部文化冲突与外部文化冲突。

根据引发矛盾的环境因素来划分，企业文化冲突可以分为内部文化冲突和外部文化冲突。

企业内部文化冲突是指在企业内部及企业员工间因所属文化环境不同产生的文化冲突。企业内部文化冲突有可能导致员工沟通不畅，进而降低企业管理效率等。

外部文化冲突，国内企业到海外开展项目不单是与海外的员工存在交集，同时还与当地不同的文化、当地的政策法规有着密不可分的联系，因而为保证当地国的政治稳定性，海外项目的开展一方面受到海外员工的影响，还受到当地政府有关部门的约束与限制。

（2）显性文化冲突与隐性文化冲突。

根据文化冲突表现情况的不同，企业文化冲突可分为显性冲突和隐性冲突。

显性文化冲突指的是来自不同文化背景的两国或多国员工存在因为语言、表情、手势等外在的表达方式的不同而产生的误解或矛盾。不同的语言、不同的行为举止和风俗习惯等是由所处的国家或社会环境造成的，在有些条件下，即使相同的表达方式或相同的语言也会产生不同的表达效果或产生不同的影响，有时甚至是完全相反的，因而显性文化冲突是企业在海外项目中最广泛且最常见的表现形式。显性文化冲突虽普遍，但它能够通过外在表现出来，在员工交流相处过程中通过了解来发现这些引发冲突的矛盾点，并及时化解，其对企业或海外项目的影响也是有限的。

隐性文化冲突是相对于显性文化冲突而言的，它是指企业内部存在着管理者与海外员工不同的文化背景和不同的价值观念、经营理念等差异，这些差异对企业管理者制定企业决策有着显著影响，这类冲突存在于企业管理者、国内员工及海外员工的潜意识中。这类意识层面的冲突不在语言和行动中表现出来，因而不易被发现，若是长期积累会对企业正常运营产生较大影响。

（三）企业文化冲突的具体表现

1. 价值观的冲突

价值观是指人们对客观事物（包括人、物、事）及对自己的行为结果的意义、作用、效果和重要性的总体评价，也是企业文化的核心。企业文化差异与冲突集中反映在个人的价值观上，价值观念的差异可能导致企业员工在文化上的冲突。

2. 管理风格的冲突

企业在其发展过程中形成了自己独特的管理风格，这种风格具有稳固性，不轻易发生改变。当企业进驻新的区域时，员工若不能接受和融入企业独有的管理风格，则会导致两者之间的冲突。

3. 民族间风俗文化的冲突

企业员工的来源是多元的，不同地域和民族背景下，风土人情、生活习惯、思维观念上是存在差异的。多民族文化的碰撞之下，摩擦和冲突是可能的。特别是历史悠久的大型国有企业，在其成长过程中形成了自身独特的企业文化，其文化主体地位是不可轻易撼动的。当企业进驻海外或民族区域时，当地员工拥有自身独特的风俗习惯，其价值观念和行为准则已经根植内心深处。两种文化固有的特性，导致其协调的难度较大，所面临的文化冲突也是可能的。

4. 制度的冲突

无规矩不成方圆，为了保证企业的正常运营，实现企业的经营目标，企业自身都会设立一套制度，作为员工的行为规章和制度。企业进入新的区域后，会对原有的组织机构、规章制度和行为规范重新进行调整。如果员工有怀旧心理，不愿意改变原有的工作方式，不愿意接受新的制度文化，在意识和思想上都会有意或者无意地产生抵触行为，这导致了新旧制度文化之间的冲突。

二、企业文化整合

（一）文化整合概述

1. 文化整合的概念

所谓文化整合，是指不同文化相互吸收、融合、调和而趋于一体化的过程。特别是有不同文化的族群杂居在一起时，他们的文化必然相互吸收、融合、涵化，发生内容和形式上的变化，逐渐整合为一种新的文化体系。文化整合的概念起初由文化人类学、文化社会学界提出并关注，后渐为地理学者重视并开始研究，也是文化地理学研究的一个重要方面。宏观上，文化整合是指单一或地域式的人类文化由于产生惰性、影响自身发展等因素，而不得不融合、继承其他优秀文化以实现进步的一种社会现象。文化整合一般会给社会带来新鲜的血液，使某些落后的传统得到更新；有时，文化整合能引起社会的动荡。现在"文化整合"一般用于经济领域，指企业间通过吸收、学习创造优良的企业文化。

2. 文化整合的影响因素

影响文化整合的因素有环境因素，社会因素，人口、民族迁移因素，文化自身因素和时间因素。

（1）环境因素。

自然环境是文化形成的物质基础。相同、相近的自然环境促使不同文化的融合。如我国北方有多种文化，但它们在类似的自然环境的影响下通过相互融合，逐步形成具有共同特色的北方文化。

（2）社会因素。

文化整合与政治、经济因素有密切关系。如美国独立战争时期，殖民地人民共同的经济生活和政治斗争，导致了美利坚民族文化的兴起。我国政府推行各民族平等的民族政策，有利于保持中华民族文化的多样性，同时也有利于各民族之间的文化交流、吸收和整合。经济的发展、技术的进步、人民生活水平和文化素质的提高，特别是接受现代文化的人口增多，大大加快了文化整合的速度。

（3）人口、民族迁移因素。

不同地区、不同民族的人口大规模移动，造成不同文化的碰撞、交流和整合。如美国作为一个典型的移民国家，形成了有别于西欧文化的美国多元文化。历史上我国北方民族南迁，宋朝金国女真族进入中原，元朝蒙古族和清朝满族统一中国等都推动了中国南北文化的融合。改革开放以来，人口流动频繁，大批农民进城务工，也促进了我国地域文化和城乡文化的整合。

（4）文化自身因素。

先进文化具有强大的影响力，在文化整合中能发挥巨大的作用。先进文化是指各种文化中优秀、合理、符合时代要求的部分。如旗袍原是满族妇女的服装，但由于符合大多数中国人的审美观，经过改良后成为现代中国女性的代表性民族服饰。中原汉族先进的农耕技术传到周边少数民族地区后，推动了当地农业的发展。语言是文化整合的重要媒介，如我国大力宣传推广普通话，有力地推动了文化的交流与整合。

（5）时间因素。

文化整合是一个漫长的过程，需要长期的对比选择和体验吸收，逐渐实现融合。通过文化整合，提高内部凝聚力，实现民族团结，促进各民族文化和地方文化的交流融合，推进各民族文化和国家乃至世界整体文化的繁荣和发展。

文化整合不仅是不同文化特征的积累，更是同一文化社区内不同文化特征的结合与统一。公司文化整合是基于原始相对优越的文化，并且通过不同文化的相互接触、沟通、渗透来吸收其他优秀文化，这些优秀的部分消除了它们自身以及异质文化的某些特征，从而建立起更具有活力和市场竞争力的新文化体系。整合不只是简单的联合或混合，而是吸收别的文化的优点，同时摒弃自身文化的缺点。文化整合比其他方面的整合更为软性，其成功与否直接关系到企业未来的发展。

（二）企业文化整合的内容和切入点

关于企业文化整合，韩承敏（2005）指出，其意味着不同企业的文化之间进行吸收、融化、互相调和而最终达到一体化的进程。这个过程实际上是不同种类文化的重新融合。本来两种文化的根源和特质、目的和价值取向差别很大,但经过直接接触和相互协调,通过不断修正其形式和实质,功能实质和价值取向等产生改变,尤其是为了一起适应社会逐渐地交融,最后形成新型组织文化体系。沙因(1985)认为,任何组织的生存与发展都面临着两个根本问题:内部整合和外部适应。

1. 企业文化整合的内容

一是价值观念的整合。企业的价值观是企业文化的核心,也是企业在长期而独特的经营过程中形成的对生产经营行为的选择标准、判别标准和评价标准,属于正式规范。要把原来不同文化背景下员工的不同价值取向、处事哲理统一在一个价值观念体系中,并给员工以心理上的约束和行为上的规范,是企业跨文化整合的最难点。

二是制度文化的整合。企业的制度规范是一种约束企业及员工行为的规范性文化,包括领导体制、组织结构、企业管理制度三个方面。它属于文化的非正式规范,是企业文化的介质层,相对容易改变。在企业整合中,需要对原来各自的经营管理制度和规范,根据新企业的特点进行调整或重新制定,形成新的制度文化。

三是行为文化的整合。行为文化是指企业员工在生产经营、宣传教育、学习娱乐中产生的活动文化,它是企业精神、企业价值观的动态反映,是企业文化的外显层,所引发的冲突比较容易改变。行为文化所包括的诸如员工的着装打扮和言谈举止、工作风格和工作技巧等,都是可以通过学习、教育、培训加以改变的。

四是物质文化的整合。它是由企业员工所创造的产品和各种物质设施等构成的器物文化,处于企业文化的最表层,是企业文化最直接的外在体现,能引起的冲突较少,也最容易协调和整合。

2. 企业文化整合的切入点

(1) 战略导向。

即以企业新的战略为基础,为企业战略目标服务,围绕企业的战略目标建设企业文化体系。该企业文化体系从使命到愿景到价值观再到企业执行层的运营理念,均是围绕企业战略目标的思想指导和引导。在整合过程中,利用SWOT分析法、波特五力分析模型、关键成功因素分析法等工具定位合理的战略目标,并向所有员工明确企业的使命和愿景。同时,为了更好地实现战略目标,需要调整组织架构与业务流程。

(2) 市场导向。

即以提高市场占有率及市场控制力为发力方向,围绕市场及销售服务的提高而形成的企业文化。企业可根据市场的需求，以服务为重点调整企业行为、建设企业文化，服务的范围包括企业的顾客以及企业的利益相关者，如客户、股东、政府、员工、社区等与企业关系紧密的利益相关者，还包括供应商、行业协会、竞争对手及媒体等与企业关系并非特别紧密的利益相关者——这些利益相关者也会试图干涉企业的经营以保护自身的利益。

（3）绩效导向。

战略或市场导向的企业文化，最终目的都是提高企业的绩效。企业在经营管理中为每一位员工设定绩效目标，对员工进行考核，由绩效引导形成的企业文化。

（三）企业文化整合的模式

西方学者早在20世纪80年代，就针对文化建设进行了探讨。最基本的观念是Berry（1982）提出的文化适应观。他根据合并企业双方的冲突以及解决冲突的方法，将企业文化建设的整合模式分为：注入式文化整合、渗透式文化整合、分离式文化整合、消亡式文化整合。国内诸多学者都曾基于这四种模式进行企业文化整合研究，可见文化冲突及冲突的解决是企业文化整合研究的重要内容。在文化整合的过程中，文化不仅要实现企业系统的整合，更要与各分支系统的整合相匹配。文化整合的过程，必将打破原有的文化模式，形成并发展出新的文化模式。一种成功的文化模式使两种不同的文化互相匹配、碰撞、冲突、融合，最终形成共同意识，调整为统一的价值观念。文化整合的第一步需要选择整合模式，当两种不同文化的人相遇，文化相互适应的过程中必将充满种种冲突，随着不断地适应和调整，冲突则会慢慢减少。参考专家、学者对于企业并购案例的研究，主要有以下几种适应模式，或许可以应用于企地文化整合模式选择。

（1）注入式文化整合。

在企业强弱分明的情况下，那些经营不善甚至处于破产边缘的企业必将被兼并或淘汰。被兼并的企业中，强势企业的企业文化较为优质，其认可度也较高，而且在企业间可以发挥主导作用。在注入式文化整合的模式下，核心的优质企业通过强制地将自身的精神文化、行为文化、制度文化、物质文化等注入被并购企业，从而以强文化取代弱文化。这种模式在整合过程中需要强力型的核心文化起推进和导向作用，一般效果较明显，效率较高。此模式是一种文化取代另一种文化，因其是一种自上而下的整合，其整合难度较大，如图1-3所示。

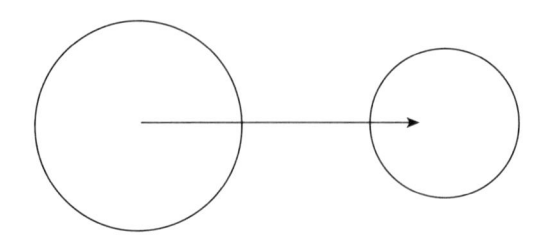

图 1-3　注入式文化整合模式示意图

（2）渗透式文化整合。

优质企业强强联合，从而尽可能地提高市场占有率，最终实现企业的利润目标。当企业双方实力不相上下时，即便企业文化有细节上的不同，但总体方向一致，是积极进取的态势，此时企业多采用渗透式文化整合模式。该模式是在不改变各自文化内容、文化准则的前提下，优秀文化互相渗透及融合，有目标地吸纳彼此的优秀文化经验和成果，寻求企业文化的共识，最终构造一个新的企业文化。文化在融合中容易产生高低之争，因此在该模式下要尽量做到尊重、接受彼此的文化。不同背景下的文化整合需要长期磨合和适应，不能急于求成，要求同存异，进而减少文化冲击，如图 1-4 所示。

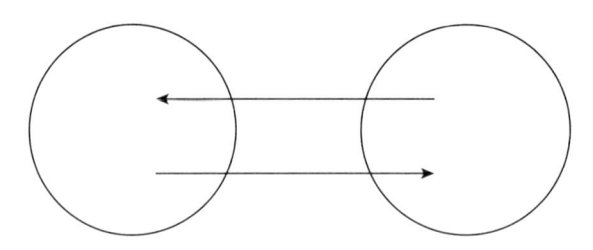

图 1-4　渗透式文化整合模式示意图

（3）分离式文化整合。

各自保持较高的独立性，除了必要的、少量的文化对接外，经营自主权仍然要赋予被并购企业，是一种不需要相互融合的模式。分离式文化整合模式是为了尽可能地避免摩擦。这种模式较大程度地保持了企业间各自文化的独立，也减少了文化抵触的机会，有助于降低文化冲突发生的概率。这种策略适用于分属不同行业的并购双方，行业内容差异比较大的情况。主并企业文化拥有多元文化，目标企业文化也有自身的优点和吸引力，目标企业文化想要极力地被保留，不愿接受企业文化的改变。这种文化整合模式虽然不会给各自带来负面、消极的影响，但分离式的整合模式也会留下隐患，有可能会为以后的生产经营带来未知的冲突，如图 1-5 所示。

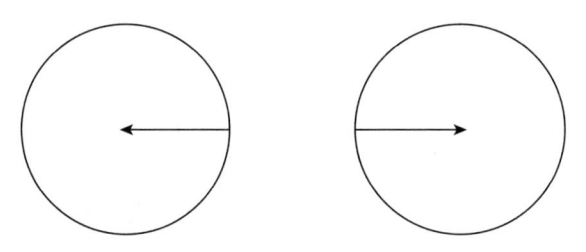

图1-5 分离式文化整合模式示意图

(4) 消亡式文化整合。

并购企业为了自己的目标,向被收购企业施加强大的压力,并且竭尽全力去摧毁被收购企业的文化,使其被放弃,从而消失,然后植入本企业的文化。这是一种既拒绝采用新的文化内容,又破坏原有的文化个性的文化整合模式。这种模式通常是被收购企业不再继续以一个组织、文化的实体存在。它的实施往往会伴随着大量的抵触、混乱、愤怒,会受到强烈反抗,如图1-6所示。

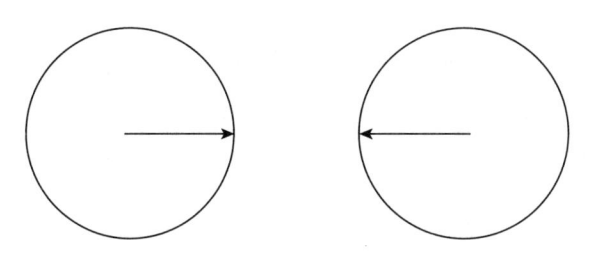

图1-6 消亡式文化整合模式示意图

三、企业文化融合

(一) 文化融合概述

1. 文化融合的内涵

在人类六千多年的文明史中,文化的起源是多样的。我们置身新时代的潮流中,同时又身处保持各民族文化多样性基础上的世界文化系统中。文化融合体现了在互补和互惠关系中寻求平衡的倾向,是文化发展演进过程的必然步骤。既为融合,一定是在两种及以上的文化之间发生的,即在多元文化中发生的融合。"多元"体现了"一"与"多"的辩证统一,也就是说文化的多样性以统一性为前提,而文化的统一性又以多样性为基础,从而构成了文化的统一性与多样性的矛盾统一。

陈平(2004)认为文化融合是异质文化之间相互接触、彼此交流、不断创新和融会贯通的过程。一般来说,文化可以抽象划分为物质技术、制度行为和精神观念三个层次。文化的融合,正是体现了不同文化之间上述三个层次的交流和渗透。郭洁敏（2005）将文化融合定义为不同文化因素或文化成分彼此接纳与调和，形成一个有机文化整体的过程。田丽、邹丽萍（2015）指出文化融合是指不同特质的文化之间交融整合的过程，在这个过程中各种文化相互改造并塑造对方，各种文化特质之间相互渗透、相互结合、互为表里，最终融为一体。从本质上讲，文化融合是一种带有主动选择性质的文化变迁。

随着全球化发展，世界各国在政治、经济、科技、文化等众多领域开展频繁的交流与合作。各种文化间交流、渗透的同时，也引发有关文化的交流与融合的讨论与研究。文化融合以文化的同化或相互感应为标志，在融合的过程当中，各种文化彼此改塑对方，各种文化特质之间相互渗透、相互结合、互为表里，最终融为一体。文化是一个开放性的体系，异质文化与本地文化的相互影响，促进了与本土文化的交流与融合，要经历接触、撞击、筛选和整合四个过程。文化融合理论不仅是跨文化学中的一个非常重要的方法，而且具有广泛的应用潜力。

2. 文化融合的方式

文化融合的途径多种多样，既可以通过文化的交流和传播、文化适应和外来文化本土化、文化的转型等实现，还能够从单向文化融合到双向或多向文化融合、从物质文化融合到精神文化融合、从被动文化融合到主动文化融合。但在文化融合复杂的过程中，要对多种关系进行处理：一方面是异质性文化之间的碰撞和冲突，另一方面是同一文化在传统与现代之间的张力和平衡。因此从本质上讲，文化融合是一种带有主动选择性质的文化变迁。不同文化的冲突和对抗大多是在文化交流和传播中引发的，因此文化冲突其实也是文化融合的一个方式和途径。

文化融合的直接结果是崭新文化形态的产生，文化融合后形成的新文化模式相比于原有的文化模式是进步的，文化融合的结果不是一种文化替代另一种文化或吞噬另一种文化。总之，文化的融合才是新时代文化发展和演进的主流。

文化融合是一项长期艰苦细致的工作，也是一项系统复杂的软性的工程，不可能一蹴而就，需要从方案制定、模式选择、组织设置、机制融合等方面形成合力，共同推进和培育。

（二）企业文化融合理论

国内外文化融合理论的研究进展，依照其发展脉络，大致可以分为三种：文化匹配理论、文化建构理论和文化适应理论。随着理论的变迁，研究者关注的重点从文化差异到文化整合，从单方的文化适应到双方的文化互动，从静态的单一适应策略到动态的多种适应策略，体现了研究的不断深入和对管理实践的逐步贴近。

1. 文化匹配理论

文化匹配理论（Cultural Fit）主要研究双方企业融合前，在企业文化上的匹配度和融合后果之间的深层次关联，二者之间的文化差异是否兼容决定了融合的结果。文化匹配理论的重要贡献在于，它强调企业融合前的文化差异是妨碍整合成功的重要因素，因此在选择融合目标时应该评估目标企业的文化。由于成功整合涉及获取对方的知识、技术和资源、扩张市场、扩大业务规模等多个影响因素，文化差异只是其中一个因素，如果不能排除其他影响因素，就得出文化差异导致整合失败的结论是不严谨的。即使排除了其他影响因素，也不能证明文化差异是整合失败的原因，因为文化差异既包括了客观的文化差异性，又隐含着并购双方对这些文化差异的主观感知与情感判断。由此可见，文化匹配理论对于企业文化整合有一定的参考价值，但是也存在严重的缺陷。

2. 文化建构理论

文化建构理论（Cultural Construct）认为，企业双方的员工在企业融合后通过互动，会逐渐认清彼此的文化，并认为通过双方的共同努力与企业的引导，最终有可能会产生一套双方企业员工都接受或认同的新的文化系统。文化建构理论的优点是重视双方企业融合后的文化整合，强调通过改变员工的文化认同进行文化整合，把融合后的文化整合看作员工社会身份重新认同的过程。Vaara 等（2003）的研究认为身份重建的过程包含两个相互交织的阶段：第一阶段是"我们"与"他们"的身份构建，即双方都认同各自的文化；第二个阶段是新身份的构建，即双方企业员工共同认同这一新的身份。与文化匹配理论重视融合前文化调查不同，文化建构理论更关注融合后的文化整合，但是文化重建的历程也开始于融合后，融合前期的文化接触对融合后的文化整合也有益。

文化建构主义理论以更积极的眼光看待文化差异，以更主动的姿态对待文化整合，强调企业融合后的绩效更多地取决于双方的文化互动，这一点对于企业文化融合具有积极的启示意义。

3. 文化适应理论

针对移民该如何适应东道国主流文化这一问题，贝利（1980）提出文化适应理论（Acculturation）以回答移民保留文化身份是否有价值，以及移民与其他群体保持联系是否有价值，并从这两个维度形成了四种文化适应策略。一是文化融合，认为保持自己的文化和与当地社会群体的关系同样重要；二是文化同化，看重与当地社会文化群体的关系而不考虑保持自己的文化；三是文化分离，只保持自己的文化而不看重与当地社会文化群体的关系；四是文化消亡，既不保持自己的文化也不看重与其他文化群体的接触。

纳哈雯蒂与马勒克扎德（1988）最早将贝利的文化适应理论引入管理学领域，用来研究企业融合双方的文化适应。他们分析了人类学上的文化适应与组织管理学上的文化适应的不同，认为组织成员与经历社会文化适应的个人不同，即如果员工感觉无法适应另一个组织的文化的话，他们可以选择不被同化，或完全退出跟对方的接触，但是移民群体却很难通过选择离开而避免文化适应，这是他们做出的主要贡献。不过，他们将贝利的文化适应理论应用于企业文化整合有些机械，因为在真实的企业文化融合案例中，并购企业不会让目标企业抛弃彼此双方的文化而处于文化消亡状态。也就是说，企业不会选择文化消亡策略，并且这种分析是基于静态的逻辑，与真实的文化整合流程并不一定相符。为此，Elsass（1994）运用卢因的力场分析法动态地分析企业融合中的文化适应，把文化视为文化适应的阻力，而把组织整合视为文化适应的动力，通过这两个维度分出四种动态的文化适应策略。用动态的观点来分析文化整合过程是 Elsass 的一大贡献，因为这更符合实际。

四、企业与地方文化融合

（一）企地文化融合的目的和意义

董金梅（2013）就如何把企业文化和地域文化进行有机结合，研究了以地域文化促进企业文化发展的问题并得出结论：在企业文化发展进程中，企业文化不可能离开地域文化而孤立存在，在将地域文化特色融入企业文化的过程中，应找准结合点，让地域文化服务于企业文化，服务于企业发展。一旦精确找到结合点，不但可以使地域文化得到弘扬，而且能为企业拓展经营、服务等提供新的思维空间，二者的有机结合，能使企业文化更具生命力。企地文化融合的目的和意义体现在：加强地方特色文化和企业文化融合既是企业文化识别和具化的有效手段，又是使企业文化易于被接受和内化的必由途径，还是构建和谐企地关系的桥梁纽带。

总体来讲，利用地方文化必须具有学习与批判精神，既善于挖掘、学习、利用和弘扬，又善于在分析、比较的基础上，对本地区文化弃弊扬利、激浊扬清，同时善于借鉴其他地区和企业的文化精华，创造一种既传统又现代、既有个性又有共性、既反映本企业魅力又体现市场经济规律的优秀企业文化。

（二）企地文化融合的途径

第一，在企业文化建设上，企业要以开放的心态和姿态来对待地方文化，既要坚持企业的核心文化不动摇，又要注重与地方特色文化的融合。把优秀的、合适的地方文化有选择地吸收进来，塑造既体现地方文化特征，又主导企业发展的"开放包容、兼收并蓄"的企业文化综合体。通过文化上的打包和融合，增强企业适应地方环境的能力，进而促进企地和谐社会的建设。

第二，实施企业文化走进地方、走进社区的发展战略，通过内外部网络媒体、电视报刊等有效传播媒介，加强企业文化的宣传和交流，不断扩大企业文化在地方的号召力、影响力、感染力和震撼力，充分释放文化潜移默化的功能，让地方了解和认同企业文化，理解和接受企业文化的宣传目标。

第三，以实体的文化活动为桥梁和纽带，切实加强企业与地方文化的交流。一方面，企业要认真组织、策划和开展体现企业文化内涵的文体活动，让地方的人民群众在活动参与过程中感受和体验企业文化的魅力；另一方面，企业要积极参与地方文化活动，在文化活动的交流中，深化企地文化的融合。第四，切实增强企业文化在地方政府部门中的口碑和形象，并在生产实践中充分发扬企业文化的先导优势，从而影响政府在发展规划、政策扶持上的选择，进而推进企地发展理念共识的形成。

（三）企地文化融合研究的进展

孔丽娟（2013）从地方文化与企业文化两个不同层面的文化入手，将以沂蒙精神为核心的临沂地方文化作为分析重点，寻找临沂地方文化与企业文化相融合的契合点，进而提出强化临沂地区企业文化地方特色的对策。包括：①政府强化精神之魂的塑造。政府为主导，大力宣传、弘扬以沂蒙精神为核心的地方文化，进一步着力打造沂蒙精神政治品牌、经济品牌和产业品牌；另外，制定协调一致的经济发展战略和文化发展战略，为企业的茁壮成长提供更加丰富的文化土壤和经济制度保障；再者，加强政、校、企的深度合作与协同创新，加强企业文化与地方文化融合的理论研究，培养一批高素质的人才，为企业提供技术过硬、品德高尚的后备力量。②企业积极融入地方文化建设。企业作为企业文化的主体，只有积极融入地方文化建设，才能在地方文化中找到特色企业文化建设的突破口，才能在众多的企业文化脉络中找到精髓。因此要积极拓展企业员工的社会心理空间，使员工走出企业，融入地方文化大氛围中，感悟文化的力量；要改变企业员工对地方文化的认知态度，鼓励其以开放包容的心态融入地方，扎根地方；要开展具有地方文化特色的活动，增强员工对地方文化的感悟，例如可以让员工走出去，走进沂蒙精神教育基地近距离感受精神的冲击，可以举行寓教于乐的红色文体活动，可以适时举行地方特色文化较强的文化培训、比赛；要充分利用新媒体强化企业文化的地方特色，电视、广播、网络等媒体可以积极参与到企业文化建设中，把富有特色的地方文化通过这些媒介加以宣传，对企业员工产生潜移默化的影响。

韩余辉（2014）指出企业文化与企业文化本土化的基本内涵，企业文化与本土文化相结合的具体措施等，其强调了企业文化建设要针对不同地区的不同地域文化，使企业文化本土化，而不能采取一刀切的策略，从而做到企业文化与地域文化的共性和个性结合、继承和创新结合。企业文化是一个企业最重要的软实力，企业只有依赖其企业文化，才能获得发展和繁荣。而要发展企业文化，就要注意企业文化与该地区的地域文化二者之间的关系，只有二者有机结合，企业才能在发展中立于不败之地。

唐金湘（2016）对民族和谐背景下的百色大型铝工业企业文化与地方民族文化冲突及整合问题进行了研究。针对企业与地方民族文化冲突的种种主要原因，提出采取适当方法对文化进行整合，包括：①选择科学的整合模式和程序，尽早制订周密的整合计划；②引入专职整合人员；③加强沟通；④进行企业新文化培训。

梁樑、张毅等（2020）以国网浙江电力为例指出企业文化、地域文化的内涵和关系，地域文化和企业文化融合的方向和路径，地域文化和企业文化融合的方法和实践，企地文化建设的目的和意义。通过给出的一个个典型案例，文章回答了"为什么融合"的问题，解决了"融合什么"的问题，给出了"怎么融合"的答案，为推动企业文化融合赋能提供了实践思路和样本，明确了以党内政治文化引领企业文化建设的创新思路。

虽然企地在多年的融合发展中，形成了良好的合作传统，积淀了丰富的合作经验，取得了一系列的合作成果，实现了互惠共赢，蹚出一条政企合作的新路子，但在实现该目标的过程中存在着不少现实困难，具体表现为思想认识上的"缺位"、文化理念上的差异、利益协调机制缺失、沟通交流渠道不畅等，同时也存在一定的矛盾和问题亟须解决。

关于如何化解企地矛盾的探索从来没有停止过。从理论视角看，二者之间的博弈存在纳什均衡，而目标实现的前提是企地双方要以积极的而非对抗的态度和行为来解决矛盾和纠纷。

（四）国有企业的融合发展

"融合发展关键在于融为一体、合而为一。"融合发展作为近年来提出的新概念，在企业与地方的发展中也应广泛运用，而企地文化更要做到水乳交融、融合发展。

姜习权（2016）认为文化理念作为企业发展的软实力要素，在根本上影响着国有企业的行为选择。国有企业党组织要以文化为引领，畅通企业文化与地方文化的沟通和交流渠道，推进企业与地方的文化融合。在践行企地文化融合的过程中有以下几点值得注意：国有企业要以开放的心态和姿态来对待地方文化，既要坚持企业的核心文化不动摇，又要注重与地方特色文化的融合；企业要不断扩大企业文化在地方的号召力、影响力、感染力和震撼力，充分释放文化潜移默化的功能，让地方了解和认同企业文化、理解和接受企业文化的宣传目标；企业应以实体的文化活动为桥梁和纽带，切实加强企业与地方文化的交流；企业应切实增强企业文化在地方政府部门中的口碑和形象，并在生产实践中充分发扬企业文化的先导优势，从而影响政府在发展规划、政策扶持上的选择，进而推进企地发展理念共识的形成。

国有企业与地方政府既相互依存，又相互促进。一方面，国有企业与地方政府共处一域、共荣共生；另一方面，国有企业在关系国民经济命脉的重要行业和关键领域的主导地位和特殊职能，决定了其相对自主的生产经营方式。近年来，部分国有企业生产活动外部性问题日益凸显，出现了以"利益补偿"为核心的一系列经济、社会问题，如何构建和谐的新型企地发展关系迫在眉睫。国有企业党组织要充分发挥政治核心作用，把国有企业的发展同地方经济建设有机结合起来，把国有企业的命运同地方人民的福祉紧紧联系在一起，从而把国有企业的经济优势转化为推进企地和谐发展的动力。

国有企业作为最具活力的社会单元，理应肩负起构建企地和谐关系这一职责。以下几个方面可以作为解决上述矛盾的出发点：统一思想、凝聚共识，强化企地和谐的政治认同；尊重互信、包容发展，深化企地文化的理念融合；以人为本、互惠合作，营造共荣共生的生态环境；建章立制、规范务实，构建一套高效常态的协调机制。

强化企地协调发展的理念认同。国有企业党组织要以新发展理念为指导，以协调发展理念来统筹企地关系。要在充分尊重企地协调发展规律的前提下，以高度的政治使命感和责任感推进企地和谐关系的构建。要正确认识和处理企业利益和地方利益、当前发展和长远发展的关系，寻找企地协调发展的最大公约数，形成既有利于企业发展又惠及地方建设的企地发展理念，推动形成企地互相理解、支持的共赢局面。

推进企地文化的深度融合。国有企业党组织要以先进文化为引领，畅通企业文化与地方文化的沟通和交流渠道，推进企业文化与地方文化的深度融合。一方面，国有企业要以开放的心态对待地方文化，把优秀的地方文化吸收进来，塑造既能充分体现地方文化特征又能主导企业发展的企业文化综合体，通

新时代油气田企业与属地文化融合研究

过文化上的深度融合，增强企业适应地方发展环境的能力，加快企地和谐关系的构建。另一方面，用先进的企业文化影响地方人民群众，以文化活动为桥梁和纽带，充分发挥文化的潜移默化、持久深远的功能，切实增进地方人民群众对国有企业文化的了解、接受和认同，不断扩大国有企业文化在地方的感染力和影响力，推动企地和谐关系的发展。

要营造共荣共生的发展格局。做好企业反哺地方的工作，一方面，国有企业党组织要把绿色发展理念贯穿企业发展的全过程，正确处理好国有企业发展与地方生态环境保护的关系，引导和规范企业走科技含量高、经济效益好、资源消耗低、环境污染少、人力资源优势得到充分发挥的可持续发展道路，实现人与自然的和谐相处与协调发展。另一方面，要积极承担企业的社会责任，广泛参与地方社会建设事业，把企业的辅助性业务向地方倾斜，有效促进地方就业增长和经济发展，切实增进地方人民的福祉。

要构建高效常态的企地协调发展机制。国有企业党组织要充分发挥好统筹全局、协调各方的积极作用，寻求国有企业与地方合作共赢的最佳契合点，畅通企地双方的协调渠道，搭建国有企业与地方各社会团体、非公企业以及人民群众之间对话交流的平台和沟通协调的机制，打造国有企业和地方发展的利益共同体。

中国特色社会主义进入新时代，这是我国发展新的历史方位。新时代赋予国有企业新的改革发展的历史使命，对国企的经营管理提出了新的要求。国有企业文化品牌塑造和传播也必须适应新时代的特征和要求，为企业更好地担负起"中国特色社会主义的重要物质基础和政治基础"的使命，为满足人民对美好生活的向往凝聚发展动力。

第二章 新时代油气田企业文化的内涵和建设路径

第一节 新时代企业文化

一、新时代概述

（一）新时代的提出和延续

2017年10月18日，习近平总书记在中国共产党第十九次全国代表大会上郑重宣示："经过长期努力，中国特色社会主义进入了新时代，这是我国发展新的历史方位。"中国特色社会主义进入新时代，是从党和国家事业发展的全局视野、从改革开放近40年历程和十八大以来5年取得的历史性成就和历史性变革的方位上，所做出的科学判断。

这个新时代，是承前启后、继往开来、在新的历史条件下继续夺取中国特色社会主义伟大胜利的时代。

2022年10月16日，中国共产党第二十次全国代表大会在北京召开。大会的主题：高举中国特色社会主义伟大旗帜，全面贯彻新时代中国特色社会主义思想，弘扬伟大建党精神，自信自强、守正创新、踔厉奋发、勇毅前行，为全面建设社会主义现代化国家、全面推进中华民族伟大复兴而团结奋斗。

（二）新时代的内涵

时代是思想之母，实践是理论之源。党的十九大取得的一个重要理论成果和重大历史贡献，就是将习近平新时代中国特色社会主义思想写入党章，将其确立为党必须长期坚持的指导思想，实现了党的指导思想与时俱进。学习贯彻党的十九大精神，就要牢牢把握习近平新时代中国特色社会主义思想这一主线和灵魂，深刻领会其精神实质和丰富内涵，把这一重要思想贯彻到社会主义现代化建设全过程、体现到党的建设的各方面。

马克思、恩格斯曾指出，一切划时代的体系的真正的内容都是由于产生这些体系的那个时期的需要而形成起来的。党的十八大以来，以习近平同志为核心的党中央带领全党紧密结合新的时代条件和实践要求，以全新的视野深化对共产党执政规律、社会主义建设规律、人类社会发展规律的认识，从理论和实践结合上系统回答了新时代坚持和发展什么样的中国特色社会主义、怎样坚持和发展中国特色社会主义这个重大时代课题，创立了习近平新时代中国特色社会主义思想。党和国家事业之所以发生历史性变革、取得历史性成就，最根本的原因就是得力于以习近平同志为核心的党中央的坚强领导和习近平新时代中国特色社会主义思想的科学指引。

明确方位才能找准方向，把握大势才能赢得未来。"中国特色社会主义进入了新时代，这是我国发展新的历史方位。"党的十九大在承前启后、继往开来的关键节点上，对我国发展所处历史方位做出新的重大政治论断，为制定党和国家大政方针提供了理论依据，进一步指明了党和国家事业的前进方向，具有重大现实意义和深远历史意义。学习贯彻党的十九大精神，一个重要方面就是深刻领会"新时代"的丰富内涵，准确把握我国发展新的历史方位，更好地肩负起新时代的历史使命。

新时代的到来，是长期奋斗的结果。改革开放之初，我们党发出了走自己的路、建设中国特色社会主义的伟大号召。从那时以来，我们党团结带领全国各族人民开拓进取，不断把中国特色社会主义事业推向前进。党的十八大以来，在以习近平同志为核心的党中央坚强领导下，全党全国各族人民共同奋斗，推动党和国家事业取得历史性成就、发生历史性变革。五年来的成就是全方位的、开创性的，五年来的变革是深层次的、根本性的，这是中国特色社会主义进入新时代的实践基础和现实依据。

习近平总书记在十九大报告中对中国特色社会主义新时代的本质内涵做了高度凝练和科学概括："这个新时代，是承前启后、继往开来、在新的历史条件下继续夺取中国特色社会主义伟大胜利的时代，是决胜全面建成小康社会、进而全面建设社会主义现代化强国的时代，是全国各族人民团结奋斗、不断创造美好生活、逐步实现全体人民共同富裕的时代，是全体中华儿女勠力同心、奋力实现中华民族伟大复兴中国梦的时代，是我国日益走近世界舞台中央、不断为人类作出更大贡献的时代。"

这一科学概括，从几个维度上揭示了中国特色社会主义新时代的本质内涵:"承前启后、继往开来、在新的历史条件下继续夺取中国特色社会主义伟大胜利",讲的是新时代的历史脉络;"决胜全面建成小康社会、进而全面建设社会主义现代化强国",讲的是新时代的实践主题;"全国各族人民团结奋斗、不断创造美好生活、逐步实现全体人民共同富裕",讲的是新时代的人民性;"全体中华儿女勠力同心、奋力实现中华民族伟大复兴中国梦",讲的是新时代的民族性;"我国日益走近世界舞台中央、不断为人类作出更大贡献",讲的是新时代的世界性。

简言之,中国特色社会主义新时代,本质上就是中华民族实现强起来的时代。我们要在全面建成小康社会的基础上,在21世纪中叶把我国建成富强民主文明和谐美丽的社会主义现代化强国,实现中华民族伟大复兴的中国梦。

(三)新时代的意义

1. 对国家的意义

方位决定方略。在新的历史条件下,要不忘初心、牢记使命。实现中华民族伟大复兴就是新时代中国共产党的历史使命,这也是近代以来中华民族最伟大的梦想。党的十九大报告提出,进入新时代,实现伟大梦想,必须进行伟大斗争、建设伟大工程、推进伟大事业。

第一,从中华民族复兴历史进程来看,中国特色社会主义进入新时代,意味着近代以来久经磨难的中华民族迎来了从站起来、富起来到强起来的伟大飞跃,迎来了实现中华民族伟大复兴的光明前景。

第二,从科学社会主义的发展进程来看,中国特色社会主义进入新时代,意味着科学社会主义在21世纪的中国焕发出强大的生机活力,在世界上高高举起了中国特色社会主义伟大旗帜。

第三,从人类历史进程来看,中国特色社会主义进入新时代,意味着中国特色社会主义道路、理论、制度、文化不断发展,拓展了发展中国家走向现代化的途径,给世界上那些既希望加快发展又希望保持自身独立性的国家和民族提供了全新的选择,为解决人类问题贡献了中国智慧和中国方案。

第四,从中国近现代历史和世界历史来看,中国特色社会主义进入的新时代,是中国必将实现中华民族伟大复兴中国梦的新时代,是科学社会主义必将大放异彩的新时代,也是改革开放不断深入、富强民主文明和谐美丽的社会主义现代化强国必将建成的新时代。

2. 对企业的意义

习近平总书记在党的十九大报告中郑重宣示中国特色社会主义进入新时代，标定了党和国家事业发展新的历史方位，这是我们认清形势任务、谋划推进工作的基点。推进新时代国有企业改革发展党建工作，必须准确把握我们站在什么样的历史起点上，深刻领会进入新时代对国有企业的重大意义。

新时代意味着责任更重。国有企业是中国特色社会主义的重要物质基础和政治基础。一以贯之坚持和发展中国特色社会主义，要求国有企业勇挑重担、勇于担当，要求我们理直气壮、毫不动摇把国有企业搞好，坚定不移把国有资本做强做优做大。

新时代意味着挑战更大。从国内看，我们要解决人民日益增长的美好生活需要和不平衡不充分的发展之间的矛盾，推动我国经济由高速增长阶段迈向高质量发展阶段。从国际看，我国日益走近世界舞台的中央，世界范围内的竞争更趋激烈。这些变化对国有企业提出了前所未有的挑战和要求，国有企业必须迎难而上，敢于接招、善于出招，以加快发展破解难题。

新时代意味着新机遇。进入新时代，有挑战更有机遇，关键要看得准、抓得住、用得好。贯彻落实党的十九大精神，党和国家事业必将有一个大发展，这为国有企业创造了良好的宏观环境，扩展了更大的发展空间。国有企业要能够在更广领域、更大范围、更高层次上推进布局优化、结构调整、战略性重组，加快培育一批具有全球竞争力的世界一流企业。

立足新时代新方位，国有企业正从跨越式发展追赶者，成为与国际先进企业同台竞争的并行者，而且在很多领域和行业已经成为领跑者。我们更加坚信新时代国有企业应有作为、必有作为、大有作为。

二、新时代特征与企业文化融合

迈进新时代、开启新征程的中国企业，应该把握新时代中国企业文化的本质内涵，在概括总结企业文化一般性特征的基础上，站在历史和时代的新高度，把中国特色社会主义的新时代特征融入新时代中国企业文化之中，融化为新时代中国企业文化的鲜明特征。

第一，融化为新时代中国企业文化的思想性特征。用习近平新时代中国特色社会主义思想显著的理论品格和鲜明的人格特征，坚定信心、求真务实、奋发有为，开创新时代中国企业文化建设新局面。

第二，融化为新时代中国企业文化的先进性特征。一是坚持党的领导，以党的政治建设统领企业文化建设，树立正确的企业核心价值观；二是将党的先进性和纯洁性建设作为企业文化建设的主线，构建先进的企业文化理念体系、行为规范体系和形象识别体系；三是以党的理想信念宗旨为企业文化的根基，充分调动企业员工的积极性、主动性、创造性，挺起中国企业和企业家的精神脊梁；四是将党的政治领导力、思想引领力、群众组织力、社会号召力融入企业的文化力、生产力、核心竞争力之中，攻坚克难，久久为功。

第三，融化为新时代中国企业文化的崇高性特征。一是紧紧围绕新时代我国社会主要矛盾（人民日益增长的美好生活需要和不平衡不充分的发展之间的矛盾），积极适应我国经济由高速增长转向高质量发展的新形势，以崇高的文化理念，推动企业质量变革、效率变革、动力变革，不断增强企业的创新力和竞争力，更好地满足国家和人民在经济、政治、文化、社会、生态等方面日益增长的需要。二是以崇高的文化追求，树立正确的历史观、民族观、国家观、文化观，保持定力，坚定自信，锐意进取，埋头苦干。三是紧紧围绕中国发挥负责任大国作用，不断贡献中国智慧和力量，推动人类命运共同体建设。

第四，融化为新时代中国企业文化的基础性特征。一是充分认识到社会主义核心价值观是当代中国精神的集中体现，凝结着全体人民共同的价值追求，也是企业文化体系构建的灵魂。二是要注重在企业文化建设中积极培育和践行社会主义核心价值观，并将其内化为企业和企业家的核心价值观，内化为企业员工内心深处的一种价值力量、情感力量和行为习惯，引领企业战略、主导企业经营、规范企业管理、推动企业发展。三是把社会主义核心价值观贯穿企业文化建设的始终，融入企业发展的各个方面。四是以社会主义核心价值观为核心来构建企业的价值链，不断增强企业的向心力、凝聚力和创造力。

第五，融化为新时代中国企业文化的自信性特征。首先，我们新时代中国企业文化，很大程度源自中华民族五千多年文明历史所孕育的中华优秀传统文化，这夯实了我们企业文化建设的根基，奠定了我们文化自信的强大底气。其次，我们新时代中国企业文化，有"自强不息"的奋斗精神、"精忠报国"的爱国精神、"天下为公"的担当精神、"舍生取义"的牺牲精神、"革故鼎新"的创新精神、"扶危济困"的公德精神等优良文化传统，这一直是中国企业奋发进取的精神动力，赋予了我们文化自信的铮铮骨气。最后，我们新时代中国企业文化，敢于毫无畏惧地面对一切困难和挑战，能够坚定不移地开辟新天地、创造新奇迹，拥有了"自信人生二百年，会当水击三千里"的文化自信的勇气。

第六，融化为新时代中国企业文化的创造性特征。一是坚持创新、协调、绿色、开放、共享的新发展理念，坚持企业与人、与自然、与社会和谐共生，坚持节约资源和保护环境，形成绿色生产与绿色发展方式的有机统一，坚定走生产发展与生态良好的文明发展道路。二是倡导创新文化，将创新作为企业发展的第一动力,瞄准世界科技前沿,对标世界一流企业,强化基础研究和前瞻性基础研究,突出关键共性技术、前沿引领技术、现代工程技术、颠覆性创新技术。三是加强人才文化建设,聚天下英才而用之,注重培养造就企业所需的战略科技人才、科技领军人才、青年科技人才和高水平创新团队,为建设科技强国、质量强国、航天强国、网络强国、交通强国、数字中国、智慧社会提供有力支撑。四是要尊重世界文化多样性,以文化交流打破文化隔阂,坚决执行中国对外开放的基本国策,积极参与和推动"一带一路"建设,努力打造国际合作发展新平台,增添与世界企业共同发展新动力,在促进多边贸易体制、促进自由贸易区建设、推动建设开放型世界经济方面做出积极贡献。

第二节 新时代国企文化建设

一、新时代深化国企改革对企业文化的需求

习近平总书记在全国国有企业改革座谈会上强调:"要坚定不移深化国有企业改革,着力创新体制机制,加快建立现代企业制度,发挥国有企业各类人才积极性、主动性、创造性,激发各类要素活力"。要按照创新、协调、绿色、开放、共享的发展理念的要求,推进结构调整、创新发展、布局优化,使国有企业在供给侧结构性改革中发挥带动作用。这一指示对深化国有企业改革提出了新要求,从侧面指出了深化国有企业改革所面临的新形势。新形势下,国有企业对企业文化有了新的需求,国有企业改革措施的制定和实施都离不开企业文化的指引和推动。只有深入了解新时代国有企业对企业文化的需求,才能更加精准地发挥企业文化的功能,促进国有企业改革。

1. 企业发展重心转移需要企业文化的引导

进入新时代,国有企业发展重心转移具体表现为从高速度向高质量调整以及推进供给侧结构性改革政策的实施。习近平总书记在党的十九大报告中明确提出"我国经济已由高速增长阶段转向高质量发展阶段",并指出,"中国特色社会主义进入新时代,我国社会主要矛盾已经转化为人民日益增长的美好生活需要和不平衡不充分的发展之间的矛盾"。我国经济的发展要为解决社会主要矛盾而服务。推动高质量的发展,是保持我国经济持续健康发展的必然要求,也是解决我国社会主要矛盾的有效方法。新时代,国有企业一定要做好发展重心的转移,在把发展重心由发展速度转移到发展质量的过程中,需要企业文化做出正确的精神指引。要进行发展重心的转移首先要进行发展思路的调整,也

就是说国有企业的领导首先要接受新思想，认清新形势，才能把企业的发展思路调整到正确的方向上去。同时，国有企业的职工深入理解并支持新的发展思路，才能确保一系列新措施的实施。发挥企业文化的导向功能可以帮助国有企业的领导者和职工接受新思想新形势，促进深化国有企业改革。只有国有企业发展好了，才能带动其他企业的发展，共同提高供给侧的供给能力。企业文化的导向功能和辐射功能可以在国有企业改革的过程中发挥作用，帮助国有企业推动供给侧结构性改革政策的具体实施。

2. 持续创新和全面创新需要企业文化的带动

创新是引领发展的第一动力，国有企业在发展中注重创新就是在解决发展动力的问题。在新形势下，国有企业的改革不但要注重持续创新，还要注重全面创新，而企业文化的导向功能和激励功能可以带动国有企业时时刻刻从各方面注重创新。其具体体现在以下几个方面。第一，着力于科学技术的持续创新。各个方面的创新中最需要得到重视的就是科学技术的创新，科学技术的创新是所有创新中的关键。在之前的发展中，许多国有企业习惯于在遇到困境时才想到创新，但是这种做法已经无法满足新时代的要求。只有持续创新，让每位职工在工作中时时刻刻注重创新，才能跟上时代的发展。要培养职工持续创新的意识，就要用到企业文化的导向功能和激励功能。第二，管理系统的创新。科学技术的创新能为国有企业的发展提供强劲动力，而管理体系的创新则能使国有企业的管理更加科学高效，减少各部门和流程之间的摩擦和矛盾，提高企业运行效率，促进国有企业的改革和发展。第三，注重党的建设形式上的创新。要想管理好国有企业，让国有企业始终跟随党和政府最新的方针政策，就必须注重党的建设。在国有企业中，党的建设是一直存在的，也一直受到重视。但是在形式上，需要进行调整和创新，以满足时代的变化和党员的需求。总之，国有企业为了适应新时代下的新形势，必须从科技创新、管理系统创新和党的建设形式创新三个方面入手，进行一场立体的多维度的创新变革，让国有企业的综合实力不断增强，在市场竞争中占据更加有利的地位。企业文化的导向功能和激励功能可以引导职工接受持续全面创新的思想，激励职工在工作中不断创新。

3. 实现更高的环保要求需要企业文化的辅助

习近平总书记提出：我们既要绿水青山，也要金山银山。宁要绿水青山，不要金山银山，而且绿水青山就是金山银山。企业文化的导向功能可以让企业职工意识到绿色发展的重要性，约束功能能促进工艺改造和设备升级措施的具体实施，而辐射功能则能带动其他企业共同进行绿色发展。在经济效益与绿色发展的理念相冲突时，国有企业一定要适应新形势，坚守新原则，做出应有的取舍。在这种取舍之间，如何获得职工的理解和支持，就需要企业文化在潜移默化中起到引导作用。国有企业要合理利用企业文化的导向功能和辐射功能，在中流砥柱的位置上引领国内企业走绿色发展的道路，大力推动国内经济的绿色发展。

4. 开拓国际市场需要企业文化的推动

习近平总书记指出：开放带来进步，封闭必然落后。中国开放的大门不会关闭，只会越开越大。新时代，我国经济的发展离不开与世界各国的交流与合作，国有企业进一步发展同样也要与世界接轨。不断地扩大开放，不仅仅意味着国有企业将会有更多的机遇，同时也意味着有了更多的竞争对手，有了更多来自方方面面的挑战。在机遇与挑战并存的新时代，如何调整思维和策略，更快更好地适应新的发展环境；面对重重困难，如何坚定扩大开放的决心；面对来自全世界的激烈竞争，如何稳中求胜……这一系列问题的解决，都需要用到企业文化的导向功能。

企业文化作为国有企业的精神支柱，能够发挥自身的功能促进国有企业的深化改革，帮助国有企业适应不断变化的外部环境。所以一定要充分发挥企业文化的重要作用，为深化国有企业改革指明方向、扫除障碍并提供动力。企业文化是企业发展的精神源泉，不仅能促进深化国有企业改革，还能运用辐射功能，影响到其他企业的改革，使国有企业更好地肩负起社会责任，为我国全面深化改革的总布局做出重要贡献。

二、新时代国企文化建设中的问题与原因

（一）新时代国企文化建设中的问题

国有企业是我国公有制经济的重要组成部分和实现形式，其产业集中在关系国家安全、国民经济命脉和国计民生的重要行业和关键领域，为国家发展承担着重要使命。国有企业由中国共产党直接领导，其企业文化建设应坚持以党建为引领，即通过将党的政治优势转化为企业发展源源不断的内生动力和勇于改革的市场活力，引领国有企业在新时代新征程中实现长足发展。基业长青，文化制胜。习近平总书记在党的十九大报告中提出：中国特色社会主义进入新时代，意味着近代以来久经磨难的中华民族迎来了从站起来、富起来到强起来的伟大飞跃。国家的强大离不开国企的强大，因此，习近平总书记进一步强调：深化国有企业改革，发展混合所有制经济，培育具有全球竞争力的世界一流企业。习近平总书记特别强调：文化兴国运兴，文化强民族强。没有高度的

文化自信，没有文化的繁荣兴盛，就没有中华民族伟大复兴。从这个意义上讲，文化兴，国企兴，文化强国企强。国企的强大离不开强大的文化。但在国企的发展过程中，其企业文化建设也暴露出不少问题，具体表现在以下几个方面。

1. 企业文化表象化，注重形式轻视内涵

"说在嘴上，写在纸上，挂在墙上，却没有落实到行动上"，是部分国有企业文化建设的形式主义写照。企业管理人员更注重企业的经济效益，更关注市场的拓展与份额，更关注产品的销量与盈利，以及企业运营的业绩与绩效，而不是企业文化建设现在处于什么水平，需要做哪些方面的改进。"拉横幅、拍合照、写材料"之类的走过场成了应付流程，而文化建设是否落实到位，是否起到凝心聚力的作用，是否符合企业发展战略方向，则无人关心。根据企业文化层次理论，我们知道深层次的精神文化才是企业文化建设的核心与灵魂，是起决定作用的文化层面，而物质层面的企业文化只是深层次精神文化的物质承载，是表层文化。所以，企业文化建设如果只重视物质层面文化建设而忽视了最为核心最为重要的深层次文化建设，那就是舍本逐末，而这恰恰是当下中国部分企业文化建设中常犯的错误。过于注重生产经济效益，而忽视企业文化建设，对企业文化建设项目敷衍了事、漠不关心，在一定程度上会阻碍企业长远发展。

2. 文化建设片面化，脱离企业管理实际

在国有企业文化建设过程中，部分国有企业认为，只要将企业口号、理念、愿景的描述放在官网上、写在报告里、用在宣传上，就完成了企业文化建设；又或是单纯将企业文化建设理解为办活动、搞团建，而这些属于某一分管部门的工作范围，与其他人、其他部门无关。还有一些国有企业认为，企业文化建设就是面子工程，其意义仅为对企业中心工作进行美化包装。这些现象均属于理解认识片面化、建设运营片面化，导致文化建设浮于表面、疲于应付，既没有对企业文化建设进行顶层制度设计，也没有对落地实施做中长期规划，脱离企业管理实际。现实中部分企业文化建设表现得粗枝大叶，缺乏战略统筹，企业领导喜欢一些类似口号的文字，即把其当作企业文化的表征，然后就是硬性推广，其结果是企业文化名不副实、空有皮囊，发挥不出应有的作用。此外，在企业文化的整体性、系统性与特殊性的处理上也存在不少问题。企业高层管理者应该是企业文化建设中最重要的领头人、倡导者、支持者。企业高层管理者都是企业文化建设中极为关键的人物，是真正意义上的缔造者，在企业文化建设的整个过程中起到创建和维护文化的主导作用。然而很多大型企业各部门有各部门的文化，但在整个企业内部却没有形成统一的文化，导致各种文化相互杂糅倾轧，企业文化建设难以达到系统化之效果。

3. 文化内容从众化，缺乏创新，特色不足

大多数国有企业都有着悠久的发展历史，其中不少企业是在特殊历史时期肩负着国家使命而诞生的。其发展特性赋予了企业深厚的历史底蕴，但同时也让企业在快速发展的今天常常有"尾大不掉"的被动感。在20世纪，"团结""奋斗""创新""奉献"成为许多国有企业文化理念建设时的首选词。进入21世纪，在新时代背景之下，以互联网为代表的新媒体行业迅速发展，市场经济的发展催生出全新的文化场域，在该文化场域下，语体风格发生了巨大变化，如果企业依然沿用20世纪的语体风格，就很难与员工形成情感共鸣，同时也无法很好地展现出企业特色。企业文化理念画像模糊空洞，文化凝聚力也就无从谈起。毋庸讳言，现在很多企业文化都是"崇尚价值、团结友爱、奋斗拼搏、平等自由"等千篇一律的表述，这些企业文化没有突出企业自身的特点，大都人云亦云，缺乏创新意识。企业文化是企业的精神支柱，是企业的力量之源，它必须依据企业的自身情况，根据企业长远发展的战略目标等来制定出适合企业、具有企业特色的文化，只有这样才能真正发挥企业文化的引领作用。如果企业文化在每一个时期都一成不变，还刻板地依循曾经的老办法老路数来运行，则必然会出现不适应的情况，其正面作用的发挥就会遇到阻碍，甚至会起到反作用。所以，企业文化建设应该依据变化了的企业外部环境和内部资源状况适时而变，创新地赋予企业文化新的使命，推动企业文化建设沿着新的正确的运行轨道前行。但现实中，许多企业都是粗略地设计出组织文化之后便不再进行适时的调整，忽视了及时调整、创新的意义和重要性。

4. 企业文化建设忽视对中华优秀传统文化的挖掘

西方发达国家企业文化研究起步早，成果丰硕。作为后发国家，中国在企业文化建设方面通过学习模仿，与西方发达国家拉近了距离，但是也难免出现生搬硬套、囫囵吞枣的状况，尤其是不考虑西方企业文化建设方面的经验和成果是否适合我们的国情，是否有利于促进本企业的发展。当然，也有不少企业在推动企业文化建设中缺乏跨文化的多元意识，缺乏相应的国际视野和角度，对西方发达国家成功的企业文化建设经验和成果一概拒绝，不予考虑。这两种态度都是不正确的，都不利于企业文化建设的顺利开展。这里的问题是，我们的部分企业文化建设，没有充分挖掘和利用中华优秀传统文化，导致我们的企业文化建设缺乏传统文化的滋养。

（二）新时代国企文化建设问题的原因

如前所述，企业文化建设存在问题，原因是多方面的，归纳起来有如下几点。

第一，中国传统社会发展历程和现阶段社会转型期的交互作用。经济基础决定上层建筑，经济也决定思想文化。中华民族五千年文明史，从男耕女织小农经济的封建时代到改革开放社会主义建设的初级阶段，传统思想仍然深深地烙印在脑海中，重视经济成果，轻视精神文化建设，重视短期的眼前利益，轻视长期的整体利益等。再加上改革开放，全球经济一体化进程不断加快，外来多元思想不断涌入，与现有思想碰撞交融，产生火花，整个社会环境都在不断改革变化，增加了企业文化建设的难度。这些都对中国企业文化建设有所影响。

第二，中国少量企业管理者观念滞后、缺乏担当。现阶段一小部分高层管理者的价值观及其关注点仍然唯经济利益马首是瞻，并没有意识到企业文化建设的重要性或者并没有相应的知识和能力去领导企业进行系统的企业文化建设。这就极大地阻碍了企业家发挥核心领导作用，导致企业文化建设缺乏统筹安排，缺少调度者、把关者和员工的热情支持，缺少必要的制度保障，以至于企业文化建设要么流于形式，要么周期长、收效低，效果不甚理想。

第三，员工主人公意识和企业文化建设意识淡薄。企业文化建设是一个上级与下级员工都要全身心参与的系统工程，缺了哪一方的力量都不行。仅有企业高层管理者的推动，缺少员工的支持和理解，企业文化建设终究还是不能圆满实现。员工在企业生产过程中，如果没有全身心投入，这可能就是企业文化建设缺失的结果，也是企业文化建设缺失的原因。

企业文化营造的是一种氛围，达到的是人心所向的效果。企业文化创新发展的过程既是生产实践的过程，也是全面提高全员综合素质的过程，更是企业实现持续有效发展的过程。国有企业的文化建设要充分吸收和借鉴党在思想政治工作中的成功经验和优良传统，在守住初心使命的同时与时俱进，在与生产经营相结合的过程中解放思想、大胆创新、敢于尝试，做到坚持思想引领，强化顶层设计，释放员工活力，搭建文化平台，形成品牌特色，走出符合企业历史底蕴和未来规划的、符合中国特色现代企业制度的国企文化建设之路。

三、新时代加强国企文化建设的手段和路径

对于上述在国企文化建设过程中可能会出现的问题，需要有一定的解决手

段和路径加强企业文化建设。

1. 以思想建设为魂，企业文化建设葆初心

习近平总书记在全国国有企业党的建设工作会议上指出，坚持党的领导，加强党的建设，是我国国有企业的光荣传统，是我国国有企业的根和魂，是我国国有企业的独特优势。中国特色现代国有企业制度，"特"在把党的领导融入公司治理各环节，把企业组织内嵌到公司治理结构之中。树高千尺不忘根。思想政治工作是党的优良传统和政治优势，是经济工作和其他一切工作的生命线。坚持思想建设，是国有企业发展的重要前提和基础。要不断加强党对国有企业思想政治工作和精神文明建设的坚强领导，把党的思想贯穿始终；在习近平新时代中国特色社会主义思想的指引下抓实"三会一课"，推进"两学一做"，做好思想学习教育常态化，不断增强国有企业广大党员干部群众创先争优的自觉性，不断提升企业思想政治工作和精神文明建设水平。

2. 以制度建设为纲，企业文化建设显本心

制度优势是党和国家最大的优势。国有企业在企业文化建设过程中，应积极把党的政治优势转化为企业的制度优势，通过做好顶层设计和体系建设，统一全体员工对企业文化的认知，统筹推进企业文化制度、机制、体系建设及发展规划等配套建设。国有企业必须把党的思想大旗挺起来、立起来，将党的思想融入文化制度建设，将企业特色融入制度建设，做到继承和创新相结合，做到文化建设规划与企业发展战略相结合，使之真正渗透到企业发展、人才管理、市场拓展等活动中，切实转化为企业管理行为、组织行为的价值引领和富含企业文化特色的市场竞争优势。

3. 以主体建设为源，企业文化建设暖人心

企业是由人构成的社会单元，员工既是企业文化的学习者和受益者，又是文化建设的传播者和创造者。没有员工的积极参与，没有员工的普遍认可，企业文化就是无本之木、无源之水，也就难有作为。首先，企业文化建设要充分发挥员工的主体作用，让员工主动充分参与到文化建设中来，将自上而下和自下而上的建设模式相结合，广泛征求员工的意见和建议，并结合企业特点和发展方向确定企业文化的核心内涵。这既是员工参与企业决策的过程，也是员工自我启发吸收的过程，使企业文化真正被员工接受，成为自己的文化。其次，要加强企业文化的宣传和贯彻实施，将企业文化理念贯穿于企业管理过程，强化企业文化的影响力和认同感，让每个人都成为企业文化的传播者和建设者，增强员工的"主人翁意识"，巩固员工的"主人翁地位"，让员工以更加昂扬自主的状态投入到生产工作中。

4. 以平台建设为基础，强势展现企业良好形象

企业文化并不仅仅是挂在官网上的几句口号，也不是汇报材料中的一页PPT。企业文化融于企业的各个角落，同时又通过每处细节展示出来，其中的闪光点需要借助平台的力量展示放大。挖掘"真善美"，展示"真性情"，将企业文化人格化、具体化，这样的企业文化才更具感染力和传播力。

5. 以品牌建设为上，企业文化建设需要匠心

品牌承载着人们对企业产品、服务乃至文化价值的认可，是能够为企业带来溢价、增值的无形资产，更是一个企业综合竞争力的体现。品牌强则企业强，打造高知名度、高美誉度、质量过硬的市场品牌是国有企业高质量发展的应有之意。国有企业在文化品牌打造等过程中既要体现企业文化的共性，还要突出展现其个性。许多国有企业在全国各地，甚至海外拥有多个子公司。在集团总部层面的文化框架指导下，各子公司可以从地理区域、业务类别、文化传统等方面深挖特色，使其具有创新性和个性化特征，形成与总部相得益彰、交相辉映的品牌体系。同时还应加强文化建设与主营业务的深度融合，通过开展主题活动，树立典型人物，塑造企业品牌，打造可视化文化产品等方式丰富品牌内涵，输出品牌建设成果。在品牌传播过程中要与优质流量品牌、媒体和渠道合作、联动，通过推动企业品牌走出去、延伸文化产业链条，形成市场影响力，助力企业高质量发展。

6. 准确把握新时代背景下国有企业文化建设的新任务新要求

一要坚持以习近平总书记关于文化建设重要论述引领企业文化建设。习近平总书记在党的十九大报告中指出："文化是一个国家、一个民族的灵魂。文化兴国运兴，文化强民族强。没有高度的文化自信，没有文化的繁荣兴盛，就没有中华民族伟大复兴。"我们要始终坚持以习近平新时代中国特色社会主义思想为指导，深入学习贯彻习近平总书记关于文化建设的重要论述精神，以之作为根本遵循和行动指南，确保企业文化建设沿着正确的方向不断推进。二要坚持用新发展理念推动企业文化建设。理念是行动的先导，企业发展需要理念先行。党的十八届五中全会提出创新、协调、绿色、开放、共享的新发展理念，为厚植发展动力、转变发展方式、谋划发展路径、延展发展空间、实现发展目标提供了行动指南。将新发展理念融入企业文化，是坚持系统观念的有效体现，有利于五大理念的有机融合，能够推动国有企业更好地承担经济责任、政治责任和社会责任，在转型升级中迈向高质量发展新征程。三要坚持将社会主义核心价值观融入企业文化建设。社会主义核心价值观，涵盖了中国特色社会主义理论体系的基本精神和价值理想，是当代中国社会发展的价值追求。每

家国有企业都是中国特色社会主义经济社会的有机组成部分，每家国有企业的文化理念都要自觉遵循社会主义核心价值观，倡导主流文化，培育文化优势。

7. 突出抓牢新征程上企业文化高质量发展着力点

站在"两个一百年"历史交汇点上，企业文化需要担当新使命，展现新作为。企业发展催生文化繁荣，优秀文化推动企业发展。国有企业需要积极回应新时代新要求，抓紧抓牢文化建设切入点着力点，传承优良基因、弘扬优良传统、丰富文化内涵、释放文化活力，以更大力度、更强自觉性推动文化高质量发展。一要深植红色基因。红色基因是国有企业独特的精神禀赋。在中华民族伟大复兴关键时期，在世界百年未有之大变局中，国有企业要始终将红色基因融入企业文化，大力弘扬以爱国主义为核心的民族精神，弘扬以伟大建党精神为源头的共产党人的精神谱系，不忘报国为民的初心，永葆浓厚家国情怀，勇担时代赋予的责任使命，以昂扬姿态奋进新征程。二要融入创新理念。创新是引领发展的第一动力，也是推动企业持续发展的不竭源泉。特别是迈进新时代，面对西方国家对我国的技术封锁和产业遏制，创新比以往任何时候都更加重要和紧迫，国有企业更需要聚焦"卡脖子"和科技前沿领域，坚持把创新作为发展的第一要务，通过加强创新文化建设，营造崇尚创新的良好氛围，切实激发科研人员创新创造潜能，真正将创新"内化于心"，形成思想和行动自觉。三要弘扬奋斗底色。回顾百年辉煌党史和中国特色社会主义发展史，在中华人民共和国成立之初，面对一穷二白、千疮百孔的国民经济，靠的就是"别人已经做到的事，我们要做到；别人没有做到的事，我们也一定要做到""宁可少活二十年，拼命也要拿下大油田"的奋斗精神，创造了一系列"新中国第一"。踏上新征程，更加需要以奋斗为底色，持续发扬艰苦奋斗、苦干实干的优良传统，大力弘扬劳模精神、奉献精神、工匠精神，聚起勇于担当、干事创业、攻坚克难、精益求精的强大力量，推动企业不断向前发展。

8. 注重妥善处理企业文化建设中的几个关系

企业文化具有传承性、稳定性和连续性，贵在持之以恒，难在用心经营。用心经营的过程，就是文化化育、润物无声的过程。企业文化建设是一个动态的系统工程，往往需要运用辩证思维去系统把握、统筹考虑、协调推进。

（1）要把握"大"和"小"的关系。"大文化"，就是中国特色社会主义文化，包括中华优秀传统文化、革命文化、社会主义先进文化等。相对来说，企业文化就是"小文化"，是具体的文化。"大文化"要由"小文化"来构成，"小文化"要融入和丰富"大文化"。建设企业的"小文化"，要适应"大文化"要求，符合"大文化"导向，融入"大文化"发展，把企业层面的"小"优势，逐步汇聚转化为社会主义制度层面的"大"优势。

（2）要把握"常"与"变"的关系。这里说的"常"是企业对优良传统、既有文化的传承，"变"是伴随不同的形势要求做出的调整创新。我们常说"守正创新"，就是在弘扬优良传统、集成优秀文化的基础上进行创新发展。创新不仅是一种传承，更是一种超越。企业文化建设需要破除急功近利心态，保持"功成不必在我、功成必定有我"的胸怀和志向，以"一张蓝图绘到底"的韧劲，把文化建设做到久久为功。

（3）要把握"上"与"下"的关系。企业文化最理想的模式应该是"自上而下"与"自下而上"的结合。领导要带头引领，把握方向和节奏，推进才更有力度。员工要广泛认同，积极践行，文化才更有深度。因此，文化建设要上下同欲、全员参与、群策群力，真正达到同频共振，方能取得好效果。此外，国有企业在积极打造文化产业时，一定要考虑市场的需求，切实做到文化惠民、文化为民，让群众有体验感、获得感，为社会奉献更多优质的文化产品和文化服务。

（4）要把握"神"与"形"的关系。企业文化渗透在生产经营和管理活动的全过程，它是企业的灵魂，像空气一样无时不有、无处不在。企业文化建设就是把抽象变具体、把精神变物质，文以载道，道在器中。有"形"无"神"不叫企业文化，有"神"无"形"也不行，"形""神"兼备才是真正有效的企业文化。要让企业文化成为员工每时每刻的言谈举止、立竿见影的即时感受、现场体验的氛围营造，通过耳濡目染的熏陶、潜移默化的培育、水滴石穿的渗透，把企业文化灌输到员工的思想中，融化到血液里，落实到行动上。

（5）要把握"内"与"外"的关系。习近平总书记多次强调，要"不忘本来、吸收外来、面向未来"，这是新时代推动文化建设的科学方法。在新时代背景下，国有企业需要用一种全新的眼光和视角来环顾世界、审视自己，注重在文化融合、形象宣传、声誉管理等方面培育形成独特优势，以文化融合提升市场竞争力。

第三节　新时代油气田企业文化建设的意义和实践

一、新时代油气田企业文化建设的意义

进入 21 世纪以来，在改革发展的大背景下，油气田企业发展的宏观环境和微观环境都发生了极大的变化，如何打造与时俱进的油气田企业文化，激励

新时代油气田企业与属地文化融合研究

新生代石油人艰苦奋斗,已经成为我国油气田企业亟须解决的难题。通过油气田企业文化建设,打造油气田企业新型文化,对于为油气田企业发展提供精神动力和智力支撑,增强企业凝聚力,推动油气田企业转型升级,实现可持续发展并保障能源安全具有重要的理论意义和现实意义。

1. 为油气田企业发展提供强大的精神动力

新时代油气田企业文化建设能为油气田企业发展提供强大的精神动力。从企业文化构成要素的结构来看,精神文化处于企业文化结构层的核心位置,具有重要的思想主宰作用。在中国石油工业的发展历程中,形成了以"大庆精神""铁人精神""玉门精神"等为代表和核心的传统石油精神财富,这些宝贵的企业文化成果,有力促进了中国石油工业的蓬勃发展。在新的历史时期,"80后"员工、"90后"员工是石油企业油气生产的先锋队、主力军以及后备军,他们文化素质高、思想新潮、个性独特、创造力强,特别渴求得到充分的自我精神满足与慰藉,因此,精神文化的激励与鼓舞作用日益凸显。在新的时期、新的历史背景与社会环境下,将新时期的文化内涵融入石油企业文化建设与发展全过程中,从内容和形式各方面积极创新,凝练适应企业和时代发展的独具特色的企业文化,能够为石油企业的发展提供新的思想内涵,注入更强大的精神动力,为新时期的石油人所接受并认可,鼓舞新一代石油人更加斗志昂扬、顽强拼搏、无私奉献,从而推动石油企业在激烈竞争的新时期保持发展与进步。以西南油气田"合气文化"建设为例,合气文化根植于灿烂辉煌的巴蜀天然气文明,接续巴蜀天然气文明的历史脉络,在西南油气田公司60余年的发展历程中逐渐形成。"和合共生、气美家国"的合气文化随国运昌隆而生,经四川油气田60多年的文化孕育,与共和国同发展共成长,具有政治的先进性、鲜明的时代性、实践的创造性、文化的传承性、价值的共同性。其内涵融通巴蜀地域文化的灵气,深植"艰苦奋斗、求实创新"的川油魂魄,体现了"天人合一、和而不同"的共生境界、"奉献能源、创造和谐"的共生情怀、"责任如山、气美家国"的共生风骨,在绿水青山中创造自然之气、生命之美,展示了石油人特别能吃苦、特别能战斗的忠诚无畏的精神内涵,也彰显了石油人为祖国争光、为民族争气的精神品质。

2. 为油气田企业发展提供坚实的制度保障

新时代油气田企业文化建设能为石油企业发展提供坚实的制度保障。从制度文化的角度来看,制度文化是企业文化结构中权威性最大的要素,主要包括组织机构和制度规范两方面。对于油气田企业而言,根据实际状况,通过油气田企业文化发展创新,在新时期的文化思想与体系的指导下,废除没有存在价值的旧制度，修订不适应时代要求的制度，制定适应企业发展要求的、种类齐全的、能有效规范并激励新生代石油人的新管理制度和规范体系。通过油气田企业文化发展创新将新时期的文化理念融入企业制度制定与实施的全过程中，让新的油气田企业文化指导制度、让制度反映新型企业文化，进而规范、调节员工的行为，调动工作主动性与积极性，增强内部向心力与凝聚力，保证各项生产经营活动按照正常的轨道有序开展，实现依制度治理企业，规范企业行为，保障经济效益提升，最终促进全面发展。

3. 引导油气田企业员工养成文明进步的良好行为

新时代油气田企业文化建设能引导石油企业员工养成文明进步的良好行为。企业员工的行为文化主要分为领导者和管理者的行为文化、模范和榜样人物的行为文化、基层员工的行为文化。企业的领导者和管理者是企业的中心人物，他们在企业中的管理地位和行为方式都具有权威性，他们的经营管理方式、领导风格、行为习惯、人格魅力等能直接或间接地体现企业所倡导和传递的文化。对于油气田企业而言，在新的时代背景下，创新企业文化发展，组织员工学习、培训以及各类实践探索，有助于发现大量兢兢业业、开拓创新的新时代模范人物。他们传播与时俱进的先进行为文化，为广大石油工人树立良好的学习榜样和行为典范，营造一种为新时代员工所广泛接受的健康、和谐、进步的文化氛围和行为文化，对于打造和谐的企业氛围，提高企业的整体素质与文明素养，提高全体员工的工作积极性，生产出品质优良的油气产品具有重要作用。

4. 促进油气田企业塑造创新有活力的公众形象

新时代油气田企业文化建设能促进油气田企业塑造创新有活力的公众形象。通过油气田企业文化发展创新，高度重视为员工营造健康、舒适、环保的生活环境；建立绿色、整洁、和谐矿区；开展多项社区活动，丰富员工业余文化生活，打造积极向上的文化环境；在增强员工家园感、归属感和认同感的同时，努力实现能源安全与保护环境的协调发展，促进企业与员工共同发展。可见，企业文化在营造高效的企业创新氛围，展现新时代石油文化特色的同时，对增强员工的自豪感和成就感，提高员工的工作热情，生产出满足新时期社会经济需求的石油产品与服务，塑造健康向上、创新有活力的公众形象，增强企业市场竞争力具有重要意义。西南油气田公司在建设企业文化的过程中融合巴蜀文化，全力推动价值认同，积极吸纳巴蜀文化精髓，融通民风民俗精华，注重跨文化汲取养分、跨行业传播精神，以开放包容的姿态学习、借鉴知名企业的文化建设经验，不断丰富文化新内涵。立足保障国家能源安全，促进区域经济社会发展的角色定位，坚持企地合作共建文化平台，坚持用户至上共享文化成果，与川渝等省市签订战略合作协议。在生态文明建设、文化艺术交流等方面加强合作，使文化饱含更多的地域特征、更好的行业资源，实现文化建设与时代发展同频共振，推动跨地域、跨行业的价值认同，促进公司与政府、用户的和合共生，为公司高质量发展注入活力、增添动能。

二、新时代油气田企业文化建设实践

（一）油气田企业文化品牌塑造与传播

油气田企业发展过程中注重文化浸润、凝聚和引导作用，坚持以社会主义核心价值观为引领，以企业核心价值观建设为龙头，弘扬石油人的开拓精神。以西南油气田为例，油气田企业文化品牌塑造与传播的主要做法包括以下几个方面。

第一，大力弘扬"川油精神"。通过对创业史、发展史的梳理，西南油气田构建了独有的"川油精神"，并打造了天然气文化。"川油精神"的核心是"艰苦奋斗，求实创新"，是川渝石油人的观念、目标、志向，以及办企业的宗旨和行动的反映，是"大庆精神""铁人精神"在四川油气田的体现和深化。通过大力弘扬"川油精神"，构建员工与企业精神之间的"心灵契约"，西南油气田将其作为企业和员工认同并共同遵守的精神理念与道德标准，作为潜意识，指引着人们的行为，固化于全体员工心中，转化为管理者的决策行为、员工的工作行为和良好的文化环境。

第二，科学完善核心价值体系。长期以来，西南油气田从企业核心价值体系的内涵及其地位与作用、西南油气田核心价值现状梳理及剖析、西南油气田核心价值体系构建、西南油气田核心价值体系的培育与践行策略4个方面进行深入研究，对公司核心价值体系进行了完善，提出了核心价值体系推进与践行策略。企业核心价值观是在社会主义核心价值观下结合企业特色而形成的价值观，中国石油集团核心价值观是油气企业核心价值观的基础和母体，西南油气田核心价值观是集团公司核心价值观的延伸以及与地方特色相结合的产物。

第三，积极构建天然气文化体系。西南油气田在推动企业文化建设上注重结合行业特点和企业特色，不断适应企业发展需要和员工价值观，全面构建具有鲜明特色的天然气文化体系，打造天然气文化特色品牌。通过深入研究和系统挖掘，明确了天然气文化的内涵，构建起天然气文化的体系，天然气文化品牌效应初步彰显。搭建了以"职业道德、传统美德、社会公德"为内容的价值体系，以"争创一流、再铸辉煌"为主的价值核心，绘制了现代化天然气工业基地的发展蓝图。此外，西南油气田对标现代企业制度，构建符合时代要求的文化体系，对改革发展进行系统规范和价值指引，形成了集团文化"六统一"统领之下的企业文化架构。

第四，扎实推进企业文化落地。为保障企业文化的落地效果，西南油气田实施了分类试点、科学考核和效果评价。按照"梳理文化脉络—寻根文化基因—提炼特色理念—构建价值体系—完善传播载体—强化宣贯落地"的步骤，有计划地开展了天然气勘探开发文化、净化文化、管输文化、营销文化建设试点。制定并实施了《西南油气田分公司企业文化建设考评办法》，在科学考核的前提下，西南油气田大抓班组文化建设，将企业文化落细落小到企业的组织"细胞"，以此来培育每一个员工的文化认同，从全组织层面对建设效果进行评价、总结和调整。

第五，开展企业文化传播。西南油气田积极与驻地政府联合，打造石油文化传播平台。为广泛宣传和传播企业文化品牌，创新搭建传播渠道和平台，积极运用新媒体开展企业文化传播，及时宣传和传播党和国家的政策方针、公司的生产经营动态和企业文化实践。经过一系列的企业文化传播策略，企业文化效应初步彰显。

（二）川西北气矿企业文化建设实践

西南油气田公司川西北气矿是中国油气勘探历史最悠久的地区，从汉代开凿的人类历史上第一口天然气井"临邛火井"到新中国成立后的海棠铺江2井，川西北石油人一直怀揣着找寻大气田的梦想，怀揣着满腔热血而不懈追求。

逐梦60余载，川西北石油人矢志不渝，凭借着坚韧执着、实干担当的坚强意志，将全部的热情投入到川西北龙门山前带这片勘探热土。从1953年成立江油探区，到1970年成立四川石油管理局广宁石油勘探指挥部，1977年成立川西北矿区，再到1999年成立川西北气矿，虽然名字在变，但川西北石油人以振兴祖国、振兴油气为己任，以"为中国加油、为民族争气"为追求的坚定信念未变。"四上"九龙山、海棠铺，"三上"厚坝，"二上"龙泉山，演绎出半个多世纪石油天然气勘探开发的奉献史，取得了"五个第一""四个最早""一个最高"的骄人业绩。

党的十八大以来，以习近平同志为核心的党中央高度重视能源发展。习近平总书记多次强调，"推动能源生产和消费革命是长期战略，必须从当前做起，加快实施重点任务和重大举措"，让天然气工业发展迎来了黄金时代。站在新的历史方位上，川西北气矿把天然气大发展与实现中华民族伟大复兴中国梦紧紧连接在一起，积极服务国家能源战略转型，服务人民群众对美好生活的向往。"十三五"以来，勘探开发连续获得重大突破：2018年产量触底反弹，实现新增速；2019年，凭借资源"底气"，川西北气矿提出"4251"高质量发展目标；2020年，站上了15亿立方米"新高点"，实现历史超越；2021年，川西北气矿天然气产量、销量再创历史新高。

西南油气田公司和川西北气矿党委始终把坚持党的领导，加强党的建设贯穿于文化建设全过程，从石油精神中汲取养分，不断推进企业文化管理创新，赋予文化新的时代内涵，将文化优势转化为创新优势、竞争优势、发展优势，为实现气矿高质量发展注入强劲动能，为保障国家能源安全，助推地方经济社会发展做出新的更大贡献。

1. 在价值导向上提升政治站位，高举旗帜谱新篇

深入学习习近平新时代中国特色社会主义思想，深刻领悟习近平总书记对油气工业发展的深切关怀，深刻领会习近平总书记寄予的重大政治嘱托，坚决做党和国家最信赖的骨干力量，自觉在思想上、政治上、行动上同以习近平同志为核心的党中央保持高度一致，不断增强"四个意识"、坚定"四个自信"、做到"两个维护"。

坚定政治站位，始终高擎爱党旗帜。认真贯彻落实习近平总书记关于能源安全新战略的重要论述，特别是涉及中国石油的重要指示批示精神，把准新思想新理论实践者、推动者的角色定位，充分发挥党委"把方向、管大局、保落实"的领导作用，确保文化建设在党建引领下沿着正确方向前进。推动新思想新理论大学习大宣传大普及，教育引导干部员工"听党话、跟党走"，使文化建设始终高擎爱党爱国旗帜。

2. 在品牌塑造上注重内涵挖掘，打造形象新名片

坚持文化引领，深挖企业文化内涵和外延，让企业文化成为员工的价值追求和自觉行动，真正将文化内化于心、外化于行。编印下发《企业文化手册》，让企业文化人人知晓，形成全体干部员工共同遵循的价值取向和行为规范，文化品牌逐步形成。

以企业文化为主线，高标准建成气矿企业文化展厅，将其打造成为气矿企业精神教育和科技成果展示的基地，该基地累计接待气矿内外部参观交流2600余人次，获得一致好评。在气矿各显要位置、主要场站宣挂劳模事迹，让典型性人物、正能量声音占领川西北大地，大力营造尊重劳模、崇尚先进的良好氛围。紧扣气矿"4251"战略发展目标，加大历史文化发掘保护，广泛征集具有历史记忆的老物件、老史料，编纂川西北七十年大事记，确保气矿文化更好地继

承和发扬。将石油文化和古驿道文化、红军文化等有机融合,积极打造苍溪天然气净化二厂文化步道,为气矿高质量发展提供内生动力。

通过深挖文化资源,凝聚持续推动气矿高质量发展共识,不断增强企业软实力和核心竞争力。以企业文化为主线,拍摄制作气矿形象宣传片,全方位展示气矿在增储上产、安全管理、科技创新、党的建设等方面的成效和经验;积极跟踪重点工程建设,拍摄的专题片《征途》获上级媒体好评;制作反映石油人主动申请到一线重点工程建功立业的微电影《89+》,获集团公司新媒体作品二等奖,并入围四川省"我和祖国共成长"优秀视频名单。

开展公司第二批基层建设示范点申报创建工作,积极打造气矿基层建设示范标杆,受到了公司检查考评组的充分肯定。认真梳理、精心提炼16个班组管理优秀案例,入选公司《班组小故事管理大智慧》图书,数量居公司所属单位首位。顺利通过全国文明单位复核验收,连续五届荣获"全国文明单位"光荣称号,是公司最早获得且一直保持该荣誉的唯一一家单位。

3. 在宣传教育上着力融合创新,铸魂育人树形象

紧盯中心工作和主营业务这个宣传支点,坚持传统媒体和新兴媒体融合发力,不断提升舆论引导的传播力、吸引力、感染力、影响力和公信力,汇聚强大正能量,向外界传播企业"好声音"。

充分发挥协同优势和整体效应,"报、视、网、微"等媒体齐头并进,采用远程连线方式报道一线抗疫保产情况,受到集团公司影视中心好评。持续开发打造"气聚川西北"微信公众号,通过"借力引智"和技术外包,发挥专业优势,打造优质作品。在"气田微视""微播报""聚·焦点"的基础上进一步增设有个性、有特色的子栏目,不断丰富呈现方式,实现新媒体与社会公众的良性互动,提高"二次传播"效能,不断提升气矿的知名度和美誉度。

持续开展岗位学雷锋、绿色矿山打造、关爱孤寡老人及关爱留守儿童、实施贫困助学计划等志愿服务活动,勇担社会责任,助力扶贫帮困。20世纪90年代在苍溪县东溪镇建立四川石油希望小学,20余年为近6000名大山深处的孩子点亮了"希望之光";"宝石花志愿服务队"坚持12年到江油市特殊教育学校献爱心不间断,体现"爱的传承";开展剑阁县盐店镇、苍溪县永宁镇及新观乡特殊困难学生助学活动,自2019年启动该项工作以来,已累计帮助困难学生172人次,助力贫困学子完成学业,奉献"石油爱心"。2021年,在搭建捐赠助学平台后,气矿党委投入帮扶资金20万元,用于改善学校急需的教学设备设施,支持乡村振兴工作。前往九龙县石头沟村开展"情系九龙·与爱同行"志愿服务,捐赠基础设施修复资金30万元,通过"以购代捐""以买代

帮"形式，购买腊肉制品、核桃乳等总价值近 20 万元的农副品，为决战决胜脱贫攻坚贡献"石油力量"。积极响应江油市"百企帮百村"精准脱贫行动，深入开展文明单位与贫困村结对共建工作。新冠病毒盛行期间，气矿及时协助雁门镇斑竹园村、雁门镇小学，以及市人民医院周边地区做好疫情防控工作，为全市防控工作做出积极贡献，受到了受助者的锦旗致谢。在矿员工发起的"江油市滴水公益"活动中，志愿者勇敢逆行，深入社区、学校开展防疫消毒、防控宣传工作，共消毒 10 万余平方米，为社区和一线志愿者捐赠口罩 4600个，在疫情防控战役中彰显全国文明单位的社会责任和担当。

4. 在核心理念上秉承企业宗旨，生动实践激活力

气矿立足天然气勘探开发一体化全产业链优势，延续巴蜀大地上灿烂辉煌的天然气文明，推动"坚韧执着、实干担当"的企业文化精神，在实践中不断升华凝练，兼收并蓄，彰显时代活力。

强作风执行，打造践行"两个维护"的石油铁军。扎实开展"四合格四诠释"等岗位实践活动，给想干事的人以希望，给能干事的人以舞台，给干成事的人以激励，把年轻干部放到最艰苦的工作岗位、最重要的攻关项目，让党员先锋队、青年志愿者成为石油铁军的中坚力量。始终把"听党话、跟党走"作为党员干部的标准、文化建设的方向，扎实开展"不忘初心、牢记使命"主题教育和党史学习教育，将红色教育基地、条件艰苦的生产现场作为党性教育和文化建设的重要载体，将教育成果转化为打造石油铁军的自觉行动，转化为弘扬石油精神，建设企业文化的价值追求。

文化创新实践推动发展提速。"十四五"期间，气矿将自觉把自身发展置于西南油气田公司整体发展布局之中，开启"扩海增陆、建产 50 亿"新会战，在实践中不断赋予"4251"战略发展目标新的内涵，推动实施"三步走"发展战略和"资源与市场、人才与管理、技术与创新、安全与稳定"兴企方略，奋力推进气矿高速度高质量跨越式发展，建成"最美"气矿。

中外石油经济及企业发展的实践证明，石油企业不仅是国民经济发展的重要支柱，也是民族优良传统、社会文明、文化内涵、文化思想、国家文化软实力的重要载体。企业文化是企业的灵魂，是推动企业不断前进、持续发展的动力。"文化强企"已经成为企业发展战略建设的重要指导思想，加强企业文化建设也成为企业发展的重要举措。

第三章　油气田企业与属地文化融合的重要性和可行性

第一节　油气田企业文化建设现状

一、油气田企业文化建设概况

（一）油气田企业文化建设的必要性

油气田企业文化建设是世界经济的发展要求。知识经济已经敲开了21世纪的大门，并将以迅猛之势发展。知识经济的巨大威力，只有在一种新的企业中才能发挥作用，这种企业是既有着优秀企业文化又与社会融为一体的企业。目前，经济全球化趋势越来越明显，随着信息时代的到来，企业竞争进一步加剧。世界企业竞争的要点是争取全球顾客服务，获得规模经济，利用最佳场所，降低成本，提高质量，最有效地利用新技术。激烈的国际竞争环境对油气田企业的经营思想、价值观念、道德、制度建设及行为规范将是一个严峻的考验。

油气田企业开展企业文化建设是中国石油行业未来发展的要求。在21世纪，中国人口的增长必然伴随劳动力的增长。但没有文化的人力是不能富国强民的，企业只有加强文化建设，增强企业内生动力，才能更好地解决企业所面临的一系列问题。

油气田企业文化建设是企业自身发展的要求。第一，国际环境迫使我国油气田企业加快转变观念和机制。进入21世纪以来，世界经济形势的变化，尤其是随着我国加入WTO，对我国油气田企业造成了强大的冲击，一个企业能否迅速转变观念和机制，关键取决于企业文化。第二，知识管理成为趋势。知识管理是经济时代的必然要求，知识管理要求把企业建设成为知识型企业，敢于同竞争对手进行合作，设法把员工个人的创造性与集体的智慧结合起来，这一切都要求油气田企业加强文化建设。第三，企业发展战略成为企业发展的关键。在激烈的市场竞争面前，油气田企业面临着一个突出的问题：今后企业如何发展。最能体现企业价值和生命力、使企业长寿的就是企业文化。因此，企业的长远发展战略必须以企业文化做保证。第四，企业家的作用和地位日趋突出。成功的企业总是与成功的企业文化联系在一起。企业家素质的高低、领导才能的大小等，将直接影响企业文化建设，关系到企业的成败。

（二）加强油气田企业文化建设的主要途径

企业文化是在一定环境下企业生存发展和需要的反映。油气田企业必须把企业文化建设放在战略的高度上加以重视，并落实在具体行动上。具体而言有以下几条途径。

第一，要把油气田企业文化建设与油气田管理队伍建设结合起来。企业文化是企业经营者智慧和理念的体现，因此，建设优秀的企业文化必须首先建立一支优秀的管理队伍，并时刻保持这支队伍的先进性和创造精神。要在企业内部积极推行人事制度改革，大胆提拔素质高、懂管理、有潜力的优秀人才并充实到领导队伍中，为其成长和发展提供广阔空间，以其卓越的精神力量在企业中树立典范，影响和带动全体员工奋发进取。

第二，要努力培养员工的认同感。创建企业文化旨在增强企业的凝聚力，提高企业的竞争能力。由于人的能力不同，在企业中的归属岗位不同，因而形成的收入、地位等也不同，因此，培育职工的认同感显得非常重要。在企业内部，如果每个员工有着强烈的认同感，共同的价值观念，就能对企业生存与发展充满责任感，自觉把个人利益与企业利益联系起来。

第三，要把油气田企业文化建设与油气田生产经营活动结合起来。要实现二者的完全统一，要在以下几方面下功夫。①在企业内部管理上下功夫，不断健全和完善各项管理制度，强化管理，以有形的制度和严格的规范来引导和约束员工的行为方式。②在实施品牌带动战略上下功夫，企业不仅要在产品生产工艺、生产技术和质量管理上做到高起点、高标准、高要求，而且要在产品的品牌命名等方面融入文化内涵，并通过科学的市场推广来激发消费者的购买欲望，在消费者中树立起良好的品牌形象，巩固和提高品牌美誉度。③在企业创新经营上下功夫。创新是企业发展的不竭动力和源泉。在新形势下，企业文化建设只有随着市场经营环境的变化不断创新，才能为生产经营提供源源不断的发展动力。

(三) 油气田企业文化评估

1. 评估的重要性和必要性

第一，油气田企业进行企业文化评估促使企业文化向纵深发展，体现企业特色，有利于油气田各单位的文化管理更科学。第二，企业文化评估具有导向作用，为油气田建设独具特色的企业文化提供了一套完整的衡量标准，能对企业文化建设做出导向性的预测，从而使企业文化建设的动态调整内容有一个准确的定位。第三，企业文化评估有利于建立和完善企业文化管理体系，企业文化建设客观上要求油气田企业必须建立和完善企业文化的决策与计划、指挥与协调、评估与控制、教育与激励的闭环式管理链条，而评估则是其中一个重要的环节。第四，企业文化评估是建设先进企业文化的内在要求，建设先进的企业文化已成为油气田企业改革、发展、进步的重要标志。第五，企业文化评估具有多重积极作用，表现在可提高企业文化建设绩效及企业管理水平，满足油气企业科学发展、和谐发展的现实需要等方面。

2. 企业文化评估方法、过程

企业文化评估是结合被测评的企业文化信息，构建一个全方位的量化指标体系，对企业文化实际现状进行定性和定量相结合的测量和分析，从而深度解读企业文化的实质，从根本上来完善企业的可持续发展。

沙因（1999）的三层次文化模型给予组织文化一些理论上的启发，但无法进行客观测量。对于油气田企业文化评估，可以采用定量的方法。定量测量中常用的方法是类型测量和特征测量，类型测量只测量了文化类型这一静态特征，而组织文化是动态的，还存在行为特征等方面，所以类型测量存在局限性。

评估过程包括以下几个步骤。①问卷与量表的选择。在对油气田企业文化进行评估时，采用问卷与量表相结合的方式。通过问卷调查询问油气田企业各个层面绝大多数员工的意见，反映油气田企业文化的实际情况，再通过量表的设计测试判断油气田企业文化特征，进而从理性的角度找出油气田企业的企业文化发展方向。例如，可选择使用郑伯埙组织文化价值观量表（Values in Organizational Culture Scale，VOCS），将其中的科学求真、顾客取向、卓越创新、甘苦与共、团队精神、正直诚信、表现绩效、社会责任和敦亲睦邻九个维度作为油气田企业文化评估模型中量表选择的依据。②对测量结果进行评估。因为层次分析法既能作为企业文化建设绩效自身的纵向评价，又能作为企业文化建设绩效间的横向评价，能充分地满足油气田企业文化的评估需求。使用层次分析法对油气田企业文化进行评估，可以通过各个指标数值的优劣,反映油气田企业文化建设和管理存在的问题和不足。

二、油气田企业文化建设存在的问题

经济全球化的到来使得各行各业所面临的压力与竞争越来越大,作为影响企业发展的重要因素——企业文化的建设必须得到足够的重视。只有足够好的企业文化才能为油气田企业的发展带来一定的促进作用,进而实现企业竞争力的提升以及市场占有率的提升。然而在实际的建设过程中,新时期很多油气田企业的企业文化建设仍然存在一定的问题,如果这些问题不能很好地解决,企业的发展将面临巨大的威胁。

(一)油气田企业文化理念落实不到位

若想实现企业文化的建设,首先应该做的就是实现对企业文化的渗透以及落实,只有将企业文化的理念落到实处,才能实现企业文化建设。然而在实际的工作中,很多企业对文化理念缺乏落实,还是停留在口头的表达上或者是每周的会议上,换句话说就是张口说一说而已,并没有付诸实际行动,这样无疑是纸上谈兵。缺乏行动落实,员工的行动力自然就不强,企业凝聚力丧失,进而导致企业文化建设受到阻碍。一些具体的表现如下。

(1)传承弘扬大庆精神有待进一步加强。对广大青年员工、市场化用工进行大庆精神、铁人精神和川油精神再学习再教育是一项长期艰巨的任务,传承弘扬有待进一步加强。

(2)企业文化建设的工作力度不够平衡,一些单位存在认识不足、投入不够等问题。

(3)油气田文化在一些基层单位未能完全落地生根,核心理念宣传教育还不够深入,先进典型的示范导向作用较弱,未能有效融入 HSE、内控等各项管理制度中,没有被广大员工广泛认知、认同。

(4)油气田文化建设的软硬件设施需要完善。企业文化建设资金投入不足,建设资金未完全纳入各单位总体规划和年度计划中。

(二)油气田企业文化缺乏创新性

新时代新时期,创新是每一个企业得以生存以及发展的必备能力。企业文化的建设也是一样,然而在实际的建设活动中,很多企业对于企业文化的建设只是沿用前人的经验或者是沿用一些比较成功的案例,缺乏一定的创新性。这样虽然也暂时完成了企业文化的建设,但是缺乏创新性的企业文化建设根本无法适应企业的长期发展。尤其是在竞争如此激烈的今天,很多传统环境下的企业文化建设方法以及手段已经无法适应新时期的社会发展需要。

（三）油气田企业文化以人为本的理念有待加强

新时期下，对员工的管理不该再沿用传统的工作环境下的刚性管理制度，而应采用"以人为本"的柔性管理制度，只有实现以人为本的管理制度，才能让员工感觉到在企业中工作是一件很开心、很舒适的事情，进而提升员工工作的积极性以及主动性，增强企业的团队凝聚力。然而在新时期的油气田企业文化建设过程中，很多企业仍然使用传统的工作环境下的刚性管理模式，缺乏"以人为本"的人性化管理模式的实施以及应用，进而导致员工的工作压力很大，造成人才的流失，甚至导致很多员工产生思想问题，影响企业文化的建设。

（四）企地和谐发展、企地协同发展相关研究和实践不足

油气田企业是典型的资源密集型企业，依托油气资源勘探开发、储集输送和销售利用为生存发展的根本，这使得油气田企业与资源地的关系问题变得非常重要，企地和谐发展、企地协同发展也被提上了研究日程。

虽然一些油气田企业也在积极开展企地文化融合方面的探索和实践，但总体而言，目前油气田企业企地文化融合方面的研究还比较少。相关的探索和实践一是中国石油云南销售特色加油站群体建设，其以文化融合为渠道，在央企自身文化基础上适当嫁接地方文化，丰富央企地方属性，缩短央企与社会公众心理距离、情感距离，提升央企品牌形象。中石油云南特色加油站群体建设体现的是中国石油文化与云南地域文化的有机融合，彰显的是地方文化，融入的是地方"语境"，赢得的是顾客对云南销售的认可。二是川西北气矿基于系统观视域设计油气企地文化融合机制并推进示范工程建设，其能够为充分发挥油气田企业与资源地文化优势、构建融合发展生态圈、实现高质量共赢发展提供文化力量。

随着研究的深入和实践的不断总结发现，油气田企业文化与资源地文化基因图谱存在关联，油气田企业文化开放创新需要对企地文化进行融合，油气田企业企地文化建设创新需要吸收产地文化营养。因此，需要立足油气田企业文化优势与资源地文化优势，以文化融合为突破口，积极探索企地文化融合的新做法、新形式、新途径，通过双方文化的同化或相互感应、渗透结合、改造重塑，形成油气田企业文化与资源地文化融合发展的生态体系，促进油气田企业与资源地高质量共赢发展。

以下将基于川西北气矿的探索和实践，对新时代油气田企业企地文化融合的重要性、可行性及相关的油气田企地文化融合机制等进行分析。川西北气矿

隶属中国石油西南油气田公司，以天然气勘探、开发、集输和销售为主营业务，主要负责四川境内北起广元，南至雅安、乐山地区3.12万平方公里矿权面积的油气勘探开发、管道运输、油气产品和天然气化工产品的加工、销售，为广元至成都沿线及川西南部地区的28个市（县）提供工业、民用和商业天然气，是西南油气田公司主要生产单位之一。川西北气矿作业区涉及广元市（含苍溪县、剑阁县）和绵阳市（梓潼县）等地。

第二节　油气田企业企地文化融合的重要性

一、油气田企业企地文化融合的意义

（一）坚定文化自信的时代选择

文化是一个国家、一个民族的灵魂。古往今来，世界各民族无一例外地受到其在各个历史发展阶段中产生的文化的深刻影响。回望我国5000多年文明史也不难发现，文化兴盛始终是国家强盛的重要条件。在致力于实现中华民族伟大复兴的历史进程中，我们党始终将不断创造中华文化新辉煌作为不懈奋斗的重要目标，特别是党的十八大以来，以习近平同志为核心的党中央对文化建设高度重视，力推中国文化、重塑中国精神。习近平总书记反复强调文化自信，从中国特色社会主义事业全局的高度做出许多深刻阐述，并在国际交往中提出一整套既具有鲜明中国特色又具有普遍指导意义的新概念、新话语、新表述，包括"中国梦""一带一路""人类命运共同体"等标识性概念。"十三五"时期，我国文化建设取得重大成就，在全面建成小康社会进程中发挥了重要作用。随着世界百年未有之大变局的加速演进，文化越来越成为国际竞争的重要影响因素，在文化软实力在国家综合国力中的地位和作用越来越重要的背景下，党的十九届五中全会明确将建成文化强国确立为到2035年基本实现社会主义现代化的远景目标之一，体现了我们党在推进中华民族伟大复兴进程中创造中华文化新辉煌的信心和决心。

在我国石油工业几十年的发展历程中，几代石油人为国分忧、为油奉献，不仅贡献了巨大的物质财富，而且创造了宝贵的精神财富，得到了历届党和国家领导人的高度评价和充分肯定，赢得了社会公众和国际同行的广泛认可。西南油气田在60余年的勘探开发实践中，积极保障能源供应、履行社会责任，形成了以"艰苦奋斗、求实创新"为主要内涵的川油精神，与

"我为祖国献石油""三老四严""四个一样"的石油精神一脉相承、互为呼应。大庆精神、铁人精神等石油精神是石油企业的灵魂，勇担经济、政治与社会三大责任是石油企业的使命。进一步发扬石油精神，加强企地文化融合，增强文化自信，进一步重塑良好形象，是新时代推进石油企业发展的必然选择。

（二）实现企地共赢的客观需要

实现企业文化与地方文化的有机融合，可以让员工在企业发展环境中受到企业和地方文化的双重影响，有助于员工职业道德修养的提高和企业凝聚力的增强。川西北地区是古蜀道的重要组成部分，至今遗留有丰沛的历史文化遗址，川北地区作为革命老区，其红色文化可以激发员工爱国主义热情，加深企业与红军的关联度，增强爱国爱企的归属感，从而激励员工爱岗敬业、艰苦奋斗的精神。多种文化的相互影响、相互渗透和相互促进，能有效激发企业员工对历史的兴趣，增强文化底蕴，对自己的工作地点产生自豪感。石油企业有其自身特性，与社会的关联性较强，与企业周边村镇存在着千丝万缕的关系，处理好与地方的关系，既是企业持续、和谐发展的需要，也是履行企业社会责任，促进地方经济社会发展的必然需求。石油产业作为生产"工业血液"和我国战略物资的重要能源产业，对于保障生产生活、拉动经济增长以及促进相关产业协调发展具有战略作用。近年来，石油企业快速上产、扩产扩能，大量征用地方土地资源，进行地面工程建设。但在建设过程中，容易忽视对地方文化的深入了解，忽略不同形态的文化或文化特质之间的相互结合、相互吸收，缺少对当地文化和石油企业文化相互融合的研究，缺乏企地文化融合利用的研究，失去在当地对石油文化进行传播和推广的良好契机，使石油企业在当地形象未得到充分展示，影响力和美誉度未得到充分提升，一定程度上影响企地关系和谐以及企地共同发展。

（三）企业形象外树的内在要求

开展石油企业文化与产地文化的融合研究，有着极其重要的意义。目前，川西北地区特别是龙门山前构造带，是西南油气田公司风险探区和重点建产区块，有大量历史、文化资源，包括显性的物质文化和隐性的制度、精神文化等。在坚持企业发展战略、保持自身文化内核、贯彻人性化价值理念和互利双赢原则的基础上，采取文化适应、文化融合、文化浸润等策略，强调跨文化沟通，克服和避免跨文化冲突，整合资源地产能建设项目相关文化优势，有助于深化企地合作，建立健全合作机制，形成高效运营的工作合力，不断提升企业核心竞争力，塑造中国石油企业积极健康的内外部形象。

（四）培育和践行社会主义核心价值观的迫切需求

文化的核心是价值观。培育和践行社会主义核心价值观，旨在"凝魂聚气、强基固本"。所谓"凝魂聚气"，就是指通过社会主义核心价值观的培育，以凝聚中国人的精气神，以净化思想灵魂；所谓"强基固本"，就是指通过社会主义核心价值观的培育，打牢中国人精神家园的地基，树立安身立命的精神支柱。当前中国处于近代以来最好的发展时期，世界处于百年未有之大变局，两者同步交织、相互激荡，在思想文化领域面临着前现代价值观念、现代价值观念以及后现代价值观念共时性出场的情况。基于此，培育和践行社会主义核心价值观，不仅可以弥补价值信仰缺位，树立正确价值观念，还承载着在思想文化领域重构社会价值秩序的使命，通过社会价值秩序的重构，告诉大家"国之旋律""众之航标""己之操守"分别以什么为取向，以应对各类价值困境并消除造成精神空虚、行为失范等问题的病根，进而主导和引领多元价值观，铸好中国人的精神家园，使国家的发展展现出更好的精神风貌。

（五）传承红色革命精神的逻辑必然

红色是中国共产党和中华人民共和国的底色。在革命、建设、改革以及奋进新时代的历史进程中，中国共产党和中国人民孕育出了红船精神、井冈山精神、抗疫精神、脱贫攻坚精神等伟大精神。这些革命精神不仅集中体现党的性质、宗旨、优良传统和作风，还是党和国家的宝贵精神财富，更主要的是能够让后人体会到革命精神所带来的意义，成为鼓舞和激励中国人民不断攻坚克难、从胜利走向胜利的强大精神动力。

红色革命精神必须传承而非改变。正因为红色革命精神是中国共产党和中国人民在争取民族独立、人民解放，追求国家富强、人民幸福的伟大斗争中孕育出来的革命精神，蕴含着中国共产党人的初心与使命，凝结着中华儿女的理想追求和先进品质，是中华民族最为独特的精神标识，因此红色革命精神不能变。我们要对红色文化进行再生产并弘扬之，将红色革命精神传承好，即把革命战争遗址、纪念地等物质文化；回忆录、革命歌曲等精神文化；路线、政策等制度文化，保护好、管理好、利用好，对红色文化进行历史性开掘、现代性转化而凝炼其精神标识，形成全社会的红色记忆。因此，要扎实推进"红色革命精神代代传"工程，经常重温中国共产党带领中国人民进行伟大斗争、建设伟大工程、推进伟大事业的历史，以此增添心中的正能量。我们要沿着革命前辈的足迹，勇往直前，奋力夺取新时代中国特色社会主义事业的伟大胜利。

二、企地文化融合的必要性

（一）企地文化融合是和谐社会建设的重要内容

企地和谐文化建设既是和谐社会建设的重要内容，又是构筑社会主义和谐社会文化根基的重要主题。从现阶段我们面临的新形势新任务来看，建设企地和谐文化对于构建社会主义和谐社会具有重大意义。建设企地和谐文化有利于引导企地树立和巩固团结奋斗的思想基础，有利于调节社会矛盾，整合社会力量，确保社会公平正义，有利于促进经济社会的全面协调可持续发展，有利于促进人民群众文化利益的不断实现。地方文化是和谐社会的精神故乡，地方文化为构筑社会主义和谐社会的文化根基提供重要资源，能增强民族向心力、凝聚力和认同感，促进民族团结、社会稳定与和谐社会的建设。和谐社会理念的提出及和谐社会的构建，为我们尊重地方文化的多样性和个性化发展提供了重要的理论依据和宽松的社会环境，并为各民族文化的现实生存和进一步创新发展提供了更大的空间。要科学保护、合理开发和有效利用地方文化，深入挖掘民族文化的潜在资源，建设高度的社会主义物质文明、政治文明、精神文明、社会文明和生态文明，为构建社会主义和谐社会提供各个方面的坚实基础。

建设和谐文化是构建社会主义和谐社会的重要任务。和谐社会从文化的角度来看就是要使人与人、人与社会、人与自然、人自身等多个方面和谐发展。我国各地的多元文化促进了各民族的社会发展、人与自然的和谐相处、和谐社会的构建。继承和发展地方多元民族文化，重点是要保护和挖掘民族文化中蕴含的传统知识和智慧，将这些优秀文化成果纳入和谐文化的内容中，丰富和谐文化的内涵，从而推动和谐文化、和谐社会的建设。

（二）西南油气田和谐发展与高质量发展的需要

党的十九届五中全会提出，要推动绿色发展，促进人与自然和谐共生。"十四五"规划从加快推动绿色低碳发展、持续改善环境质量、提升生态系统质量和稳定性、全面提高资源利用效率四个方面提出了具体要求。"绿水青山就是金山银山"，深入学习贯彻习近平新时代中国特色社会主义思想，全面贯彻落实党的十九届五中全会精神，就是要深入实施可持续发展战略，完整准确、全面贯彻创新、协调、绿色、开放、共享的新发展理念，坚持尊重自然、顺应自然、保护自然，构建生态文明体系，促进经济社会发展全面绿色转型，建设人与自然和谐共生的现代化。

中国特色社会主义事业的总体布局是"五位一体",战略布局是"四个全面"。落实"五位一体"总体布局的各项部署,必须全面贯彻党的基本理论、基本路线、基本方略,更好地引领党和人民事业的发展。要坚持新发展理念,建设现代化经济体系,以供给侧结构性改革为主线,推动经济发展质量变革、效率变革、动力变革,不断解放和发展社会生产力。要坚持人民当家作主,把中国社会主义民主政治的优势和特点充分发挥出来,保证人民当家作主落实到国家政治生活和社会生活之中。要坚持社会主义核心价值体系,发展中国特色社会主义文化,坚持创造性转化、创新性发展。要坚持在发展中保障和改善民生,在发展中补齐民生短板、促进社会公平正义,在幼有所育、学有所教、劳有所得、病有所医、老有所养、住有所居、弱有所扶上不断取得新进展。要坚持人与自然和谐共生,形成节约资源和保护环境的空间格局、产业结构、生产方式、生活方式,还自然以宁静、和谐、美丽。

建设人与自然和谐共生的现代化,必须牢固树立以人民为中心的发展理念,既要奉献更多绿色清洁资源、满足人民群众日益增长的美好生活需要,也要生产或创造出更多、更优质的精神财富,打造更宜居、安全、环保的生态环境,让精神文化产品显性化展示。

川渝地区拥有国内最完整、发达的天然气产业链,是我国天然气产业的代表,在区域产供储销体系建设、页岩气开发、天然气利用、市场化改革、混合所有制改革等重大发展任务方面,十分依赖于企地协调配合。此外,天然气与川渝地区产业关联度超过80%。四川盆地人口密集、生态敏感,页岩气大规模快速开发极易引发气田周边自然环境和社会环境问题。

因此,开展企地文化融合,是西南油气田公司和谐发展与高质量发展的需要。

(三) 解决西南油气田企地融合发展问题的需要

天然气作为我国清洁能源供给的支柱型产业,其生产、运输、储存、销售、利用等全产业链中各环节涉及的利益相关方众多,中国石油西南油气田公司作为国内唯一具有产运储销一体化运营特色的石油企业,其战略大气区建设涉及的利益相关方及企地关系建设复杂程度为国内外少有。

在勘探生产环节,其高危险和高强度特点带来的周边自然、社会环境影响大,安全生产、环境保护监管趋严,环境破坏、生态补偿、征地赔偿等问题导致企地矛盾多发,同时国家加快勘探开发领域开放和推进矿权流转,让石油企业面临矿权保护压力。在运输环节,管网独立后地方政府和相关企业对管输领域介入力度加大，同时管输费、配气费监管导致企业经营压力加大，企地博弈明显加剧。在储存环节，国家强力推动储气设施建设和储气能力考核，企地之间在储气调峰责任和储气资源获取方面加大博弈，同时储气设施投资和建设主体越来越多元化，各方利益切度提高。在销售环节，需求主体日益增多、资源配置平衡难，市场开放、市场竞争加剧，相关各方合资合作愿望强烈。

川西北地区的苍溪、旺苍曾经是多年国家级贫困县。多年来，石油企业积极履行社会责任，结队帮扶当地，进行捐资助学等活动，在助力精准脱贫上做了大量的工作，但这些零散的做法没有形成持续的、深远的影响，"授之以渔"的效果不够明显。开展石油企业文化和产地文化的有机融合，能相互提升和充实企地文化内涵，并通过集地方文化、石油文化为一体的呈现方式，进一步保护、利用好当地文化资源、提升地方文化旅游品质，打造独具特色的石油精神教育基地，推动乡村旅游和农村经济振兴，促进群众致富增收。

（四）川西北部地区快速上产对企地文化融合的需要

新区开发更应该注重企地文化融合。企地文化融合是文化开放的过程，是多元文化融合的过程。具有鲜明特色的地方文化是中华民族文化不可分割的重要组成部分，为中华民族文化的形成和发展做出了巨大贡献。在新的历史条件下，继承和发展优秀地方文化，使地方文化与企业文化交相辉映，对于不断增强企业文化的生命力和创造力、培育和弘扬民族精神、建设社会主义和谐文化具有重要意义。同时传播"我为祖国献石油""三老四严""四个一样"等石油精神是企业职责所在，勇担经济、政治与社会三大责任是企业的使命所在。

第三节　油气田企业企地文化融合的可行性

一、国家和地方相关政策的推进

（一）新时代的历史推动

习近平总书记在党的十九大报告中指出：经过长期努力，中国特色社会主义进入了新时代，这是我国发展新的历史方位。"中国特色社会主义进入了新时代"这一重大判断，是从党和国家事业发展的全局视野、从改革开放近40年历程和党的十八大以来取得的历史性成就和历史性变革的方位上，所作出的科学判断，是以马克思主义时代观为理论指导，以党的十八大以来全方位的、开创性的成就和深层次、根本性变革为现实根据，实现了马克思主义同中国实际相结合的历史性飞跃。这个新时代，是承前启后、继往开来、在新的历史条件下继续夺取中国特色社会主义伟大胜利的时代。深刻认识这一重大判断的科学性，对于准确把握当代中国的历史方位，以坚定自信的姿态开启新时代中国特色社会主义建设的伟大征程具有重要意义，对国家、企业、个体都有深远的影响。

（二）习近平总书记的重要批示是强大精神动力

在建党95周年前夕，习近平总书记对大力弘扬"石油精神"做出重要批示，充分体现了总书记对国有企业的高度重视，寄托了对石油石化企业的殷切期望。以"苦干实干""三老四严"为核心的石油精神，是中国石油持续发展的强大思想武器，石油人必须不断重温习近平总书记关于"大力弘扬石油精神"的重要批示，提升对石油精神时代内涵的价值认同。石油精神饱含着石油人忠诚于党、产业报国的赤子情怀，传承着不畏艰险、战天斗地的红色基因，体现着实事求是、求真务实的思想作风，代表着爱岗敬业、甘于奉献的崇高品格。实践证明，以"大庆精神""铁人精神"为代表、以"苦干实干""三老四严"为核心的石油精神，是石油战线核心竞争力和独特文化优势的集中体现，是激励石油人许党报国、奋勇前进的强劲动力。

习近平总书记明确指出："文化是一个国家和民族的灵魂。"文化兴邦、文化强国是核心化的发展基调和方针，不断加强对优秀传统文化的传承及发扬，培养和提升民族的文化自信和文化认同感，是我国当今文化建设和发展的关键。高度的文化自信以及文化繁荣，是实现中华民族伟大复兴的重要前提。

（三）国家给予天然气发展的政策支持

《中华人民共和国国民经济和社会发展第十四个五年规划和2035年远景目标纲要》规划的政策要点（仅摘录与天然气密切相关的内容）如下。

①纲要的定位：主要阐明国家战略意图，明确政府工作重点，引导规范市场主体行为，是我国开启全面建设社会主义现代化国家新征程的宏伟蓝图，是全国各族人民共同的行动纲领。②再次强调新发展理念：创新、协调、绿色、开放、共享。③2035年远景目标（能源环保相关）：广泛形成绿色生产生活方式，碳排放达峰后稳中有降，生态环境根本好转，美丽中国建设目标基本实现。④"十四五"主要指标共20项量化指标：12项预期性和8项约束性指标。8项约束性指标中，除1项教育、1项粮食外，其他6项皆为环保能源类：单位GDP能源消耗五年降低13.5%，单位GDP二氧化碳排放降低18%，地

级及以上城市空气质量优良天数比例 2025 年达到 87.5%，地表水达到或好于 Ⅲ类水体比例 2025 年达到 85%，森林覆盖率 2025 年达到 24.1%，能源综合生产能力大于 46 亿吨标准煤。⑤油气勘探开发被列入国家科技攻关的核心技术。大型 LNG 船舶、深海油气生产平台、航空发动机及燃气轮机被列入关系制造业核心竞争力的重大技术装备。⑥"第三篇　加快发展现代产业体系　巩固壮大实体经济根基"的"第十一章　建设现代化基础设施体系"专门有一节"第三节　构建现代能源体系"，再次强调"清洁低碳、安全高效"的能源战略：到 2025 年，非化石能源占能源消费总量比重提高到 20% 左右；有序放开油气勘探开发市场准入，加快深海、深层和非常规油气资源利用，推动油气增储上产；加快建设天然气主干管道，完善油气互联互通网络。中俄东线境内段、川气东送二线、辽河储气库等被列入能源类重点工程。⑦推进能源、铁路、电信、公用事业等行业竞争性环节市场化改革，放开竞争性业务准入，进一步引入市场竞争机制，加强对自然垄断业务的监管。⑧加强城市大气质量达标管理，推进细颗粒物（$PM_{2.5}$）和臭氧协同控制，地级及以上城市 $PM_{2.5}$ 浓度下降 10%，有效遏制臭氧浓度增长趋势，基本消除重污染天气。持续改善京津冀及周边地区、汾渭平原、长三角地区空气质量，因地制宜推动北方地区清洁取暖、工业窑炉治理、非电行业超低排放改造，加快挥发性有机物排放综合整治，氮氧化物和挥发性有机物排放总量分别下降 10% 以上。实施 8.5 亿吨水泥熟料、4.6 亿吨焦化产能和 4000 台左右有色行业炉窑清洁生产改造，完成 5.3 亿吨钢铁产能超低排放改造，推进大气污染防治重点区域散煤清零。⑨落实 2030 年应对气候变化国家自主贡献目标，制定 2030 年前碳排放达峰行动方案。完善能源消费总量和强度双控制度，重点控制化石能源消费。⑩能源资源安全列入国家经济安全保障：坚持立足国内、补齐短板、多元保障、强化储备，完善产供储销体系，增强能源持续稳定供应和风险管控能力，实现煤炭供应安全兜底、油气核心需求依靠自保、电力供应稳定可靠。夯实国内产量基础，保持原油和天然气稳产增产，做好煤制油气战略基地规划布局和管控。扩大油气储备规模，健全政府储备和企业社会责任储备有机结合、互为补充的油气储备体系。多元拓展油气进口来源。经济安全保障重点工程中列明若干油气勘探开发区域和煤制油气基地。

（四）地方政府强烈的合作意愿

《广元市国民经济和社会发展第十四个五年规划和二〇三五年远景目标纲要》中明确，建强清洁能源供给利用基地。

加快能源综合开发利用。着力构建清洁低碳、安全高效的现代能源体系，建设区域性清洁能源供给中心、天然气清洁能源利用基地。加大天然气勘探开发力度，促进中石化元坝净化厂、中石油双鱼石净化厂等提产扩能，推动天然气增储上产，到 2025 年天然气探明储量 1.5 万亿立方米、年产能力争达到 100 亿立方米，成为四川重要的天然气产地。争取资源开发利益共享，政策落地落实，推动天然气资源就地转化，坚持"以气引企、以气聚企"，发展以天然气为燃料、原料的综合利用产业，推动天然气产业与制造加工产业联动发展。有序发展风电，探索建设分布式风电站，提高风电场发电量，加快建设广元百万风电基地。抓好水电项目建设运行，有效发挥水电站发电、灌溉、航运等综合效益。整合煤炭资源，推进煤炭清洁高效开发利用，加快广元电厂新建工程前期工作。深化生物质能开发利用，实施生物质天然气示范工程，扩大垃圾焚烧发电规模。探索太阳能多元化利用。

完善现代能源储运销网络。健全能源储备、输送、销售体系，强化能源安全保障。加强智能电网建设，推进城市输配电网络建设和农村配电网改造升级；结合森林防火要求，合理避让林区、自然保护区、风景区，完善电力输送通道布局；优化电网布点和廊道整合，增强电网安全性、供电可靠性。加快加气站、LNG 加注站和充（换）电基础设施建设，推广建设能源综合服务站。加快川东北储气调峰基地、广元天然气输配调度中心、输气主管网项目建设，建成以广元为中心的输气管网枢纽。推进煤炭储备及煤炭物流园区建设。

《苍溪县国民经济和社会发展第十四个五年规划和二〇三五年远景目标纲要》提出，要加快天然气开发利用和能源基础设施建设，着力构建清洁低碳、安全高效的现代能源体系，建设区域性清洁能源供给中心、川东北地区天然气清洁能源利用基地。加大天然气勘探开发力度，积极开发高含硫气田，促进中石化元坝净化厂提产扩能，实现天然气增储上产，到 2025 年天然气年产能超过 40 亿立方米，成为四川"气大庆"重要的生产供应基地。争取资源开发利益共享政策落地落实，推动天然气资源就地转化，坚持"以气引企、以气聚企"，发展以天然气为燃料、原料的高载能产业。健全能源储备、输送、销售体系，强化能源安全保障。完善电力输送通道布局，加强智能电网建设，推进城市输配电网络建设和农村配电网改造升级，提升跨区域电力调剂通道局部断面输送能力。加快换电站、充电桩建设，规划建设能源综合服务站。推进川东北储气调峰基地、元坝至广元等输气主管网项目建设，加快天然气发电、风力发电、光伏发电、生物质发电等重点能源项目前期工作。

《剑阁县国民经济和社会发展第十四个五年规划和二〇三五年远景目标纲要》中指出，要加强能源基础建设。持续加强天然气资源综合开发力度，继续推进天然气净化厂、乡镇天然气管网等项目建设。加快推动剑阁天然气净化厂二期、天然气 L-ANG 分装厂（站）及 LNG 金剑工业园建设。加强天然气管网建设，新建天然气分布式能源项目，为园区内企业提供供能服务。完善电力输送通道布局，加强智能电网建设，提升户表智能化水平，推进城市输配电网络建设和农村配电网改造升级，着力解决 35kV 变电站单线或单变问题及供电半径超长、容量不足和低电压问题，切实提高电网供电能力和运行可靠性。结合绵万高速和绵广复线项目建设、乡镇行政区划改革和社会经济发展需要，进一步优化加油站规划布点，不断提高成品油供应能力，降低群众用油成本，满足工业化和城镇化发展需求。推动加油站向集加油业务和便利店、洗车、保养等功能于一体的综合服务站转变，深入推进加油站"厕所革命"。

《梓潼县国民经济和社会发展第十四个五年规划和二〇三五年远景目标纲要》中提出，要提升能源设施网络保障能力，构建高效现代化能源体系。加快县城电源电网及油气管网建设改造，加快发展清洁能源产业，保障能源供应。加强电力设施建设，调整优化输变电设施布局，完善提升骨干网架，优化改造高压配电网。加快油气储备设施建设，提升天然气保障能力，加强城市天然气管网及配套设施建设，打造和完善互联互通的城市燃气主干管网，提高天然气入户率和燃气保障能力。建设智慧能源系统。积极推进电力物联网建设，构建油气管线智能化管理平台。加快新能源设施建设，积极开发利用风能、太阳能、生物质能等新能源和可再生能源，大力推进中广核风力发电梓潼二期工程建设，有序发展农林生物质直燃发电，推广"沼气＋生物质＋太阳能"新型立体清洁能源利用模式。加快电动汽车充电设施建设，规划布局 CNG、LNG、氢能加注站。

二、油气田企业的责任担当

石油企业的三大责任就是固国安邦的政治责任、促进发展的经济责任、和谐幸福的社会责任。

这三者既有区别，又有机结合。石油企业追求自身利益最大化依然是其主要任务，即经济责任，但是承担经济责任并不是其唯一的目标，还应承担相应的政治责任与社会责任。保证国民经济高速发展对原油日益增长的需求，保障国家能源安全，是其必须承担的政治责任；切实做好安全生产、加大环境保护、维护职工及其他利益相关者的权益，是其必须承担的社会责任。承担三大责任是石油企业实现全面协调可持续发展的重要条件，是落实新时代要求的集中体现，必须妥善处理好经济责任、政治责任和社会责任之间的关系，使石油企业在自身发展同时，切实贡献国家、回报股东、奉献社会、造福职工。

（一）保障国家石油安全，有效承担石油企业的政治责任

石油是保障国家经济、政治安全的重要资源，与国民经济发展、区域经济发展、社会安定及国家安全密切相关，事关"全局"和"长远"。一般来说，一个国家国民经济的发展速度与石油的增长速度存在着正相关关系。自20世纪90年代以来，我国国民经济快速发展，与之伴随的是能源消费量不断攀升，石油更是供不应求。我国石油消费和经济增长的数据显示，我国GDP与石油消费量之间，呈强正相关关系。据国家有关部门预测，进入21世纪，我国国内原油的消费将以年平均4%左右的速度增长，作为油气进口第一大国，石油、天然气的对外依存度愈来愈高，2020年对外依存度分别攀升到73%和43%。因此，作为油气生产的国有企业应义不容辞地肩负起保障国家石油安全的政治责任。当前，石油企业承担政治责任的主要内容应是按照国家的战略规划不断增加企业的油气产量，提高石油利用效率，实施"走出去"战略，不断进行新区开发，大力开拓国外石油资源。同时，还要注重保持本企业在职和非在职职工队伍的稳定，保证企业自身稳定，促进政治责任的实现。

（二）提高整体经济效益，有效承担石油企业经济责任

承担经济责任是石油企业自身的要求。石油企业的经济责任主要是追求自身利益最大化，提高企业的经济效益，这是石油企业实现发展的基础。实现石油企业的经济责任就是做强核心业务，即通过加强企业内部管理，积极转变经济发展方式，优化企业内部结构调整，不断采取各种措施发现和扩大优质油气储量，保证油气产量稳定，提高经济效益，促进企业高速、高质量发展。油气资源是石油企业实现科学发展和高质量发展的生存之基、效益之源。油气田勘探开发是石油企业（上游企业）的核心业务，只有获得更多的油气资源，提高油气产量，石油企业生存与发展才能得到根本保证。

勘探上，应加强理论和技术创新的指导，做好海相、陆相油气理论体系研究和应用，实施勘探开发一体化战略，力争在老区新区同时实现大突破。开发上，应有效提高储量动用率和油田采收率。科技创新上，应加强科技创新，努力提高自主创新能力。总之，实现石油企业的经济责任就是要体现企业最基本的经营属性，做好企业的经营管理，统筹好企业经济运行中的各种经济关系，做大做强、做好做精，增强企业自身实力，打造具有国际竞争力的跨国石油公司。

（三）正视企业相关者利益，有效承担企业的社会责任

中国石油作为国有骨干企业，肩负着重大的经济、政治和社会责任。作为

第三章 油气田企业与属地文化融合的重要性和可行性

一家能源公司,在致力于为社会发展和进步奉献能源的同时,应该更加努力地实现生产与安全、能源与环境、企业与社会、企业与员工的和谐发展,做环境友好型企业、资源节约型企业,致力于保护环境和合理利用资源,推动绿色能源和环境友好产品的开发利用;主动融入社会,履行企业社会责任,实现共同发展。

企业社会责任是指企业在经营管理或在谋求利润最大化中,要承担以利益相关者为对象,包括法律责任、经济责任、伦理责任和慈善责任在内的一种综合责任。由于石油企业的特殊性,石油企业的社会责任是指石油企业在石油的开采、加工和销售时,对其利益相关方,如职工权益、环境资源保护、能源安全和经济社会发展等方面应负有的各项责任和义务。

其意义在于,从社会的角度:任何企业都是社会的一部分,是由不同的人集合在一起构成的一个集体,企业中的每个人都处在社会这个大的组织中,也处在一个小的社区中。因此,企业要承担起对社区的责任,进而承担起对整个社会的责任。面对日益严峻的社会问题,企业应当承担其中一部分责任。企业作为现代社会的基本细胞,面对贫富分化问题,归根结底都与企业的行为息息相关。如果企业承担起足够和适当的社会责任,以上这些问题都将迎刃而解。同时,也能树立企业形象,保证社会稳定,促进社会和谐发展,这也是我国构建社会主义和谐社会的要义。目前,企业社会责任问题日益得到世界各国政府和企业的重视。

企业承担社会责任是构建和谐社会的重要内容。构建和谐社会是全世界人们的共同愿望,是人类社会发展的必然要求。构建社会主义和谐社会已成为当今中国经济社会发展的主旋律。倡导企业履行社会责任是构建和谐社会的应有之义。企业与社会的共存共荣,应该成为企业和企业家的共识。企业的社会责任应该成为调节经济社会发展的重要因素,成为衡量企业可持续发展的重要指标,同时也成为构建和谐社会的重要因素。和谐社会的建设离不开政府和全社会成员的共同努力,企业是市场主体,自然要担负起对消费者、员工、社区建设、公益事业和环境保护等方面的社会责任。和谐社会下的企业社会责任应该体现出一种以人为本、以社会为己任的先进理念,企业履行社会责任有助于促进企业和社会的和谐发展,企业承担社会责任也是构建和谐社会的基础性工程。

从构建和谐社会的角度看,企业社会责任可以分为内外两个方面。在企业外部,实现经济目标的同时,承担保护资源和自然环境的义务,构造企业与环境、资源和外部各利益主体之间的和谐关系,构造企业与员工、消费者、社区和政府和谐相处的关系。在企业内部，构造各个利益主体之间的和谐氛围，这是企业社会责任的应有之义。也就是说，企业管理者在做出决策的时候，必须考虑公司对员工的法定义务，公司的行为要促进公司内部的和谐，同时还必须考虑公司行为是否有利于公众利益、社会进步和社会和谐。

履行社会责任是实现企业价值的必要条件。企业目标是实现企业价值的最大化，这是投资者赋予管理者的神圣使命，但与履行社会责任并不矛盾。履行社会责任与实现企业目标是有机统一的，企业只有珍惜员工、积极回馈社会，才能提升企业价值。国有企业作为国有经济的重要支柱，作为国家的企业、全民的企业，应当彰显国家和全体人民的整体利益，应当切实关注和承担更多的社会责任。在关注和保障利益之时，应当发挥国有企业的政策指向、社会舆论引导作用，为民谋利。改革中的国有企业对社会责任的承担不是为企业增添了累赘和包袱，反而有利于国有企业自身改革进程的不断完善，与社会绩效的持续提高，进而实现企业与社会、经济发展与社会和谐的双赢局面。

石油企业需要履行的社会责任包括以下四个方面。

1. 持续稳定地保障能源供应

石油企业将为国民经济发展持续稳定地提供能源视为最大的经济责任。这种责任不仅仅体现在从投资回报中获利，以获得持续发展，还体现在不断加大投资、增加油气供应、开发清洁能源和新能源、提高产品和服务质量、提升能源保障能力、维护市场稳定等方面。这项内容具体包括5个方面：①积极获取油气资源；②提升市场供给能力；③提供高质量的产品和服务；④应对能源挑战，积极发展新能源；⑤科技创新引领公司增储上产，可持续发展能力不断提高。

2. 安全清洁的生产运营

众所周知，世界上最重要的资源是人类自身以及人类赖以生存的自然环境。石油企业将关爱生命、保护环境作为核心工作之一，关注并积极应对气候变化，大力推进节能减排，追求零伤害、零污染、零事故的目标，努力在健康、安全与环境管理方面达到国际同行业先进水平；推行安全生产、清洁生产、节约生产，大力倡导生态文明，努力创建资源节约型和环境友好型企业。这项内容具体包括4个方面：①积极应对全球气候变化，包括积极发展林业生物质能源，实施清洁生产，提供清洁产品；②强力推进节能减排；③能源开发与生态环境和谐；④实现生产安全。

3. 以人为本，促进员工发展

石油企业视员工为最宝贵的资源和财富，将员工的健康成长作为公司取得成功和企业获得永续发展的重要基础和保障。坚持以人为本，尊重和保护员工的各项合法权益，严格遵守《中华人民共和国劳动法》《中华人民共和国劳动合同法》和《中华人民共和国工会法》，以及东道国的相关法律、法规和制度，建立比较完善的用工管理规章制度体系，积极稳妥推进各项薪酬、福利和保险制度的改革与完善，按照国家要求建立多层次社会保障体系。

4. 回馈社会，热心公益

石油企业认为，企业的财富源于社会，理应回报社会，并将能源与环境的和谐、促进经济与社会的全面发展、构建和谐社会视为企业发展的终极目标。在发展经济的同时，西南油气田始终关注民生和社会进步，高度重视并支持社会公益事业，坚持扶贫帮困、捐赠助学、赈灾救危，努力构建和谐企业，以企业的和谐发展促进社会的和谐发展。这项内容具体包括5个方面：①扶贫济困，公司目前主要开展四川省委省政府安排的对口帮扶甘孜州九龙县、集团公司统一部署的对口支援开县两个专项扶贫工作；②爱心助学；③赈灾救危；④建设和谐矿区；⑤海外社区建设。

三、油气田企业文化与资源地文化基因图谱存在关联

企业文化和地方文化既存在着差异，也存在着一些共性。如何把企业文化和地方文化进行有机结合，以地方文化促进企业文化的发展是企业的重要工作。在地方文化的影响下，企业的管理者会受到一定的环境熏陶，采取不同的方式进行企业文化建设，从而促进企业的整体发展。所以，基于地方文化影响而进行企业文化建设具有重要的意义。

（一）资源地的地方文化与地方特色文化

地方文化就是由作为社会成员的人或者群体所获得的，包括知识、信念、艺术、道德法则、法律、风俗以及其他能力和习惯的复杂整体。我国历来注重地域划分，各地域之间相对独立却又有密切关联。

就目前看，川西北部地区勘探开发上产区主要集中在深层海相碳酸盐岩气藏和浅层陆相致密气藏两大领域。深层海相勘探开发主力上产区包括：中坝—双鱼石地区栖霞组气藏、剑阁长兴组气藏、苍溪九龙山二三叠系气藏。浅层陆相致密气有利区包括：中坝、梓潼地区。地域上主要集中在四川省广元市的苍溪—剑阁—梓潼境内。这些地区都有区域的特色文化。其特色文化主要包括如下方面。

1. 红军文化

苍溪是川陕革命根据地的重要组成部分，是红四方面军长征出发地，也是

伟大的红军精神的发源地之一。红军在长征途中表现出对革命理想和事业无比的忠诚、坚定的信念，表现出不怕牺牲、敢于胜利的无产阶级革命乐观主义精神，表现出顾全大局、严守纪律、亲密团结的高尚品德，创造了伟大长征精神。伟大长征精神可以概括为：坚韧不拔，自强不息，勇往直前。红军长征精神是中华民族百折不挠、自强不息的民族精神的集中表现，是保证我们革命和建设事业从胜利走向胜利的强大精神力量。红军从1933年5月进入苍溪，到1935年3月强渡嘉陵江北上抗日，在苍溪转战近两年时间内，几乎无日不战，在苍溪2300多平方公里土地上进行过大小100多次战斗。为粉碎敌人多次围攻，策应中央红军入川和北上，红四方面军主要领导人徐向前、陈昌浩、王树声及李先念、程世才等同志，曾亲自在苍溪指挥了著名的"黄猫垭歼灭战"和"强渡嘉陵江"等重大战役，开创了"纵深迂回、穿插包抄"的山地作战和"重点突破、多路突击"的大规模强渡江河作战的成功战例，不仅丰富了红军军事理论宝库，更为粉碎蒋介石精心策划的"川陕会剿"，配合中央红军北上作出巨大贡献。

传承红色革命精神，赓续红色血脉，重温党的百年光辉历程，旨在加强公司内部革命传统文化的教育，启迪大家珍惜当下、爱岗敬业，牢固树立奉献能源、创造和谐社会的企业宗旨，积极履行社会责任，落实新发展理念，以人为本、构建和谐企业，回馈社会、实现价值共享，实现经济、环境和社会三大责任的有机统一。在庆祝中国共产党成立100周年大会上，习近平总书记强调："我们要继续弘扬光荣传统、赓续红色血脉，永远把伟大建党精神继承下去、发扬光大！"党的伟大精神和光荣传统是我们的宝贵精神财富，是激励我们奋勇前进的强大精神动力；红色血脉是中国共产党政治本色的集中体现，是新时代中国共产党人的精神力量源泉。回望过往历程，眺望前方征途，我们必须始终赓续红色血脉，用党的奋斗历程和伟大成就鼓舞斗志、指引方向，用党的光荣传统和优良作风坚定信念、凝聚力量，用党的历史经验和实践创造启迪智慧、砥砺品格，继往开来，开拓前进。

2. 蜀道文化

古蜀道历史悠久，至今已有3000多年历史，是人类保存至今最早的大型交通遗存之一。蜀道本身在历史上对我国经济的发展、民族的团结、文化的交流和政权的巩固都曾起过重大的作用，而蜀道沿线的历史文物更是国之瑰宝。

古蜀道在我国古代运输中有着重要的地位和作用，在通信手段十分原始的情况下，驿道担负着政治、经济、文化、军事等各方面的信息传递任务，在一定程度上是物流信息的一部分，也是一种特定的网络传递与网络运输。

驿站是古代供传递官府文书和军事情报的人或来往官员途中食宿、换马的场所。我国古代驿站各朝代虽形式有别，名称有异，但是组织严密、等级分明、手续完备是相近的。我国也是世界上最早建立组织传递信息的国家之一，邮驿历史已有3000多年。

蜀道作为我国历史上沟通西北与西南地区的交通主网络，蜀道沿线不仅以奇险栈道著称于世，也以其悠久丰富的历史文化遗存、奇特珍贵的自然景观及珍稀野生动、植物资源为海内外游客所向往，千里蜀道还是我国当代西部开发中重要的工业科技走廊，沿途的古蜀、民俗文化也独具特色，有重要的旅游文化地理价值。

3. 文昌文化

梓潼是文昌帝君的发源地，七曲大庙是中华文昌祖庭。古往今来，流传着种种关于文昌的神话，特别是唐朝以来，历代帝王竞相追封文昌，到了元明清时期，更是举国学子，有读书之处都必须奉祀文昌帝君。文昌文化作为中华传统文化的代表之一，影响颇为深远，素有"北有孔子，南有文昌"之说。

梓潼以"东依梓林，西枕潼水"而得名。相传，禹帝治水于潼陈泥山伐梓林木，其树神化为童子以求禹帝免伐，因此得名。梓潼树神有名无姓，叫亚子。亚子祠建于七曲山，亚子是传说的雷神、蛇神，亚子祠就是雷神祠和蛇神祠，这是梓潼最早的庙。

而晋代蜀人张育，为抗击入侵蜀地的前秦王符坚入侵蜀地，自称蜀王，率众抵抗，后来战死绵竹，蜀人为纪念他，也在梓潼七曲山修庙祭祀。久而久之，人们就将树神的名和人的姓连在一起，于是便有了梓潼帝君张亚子。

4. "两弹一星"文化

两弹城位于四川省梓潼县，1965年8月三线建设时期中国工程物理研究院（九院）内迁梓潼，在此相继完成原子弹、"氢弹"的设计方案，九院旧址被称为"两弹城"。

"两弹一星"铸就了共和国的核盾牌，奠定了我国国防安全体系的基石。新中国成立后，西方敌对势力对我实施全面的封锁和打压，多次对我国实施核威胁。"两弹一星"为我国战略核力量的建立和发展提供了有力的武器装备保障，促进了我国战略威慑体系的形成。我军核反击能力的建立和发展，极大地提升了我国的国防实力。

"两弹一星"深刻影响国际战略格局演变，塑造了我国崭新的大国形象。"两弹一星"的研制成功，使我国的战略能力显著提升，国际影响力明显扩大，国际地位显著改观。

"两弹一星"对我国科技进步和经济发展起到了巨大的推动作用，也为向科技创新型国家发展打下了坚实的基础。"两弹一星"等重大国防工程的实施，使我国建立起现代意义的核、航天、航空、船舶、兵器、电子等工业部门，开辟了相关高新技术产业，使冶金、机械、化工、材料等一批传统工业部门取得较大程度的技术进步，促进了国民经济由农业国向工农业大国的迈进。同时，依靠自力更生发展起来的"两弹一星"事业，也为我国进一步向科技创新型国家的发展打下了坚实的基础。

"两弹一星"充分体现了社会主义集中力量办大事等制度优越性，也为我们富国强军留下了宝贵经验。"两弹一星"作为新中国最尖端的国防战略工程，所取得的每一个重大进展，都是依托全党、全国、全军之力取得的。在统一领导、统一规划下，组织国防科技工业和全国有关科研、工业部门的力量，互相协作，联合攻关，凝炼出富国强军的宝贵经验，是自力更生发展国防科技事业的必由之路，也是社会主义制度优越性的具体体现。

"两弹一星"伟业，在党中央的坚强领导下，经过几代人的努力奋斗，特别是改革开放以来国防科技工业的伟大实践，发展和形成了富有特质的"两弹一星"文化事业。发展"两弹一星"的战略指导思想以及由此而创立的系统工程理论，作为一个完整的科学体系，至今仍是实施国家重大科技工程创新的战略指导方针，仍在主导着国防科技重大工程和武器装备建设发展的每个环节。推动"两弹一星"文化建设，要站在国家安全和发展战略全局的高度，统筹经济建设和国防建设；要深刻认识实施以"两弹一星"为代表的国家重大科技工程创新与推进创新型国家、全面建设小康社会的内在联系。切实提高战略思维、创新思维、辩证思维能力，用科学理论指引国家重大科技工程创新，使"两弹一星"文化建设成为社会主义文化大繁荣中最为活跃的元素符号。

5. 三国文化

剑门关三国文化积淀深厚，三国蜀相诸葛亮，依仗大、小剑山之险，在大剑山中断处，立石为门，修阁道三十里，始称"剑阁"。剑阁因此成为三国文化的一个凝聚点，三国文化则成了剑阁历史文化的润瓶美酒，久久泛香。诸葛亮妙算于斯，姜维魂归于斯，钟会被拒于斯，邓艾梦断于斯，各路英豪出没于斯……英雄们的丰功伟绩飘荡萦绕于这古阁栈道，他们的铮铮铁骨凝成这巍巍剑门，如铜墙铁壁，似钢刃之剑。

梓潼三国蜀汉遗址很多，现存演武铺、翠云廊、关帝庙、瓦口关、卧龙山、御马岗等多处古迹，金牛古蜀道也途经梓潼。

6. 民俗文化

广元、苍溪、剑阁、梓潼等地存在着许多民俗文化，多个文化被列入非物质文化遗产。如：纪念武则天生辰的女儿节，妇女游河湾、赛凤舟等习俗。节庆娱乐以灯戏、傩戏、各种灯舞、木偶、皮影演出为主。平时生产中的娱乐以独具川北风味的山歌，如薅草歌、薅草锣鼓、薅秧歌、打柴歌等为主。红白喜事有独具特色的百鸡宴，哭嫁歌。村落民居以川北四合院木结构民居为主。民间节庆活动精彩纷呈，有广元女儿节，剑门豆腐文化旅游节，苍溪梨花节，市中区桃花会，元坝桂花节，青川熊猫山珍丰收节，牛头山、天台山庙会等民间节庆活动，规模盛大，形式多样，民风古朴。特别是广元女儿节、百花石刻、麻柳刺绣、射箭提阳戏、川北薅草锣鼓、苍溪永宁火龙、唤马剪纸、剑阁白龙花灯、高观皮影、白龙纸偶、剑门手杖，梓潼文昌洞经古乐、大新花灯、卧龙山千佛崖摩崖造像等被列入四川省非物质文化遗产名录。

7. 农耕文化

四川被誉为天府之国，沃野千里，农业资源丰富、农耕文化历史悠久，可以说是四川农耕文化最大的特点。如今四川保留下来的文化遗产，基本都源自农耕文化时代。可以说，农耕文化天然地成为我们现代文化发展的底本和底蕴，一直植根于川人文化基因里。

四川进入农耕时期很早，且十分漫长，先天优越的自然环境让这里十分适宜农作物生长。四川农耕文化发展，大约可以分为三个阶段：第一阶段是起源和形成期，从距今 4500 年前的宝墩文化到西周时期，成都平原开始有人在田野中种植作物，并在四周修建房屋形成中心聚落，开始有了文化的出现；第二阶段从西周到秦朝，是为"天府之国"创造条件的阶段；第三阶段从汉代到现在，"天府之国"的桂冠从最初的关中平原地区落到四川盆地，并沿用至今。值得一提的是，四川不仅有农还有桑。丝绸是中华文明的重要标志，而且这是独异于其他世界三大古文明的。考古和文献证明了四川在古代丝绸之路上具有重要地位和特殊的意义。在新疆出土的蜀锦护臂上，出现了"五星出东方利中国"八个字，在今天看来，这块蜀锦上的文字凝结着民族认知和"中国"身份的文化认同，在汉晋时代就随着丝绸之路传向远方，这样说来，蜀人早就在"一带一路"中进行"国家形象"传播了。农耕文化一直植根于四川人的文化基因里，浸润在我们的生产方式、生活方式和精神生活中。

资源地和地方特色文化总结如表 3-1 所示。

表 3-1 资源地和地方特色文化

地方	文化
广元市	蜀道文化、民俗文化、农耕文化
苍溪县	红军文化、蜀道文化、民俗文化、农耕文化
剑阁县	三国文化、蜀道文化、民俗文化、农耕文化
梓潼县	文昌文化、三国文化、"两弹一星"文化、蜀道文化、民俗文化、农耕文化

（二）油气田企业文化及其形成

油气田企业文化是指油气行业在长期的石油天然气勘探、开发、净化、管输、销售和利用过程中所形成的，并为油气行业成员（生产和服务）遵循的共同意识、价值观念、职业道德、行为规范和准则的总和（图3-1）。它包括油气行业的历史沿革，油气的发现到利用各个环节所形成的文化，也包括油气区人文环境、石油天然气经济、石油天然气科技、石油天然气政治、石油天然气文学艺术及传播，以及石油天然气对国民经济和环保的价值贡献等所折射出的文化价值。

1. 准军事文化

"服从命令为天职"的准军事组织文化。最初开赴祖国的石油前线的，是一支由退伍、转业军人组成的石油大军，这支石油大军将军人服从命令为天职的军事化色彩带到了油田，个人服从组织一直是他们的宗旨。石油文化是与军队文化、行业文化需求相结合而产生的。从本质上说，军队文化底蕴决定了石油人敢打、善打硬仗，连续作战，不怕艰难困苦，自然条件适应力强的作风。

"五湖四海是一家"的团队文化。石油大军来自五湖四海，但共同的追求和军人的优良传统，使他们集合成一个不可分割的整体，共同担当起开创祖国石油事业的艰巨的重任。正是靠着一种有福同享、有难同当的集体主义理想和感情，他们能将个人的利益放置于集体的利益之外，将个人的价值融入集体的价值之中，同心同德为集体的荣誉而奋斗。另外，天然气行业特殊的工作环境也造就了石油人牢固的团队精神，没有团队的协作，纵使再伟大的人也无法独立完成作业。

2. 准农耕文化

油田人转战南北，在形成现代"逐油藏而居的石油部落"的同时，所吸收、携带的不同工作区域文化与本身的文化又进行碰撞、共生。来自五湖四海的石油大军,携带着各自的地域文化汇集到一起,创造了一种崭新的大文化,形成"各种地方文化交汇相融"的混合文化。其中极为重要的文化成分是优秀的农耕文化。依据有三点:①我国是以农业为基础经济的国家;②百万石油大军中有相当一部分来自农村;③油气基层生产作业区班组大部分位于乡村。他们自然会传承或吸收农耕文化的元素。

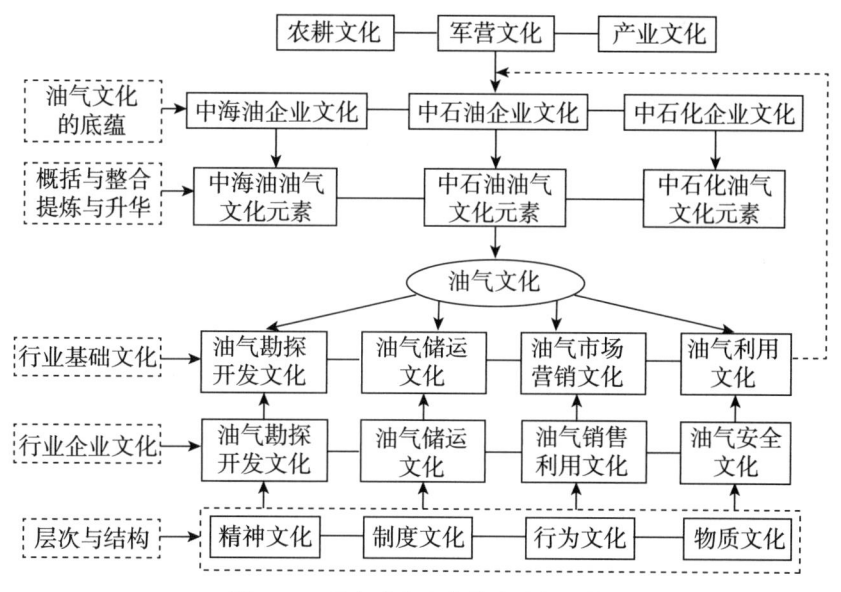

图 3-1 油气企业文化的产生与结构

3. 独具特色的行业文化

石油企业的求实精神。具体体现为:以求实精神探求地下奥秘,以求实精神开发油田,以求实精神总结经验,以及以求实精神加强企业制度建设和作风建设。天然气行业的特殊性决定石油企业一贯重视科技发展和科技创新,重视科技人才的使用和培养,在待遇、事业等方面为科技人员创造良好的条件,使科技人员安心工作,安心发展。

独特的会战文化。我国的石油勘探事业在最初就是以甩掉"贫油国"的帽子,为祖国争气为先导的。正是有了这种祖国尊严高于一切的伟大的爱国主义精神的支配,中国石油人抛掉个人利益,义无反顾地投身到一场场会战。石油勘探开发采取运动的方式开展各种各样的会战,从各地抽调有生力量,运用"集中优势力量,各个歼灭敌人"的军事原理开展经济活动。

石油企业的创业精神。创业精神是指广大石油工人独立自主、自力更生建设祖国石油工业的艰苦奋斗精神。油气勘探开发的不确定性注定了其开拓精神的产生和敢于承担责任的素质。职业的特点一方面锻造了石油人的开拓精神，另一方面锻炼了承受能力和韧性，形成了石油文化敢打敢拼的特征。具体体现为：吃苦耐劳的实干和拼搏精神，知难而上、敢打硬仗的开拓精神，依靠自我、解决困难的自力更生精神和不屈不挠、百折不回的进取精神。

达观英雄主义文化。石油企业工作地域大多是荒无人烟的戈壁大漠，或海湾滩涂、荒山野地等待开发或欠发达的区域。天苍苍，野茫茫，大漠孤烟、长河落日的空旷、辽阔，以及艰难困苦的工作环境，孕育、滋养了石油人乐观、旷达、豪放的性格，随着人员的调动、搬迁，这种个性走遍各个油田。

榜样文化。"榜样的力量是无穷的"。天然气行业是英雄辈出的行业。大庆油田出了铁人王进喜，胜利油田出了铁人王为民，他们的事迹在石油人中广为传颂，他们的形象如同高大的井架矗立在蓝天白云间，他们的精神如同荒原的野草遍地生根。

（三）油气田企业文化和地方文化的关系

1. 共性和个性的关系

企业建立之初，都是在某一个地方上发展起来的，因此其企业文化必然会受到地方文化的影响。一个企业的企业文化与其创立者有着巨大的关系，创立者的性格和个性都会影响该企业的企业文化。然而，创业者又会受其所生存的地方的文化的影响。从这个角度来说，企业文化深受地方文化的影响，地方文化深深地渗透到了本土企业文化之中，从不同的方面影响着该地企业的企业文化。同时，由于企业的生存和发展是一个不断与外界交流和联系的过程，本土企业文化也会受到外地企业的企业文化影响，这就使得本土企业的企业文化的个性慢慢凸显出来。

2. 载体和载物的关系

企业的生存和发展潜移默化地受着地方文化的影响。当企业的财富和规模增长到一定程度以后，就会寻求一种事业和文化上的关怀，比如给股东、顾客和员工进行分红与关怀，这是最基础的部分。除此之外，企业必然会回报它生存和发展的故乡，比如对企业的发源地进行一些基础设施建设，对该地区的教育和慈善事业做一些贡献等。因此，从这一角度，企业文化的最终归宿就是地方文化，企业文化的发展壮大必然促进地方文化的发展。

3. 继承和创新的关系

地方文化的发展不是一蹴而就的，是一个长期发展的过程，其往往经过几十年、几百年甚至几千年的发展而来。地方文化包含面甚广，在短期内我们无法发现它的变化，只有经过长时间的观察才能发觉其与以往的不同。相比地方文化而言，企业由于员工相对较少，比较容易对企业文化进行创新，企业文化的发展进程也相对较快。一个企业可以从企业形象识别、理念识别和行为制度识别这三个层次上去实施企业文化的变革。和地方文化相比，企业文化简单很多，因此，对企业文化的创新也相对容易。企业文化一方面继承了很多地方文化的特征，另一方面也对地方文化进行创新，二者有机结合。

4. 融合与共同发展的关系

一方面，企业文化建设坚持从地方文化中汲取营养，使企业文化更具生命力、感染力和个性化。另一方面，充分发挥教育的文化传递与传播功能，通过企业文化建设，传承、弘扬和创新地方文化，更好地服务地方大文化建设。主要在以下三个方面。一是找准地方文化与企业文化建设的契合点。西南油气田或者川西北气矿可以聘请地方文史与教育专家组成课题组，深度发掘地方文化与企业文化的精神交融之处，通过取舍、综合、转化、升华，赋予地方文化鲜活的时代内涵。二是把握地方文化视域中企业文化建设的着力点。以油气企业勘探开发促进地方经济发展为主线，构建企地和谐发展的物质文化；以国家和地方法律法规为内容，丰富企业制度文化；以社会主义核心价值观为根本，构建企地融合的行为文化；以爱国主义教育，党史教育为源泉，熔铸共同精神文化。三是打造企地文化融合示范工程建设。

四、油气田企业文化创新需要吸收上产地文化营养

党的十八大以来，以习近平同志为核心的党中央把文化建设摆在党和国家事业的重要位置，全面加强党对文化建设工作的领导，提出了一系列新思想、新观点、新论断、新要求，创造性地回答了我国文化建设的战略地位、战略目标以及战略路径等问题，集中体现了当代共产党人的文化观和文化发展战略，拓展了马克思主义文化理论在当代中国发展的新境界，这为做好油气田企业企地文化建设创新工作提供了根本遵循和行动指南。

企业文化创新是指为了使企业的发展与环境相匹配，根据本身的性质和特点，形成体现企业共同价值观的企业文化，并不断创新和发展的活动过程。企业文化创新的实质在于突破与企业经营管理实际脱节的、僵化的文化理念和观点的束缚，向贯穿于全部创新过程的新型经营管理方式的转变。面对日益深化、日益激烈的国内外市场竞争环境，越来越多的企业从思想上认识到创新是企业文化建设的灵魂，是不断提高企业竞争力的关键，并逐步深

入地把创新贯彻到企业文化建设的各个层面，落实到企业经营管理的实践中。

（一）油气田企业文化创新必须构建企地和谐文化

西南油气田公司合气文化的核心是"和合共生、气美家国"，经过四川油气田六十多年的文化孕育，与共和国同发展共成长，具有政治的先进性、鲜明的时代性、实践的创造性、文化的传承性、价值的共同性。其内涵融通巴蜀地域文化的灵气，深植"艰苦奋斗、求实创新"的川油魂魄，体现了"天人合一、和而不同"的共生境界、"奉献能源、创造和谐"的共生情怀、"责任如山、气美家国"的共生风骨，在绿水青山中创造自然之气、生命之美，展示了石油人特别能吃苦、特别能战斗的忠诚无畏，彰显了石油人为祖国争光、为民族争气的精神品质。

多年来，西南油气田公司多家基层单位荣获了"四川省企业文化建设示范单位"称号，先后形成了川中油气矿攻坚文化、重庆气矿自信文化、川东北气矿责任文化、输气管理处输气文化、天然气净化厂净气文化等一批优秀的文化成果，包括川西北气矿的坚实文化，既保持了基层文化的自身特质，又丰富了合气文化的价值内涵。

但合气文化需要创新发展，需要文化落地，其中最重要的是落到与社会、与地方相融。研究分析，多年来石油企业基本上自成一体，大而全、小而全，构建着自己的小圈子。虽然，近年来随着社会主义市场化的推进有所改变，但在文化上与地方文化的交融度还不够，还需要深化。如，企业与地方的社会治安综合治理、社区和谐关系管理、公共事件应急管理、工业和生活水电供应、职工生活与子女家属等方面；在留利、留税、留GDP"三留"问题上还有冲突；油气企业如何对地方提供物质援助，改善基础设施建设；如何直接投资，支持乡村振兴；如何开展合资合作、产业扶持、精准扶贫，这中间很多与现行政策法规冲突；如何把新区开发地的红色文化与党史教育、爱国主义教育结合，需要企地双方的党委建立常态化的协调机制。共同稳步推进"企地"基层党组织结对共建活动，创新党建工作形式，提升党建质量水平，激发党组织内生动力，促进党员干部作风有新转变、服务基层能力有新提升。努力推进全面从严治党向基层延伸、向纵深发展。企业如何协助参与把地方的"古驿道文化"转化为优质旅游资源，还需要进行深入研究。

（二）地方文化是打好企业文化根基的重要保障

西南油气田所处的西南地区民族众多、文化多样纷繁。长期以来，我国各兄弟民族团结和睦，不同地区文化之间的相互交流与融合、发展与繁荣始终是主流。中华民族文化是各民族、各地区文化在数千年的历史发展中逐步交融、整合而形成的有机文化整体。而多元民族文化中形成的对中华民族文化的认同及一体的价值观念充分体现了中华民族文化的多元一体性。中华民族发展的主流是由许许多多分散存在的民族单位，经过接触、混杂、联结和融合，形成一个你来我去、我来你去，我中有你、你中有我，而又各具个性的多元统一体。而中华民族文化的共性正是各民族、各地区的文化在数千年的发展过程中，相互影响、相互借鉴、相互吸收，并在各民族、各地区文化之上形成一般的东西，即共同的、普遍的属性。

企地文化融合发展的过程中，企业与地方在长期的文化互动、交流中形成同质化和一体化，并逐步整合成一个具有共同价值取向的企地文化模式。地方既认同本地区的文化，也认同企业文化。价值观念的一体化或同质化进程也是企地文化融合发展的大趋势。地方文化是中华民族文化的重要组成部分，特色鲜明、丰富多彩的地方文化艺术，是各地人民千百年来，在劳动生产过程中形成的文明成果和智慧结晶。各民族文化的形成都是经过了几百年，甚至几千年的积累而发展起来的。每一种文化的内容与形式，都是其他文化无法完全代替的。民族的多元性，形成了文化生态的多样性。不同的民族在繁衍生息的过程中，根据所依存的不同的自然环境和人文环境，形成了自己独特的民族民间文化。不同的生活方式造就了不同的文化传统。

事实上，油气田企业的企业文化与地方文化是同根同源的。石油企业自成一体，大而全、小而全本质上是"农耕文化"的一种体现。石油人追根溯源是农民，都来自地方。"川油精神"的起源地就在四川，"艰苦奋斗、求实创新"的内涵融通巴蜀地域文化的灵气。石油人、石油师，与当年的红四方面军一脉相承，只是时代不同，历史使命不同，一个是为了建立新中国，一个是为了建设新中国。以"为国分忧的民族精神、艰苦奋斗的创业精神、无私奉献的主人翁精神、执着进取的时代精神"为特色的"石油精神"具有鲜明的时代特色，"为国分忧、艰苦奋斗、无私奉献"充分体现了时代的主人翁精神。

求同存异，充分吸收地方文化的优秀基因，是企地文化融合的基本准则。当前，构筑企地文化的根基，一方面需要重视和加强中华民族自省、自律，重视道德、风俗约束作用的人文精神建设，这有助于培养企业员工公正、平等、热爱真理、崇尚民主以及对全人类关怀的人文理念，是员工政治文明意识形成的重要基础和支撑，也与政治文明的核心要素及其建设目标高度吻合。充分挖掘地方文化中政治文明建设的潜在资源，就是要大力弘扬其民主精神和人文理念，利用地方文化差异性和个性化的特点，培养员工对文化差异的宽容、理解和尊重，引导员工正确看待文化的丰富性和具体形态的多样性。另一方面，需要加强社会主义核心价值体系建设，增强民族凝聚力，保障民族团结和国家统一。在主导文化带动下，充分挖掘民族文化中的社会主义先进文化建设潜在资源。着力于文化观念的更新，引导地方文化的现代化转化，将地方传统文化中的优秀成分，转化成企业文化的价值资源，在构筑企地文化根基的过程中充分发挥培育时代精神、体现人文关怀、实现文化权益、促进文化提高、完善人的全面和谐发展的重要作用。

（三）地方优秀文化是企业文化创新的外在动力

文化差异是推动人类文明交流互鉴的前提条件。因其生存环境的多元化、发展的多样性，企地文化不论是表现形态还是思想内质，总是差异化的。既然文化差异共存是客观的，那就要承认。我们承认文化差异，尤为关键的是要承认文化差异不是产生文化冲突的根源，而是促进企地文化融合的基本动力。因为"差异"意味着比较，而"冲突"体现了关系；只有当差异化的文化发生或进入这一关系的时候，这种"差异"才有可能转化为"冲突"。因此，文化差异只是引起文化冲突的必要条件而不是充分条件。也正因为这样，因差异而互鉴的意义更为重要。

平等交往是推动企地文化交流互鉴的基本原则。既然差异共存，那么必须以平等之心展开交流互鉴，而不是以自己的文化去同化、去置换、去取代。一方面，是因为地方文化是该地域在处理国家关系、族际关系、人际关系、身心关系中的独特因应方式。这种独特的因应方式，对于该地域而言，是自足的，能够助其走向未来；凡是用同化手段来解决文化差异问题的企业，不仅不能成功，反倒会造成文化冲突。另一方面，每一种文化只有同其他文化进行交流互鉴、取长补短，才能保持旺盛的生命活力。因此，在推动企地文化交流互鉴的进程中，任何一个企业都不可保持傲慢和偏见的心态。文化包容是推动企地文化交流融合互鉴的根本动力。只有秉持包容精神，彼此尊重，彼此调适，以协商的方式，共同构建企地命运共同体，促进企地融合发展，才能迈向和谐社会，保障我们国家第二个百年奋斗目标的实现。

第四章 新时代油气田企地文化融合机制的构建

第一节 文化融合模型及其启示

一、文化融合模型的基本假设

文化融合的前因是不同群体存在文化差异,起因是群体接触中产生了文化冲突,如图4-1所示。

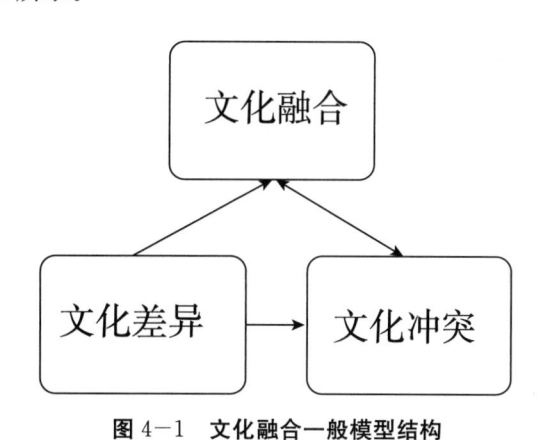

图4-1 文化融合一般模型结构

假设1:不同群体文化存在差异是文化融合的基本内在前因。

文化融合是指具有不同文化背景的群体,由于直接、持续接触,使一方或双方的原有文化发生变化,不同群体文化之间进行吸收、混合融化、互相调和而最终达到一体化的进程。这个过程实际上是不同种类文化的重新融合。虽然不同文化的根源和特质、目的和价值取向差别很大,但经过直接接触和相互协调,通过不断修正其形式和实质、功能实质和价值取向等而产生改变,尤其是为了一起适应社会而逐渐交融，最后形成新型的组织文化体系。不同文化间的不同特点即为文化差异，从宏观的社会背景角度分析，文化差异体现在传统文化差异、宗教信仰差异、种族文化差异等方面。由于不同群体之间存在文化差异，当不同文化群体成员直接接触进而产生矛盾，或者当一种文化群体成员与另一种文化群体成员交往，并要求他们采取另一种文化模式时，感受到心理上的冲突与压力，群体之间不可避免地会产生文化冲突，这时，不同文化群体在一定程度上做出调整与改变，这个妥协、调整的过程就是文化整合。文化整合通过"差异—接触—冲突—和谐"过程呈现出来。

假设 2：不同群体因为社会组织结构、价值观和精神物质利益不同，而塑造了不同的心理和行为方式。

从文化结构来分析，文化差异的表现形式有价值观层面的不同、制度层面的不同、行为层面的不同和物质层面的不同。由于社会组织结构、价值观和精神物质利益是文化构成的核心，因此，文化冲突主要表现在心理和行为两个层面。在心理层面，主要表现在人们对文化差异的认知过程和情绪反应。在这一层面，主要是隐藏于内心，并未表现在行为上。在行为层面，主要通过外在行为表现出来，是人们心理活动的外在表现。这时群体成员已经无法控制因文化差异导致的认知失衡感及不良的情绪反应，于是通过行为把这些认知失衡感和不良情绪表露出来。基于文化差异的呈现，表面的心理和行为冲突，实际上是由社会组织结构冲突和内在价值观冲突、精神物质利益冲突导致的。

假设 3：不同群体接触中，对彼此的文化感知与彼此主流或者倡导的文化存在偏差。

文化具有多层次性、民族性和地域性等特点。这些特点决定了群体成员对文化感知的难度和不确定性，使群体成员在接触到不同群体文化时受到挑战，并根据个体素质差异产生不同程度的文化感知偏差。群体成员的文化素养、教育层次等因素都有可能导致感知差异，甚至是感知错位。在接触另一群体时，群体成员会与其内在的价值观或文化素养产生一个互动过程，当这种互动能相互呼应时，感知度会高一些，反之则不然。此外，群体成员的心理差异也会影响不同群体成员在接触过程中对彼此文化感知的偏差。德国生理学家韦伯认为，感受阈限与感受性成反比。不同的群体成员在接触中认识到彼此之间在价值观层面、制度层面、行为层面、物质层面等方面存在文化差异，进一步产生认知失衡感，同时伴随着一定程度的不良情绪反应，进而使不同群体成员对彼此的主流或者倡导的文化感知产生差异或者错位。

二、文化融合模型的基本框架

文化融合模型的构成有三个层面：行为层面、心理层面和社会层面，如图 4-2 所示。模型中的基本关系：感知与归因是根本，决定着主观解读，造成冲突或者融合。

不同群体之间在接触过程中，由于社会组织结构、价值观和精神物质利益不同即存在文化差异，导致出现认知失衡感及不良的情绪反应，进而对彼此的文化感知与彼此主流或者倡导的文化感知产生偏差，将其隐藏于内心，表现在心理层面。而当群体成员已经无法控制因文化差异导致的认知失衡感及不良的情绪反应，就会通过外在行为把这些认知失衡感和不良情绪表露出来，表现在行为层面。这时不同群体之间的文化是对立而冲突的，通过群体成员间进行文化交流互动，相互感知反馈，秉持"和而不同"的理念，不断强化文化之间的吸收、渗透与结合，消除文化隔阂与屏障，实现文化同构同源，最终融为一体。

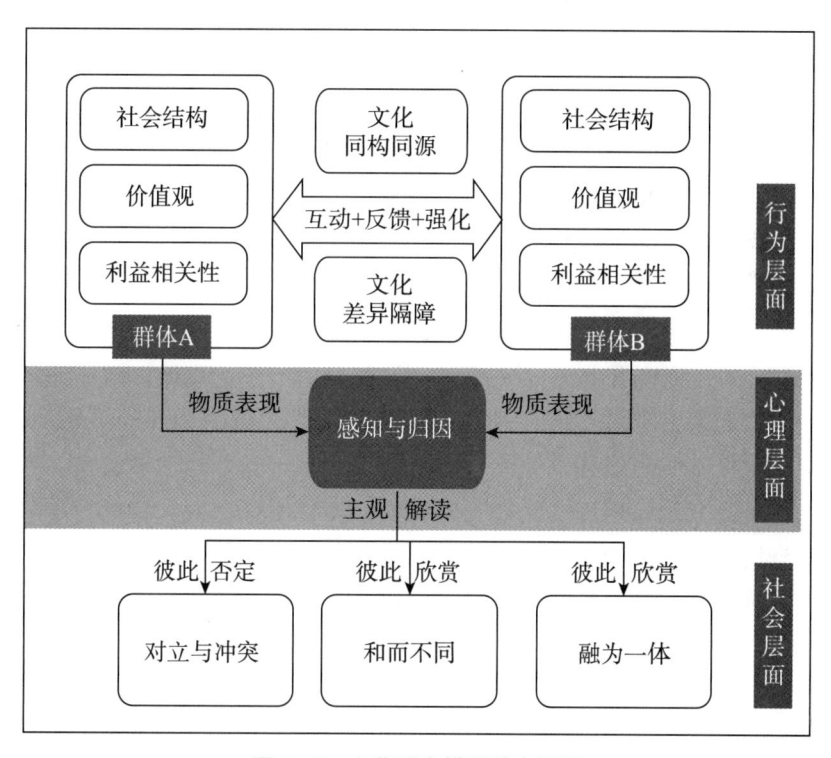

图 4-2 文化融合模型基本框架

三、对企地文化融合的启示

1. 传统文化强化同源

我国的传统文化源远流长、博大精深。中华民族在长期实践及与各民族之间不断的交融与碰撞中，逐渐形成了以天下一统的国家观、人伦和谐的社会观、兼容并蓄的文化观等为主要特征的中华优秀传统文化。中华传统文化为中华民族的生存与发展提供了强大的内在动力，其蕴含的民族精神、民族品质、民族美德，对今天中国的经济建设与社会发展产生了重大而深远的影响。中华民族五千年光辉灿烂的文化，以无形的力量在潜移默化中深深积淀于中华民族的心理和性格当中。这种深刻的影响也渗透到现代中国企业和员工之中，并在企业文化中反映出来。企业文化与企业管理相辅相成。中国企业管理者深受传统文化影响，在管理企业时往往将根植于内心的文化底蕴与企业制度相融合，用于企业文化的建设中，以更好地发展企业。传统文化的精髓是企业文化建设的思想源头，是企业文化的根。同时，各地方依托中华优秀传统文化，在几千年的实践中不断传承发扬与创新，形成了独具特色的地方文化。换言之，传统文化的精髓也是地方文化的思想源头。

由此可见，企业文化与地方文化同根同源，都是对中华优秀传统文化的继承与发扬。强化企业文化与地方文化的同源性，有助于增加双方对另一方文化的理解与认同，进而消减企业与地方融合时的文化冲突，促进企地融合发展。

2. 国家文化强化同构

从霍夫斯泰德的国家文化模型来看，我国文化具有四大特征：一是崇尚集体主义，员工对组织有着感情依赖，保持着对组织的忠诚，将组织的反应置于个体行为之上；二是强调风险的规避，期待和谐的相处和平稳的发展；三是重视职权，明确责任，关注个人对组织的承诺；四是强调参与，重视伦理。由于企业文化与地方文化在不同程度上体现出以上四大特征，可以说企业文化与地方文化是同构的，它们具有相同的"本质信息"，即国家文化，而这种国家文化认同也是深深根植于企业文化和地方文化中的。

从国家文化模型的启示来看，企业文化与地方文化要想实现融合，应结合四大特征，从强调"和谐文化"的建设，努力构建"稳定文化"，注重制度的建设以及强调积极地参与精神四方面入手，不断强化国家文化同构。

3. 互动融合消除隔阂

企业进入地方后实现高质量健康发展，离不开当地政府及群众对企业的支持。不同群体由于组织结构、价值观和精神物质利益不同，形成了不同的心理和行为方式。因而，在企业文化与地方文化的接触碰撞中，难以避免地会产生文化差异隔阂，进而阻碍企地文化融为一体。面对存在的企地文化差异与文化冲突，一旦企业、地方及地方政府无法采取有效措施协调好企地关系，那么将严重影响企业生产的顺利展开，并在很大程度上阻碍企业在地方的健康发展。

因此，企业一旦进入地方，应从建设初期就致力于改善与地方之间的关系，努力消除文化差异隔阂。任何一家企业要想实现企地关系和谐发展、文化深度融合，构建企业与地方利益共同体和命运共同体，就必须树立好企地融合发展的理念，积极与地方接触交流，形成企业与地方发展的良性互动，有效化解企地矛盾，建设文化融合和谐发展机制。在最大程度保留自身优秀特色文化的同时，努力融合渗透对方优秀文化，切实消除地方与企业之间接触碰撞产生的隔阂，加快推动形成企业与地方深度融合的互利互惠新格局。

4. 载体建设增强感知

在企业文化与地方文化的接触碰撞中，企业员工与地方群众对彼此的文化很容易存在感知偏差。以企地文化融合示范工程建设为载体，有助于增强双方主流或者倡导的文化的感知及认同感，消减文化冲突碰撞，推动企地融合发展。积极推动企地文化融合示范工程建设，一方面，能够丰富企业建设内涵，增强企业文化的包容度和员工感知度，同时宣传企业文化理念，加强企业文化传播；另一方面，能够丰富当地群众精神文化生活，最大程度上减少企地文化差异，增强当地群众对企业文化的深度感知与认同感，进一步消除可能存在的文化冲突，有效促进企地和谐。

基于此，油气田企业可以通过启动援助当地基础设施建设项目，响应国家政策帮扶贫困家庭，利用自身开展天然气资源开发的优势，与当地政府协商，向当地的企业和群众提供日常天然气供应。通过这些载体建设增强当地群众对企业文化的感知度，促使当地群众真切理解并深刻认同企业文化，支持企业在当地顺利开展工作，促进企业在地方高质量健康发展。同时，还可以充分发挥企地文化融合示范工程建设的载体作用，切实增强企业员工及地方群众对于彼此文化的感知度，进一步构建企地和谐发展机制，实现企地双方共赢。

第二节　油气田企地文化融合机制构建的思路与原则

一、构建思路

企业文化融合的组织实施要遵循正确的思路和原则，不仅要在文化差异中解决冲突，还要在解决冲突的过程中寻求磨合，求得文化的重塑。

（一）以思想融合为基础，以制度融合为重点

思想是行动的先导。任何合作实践，没有思想上的高度认同，就不会有行动上的高度自觉。企地文化融合作为新时代新发展的新课题，是一项宏大的社会系统工程，涉及经济社会发展的众多领域。做好融合这篇"大文章"，一个基本前提就是要在思想上融合。只有实现思想上的融合，才能在经济发展、文化生态、资源开发利用等方面加强融合，在更广范围、更高层次、更深程度上把企业和资源地文化建设与经济社会发展结合起来，实现互利共赢、良性互动。思想上融合的过程，也是一个思想解放的过程，只有进一步解放思想，更新观念，顺势而动，才能跟上文化大发展的潮流，走出一条具有特色的企地文化融合发展的路子。

在思想融合的基础之上，应重点思考制度融合问题。制度建设有三个导向，即问题导向、目标导向、结果导向。问题导向排在首位，是因为制度往往源于需要解决的问题。问题或需要，是制度之源。制定制度，一定要解决具体的问题，而且要从文化视角审视问题，文化在企业和地方合作发展中具有统领作用，出现的问题如果不是文化本身有问题，就是在落实和执行文化上的问题。解决问题时从文化视角剖析原因，就找到了根源。在开展制度建设，拟定制度的过程中，如面对企业文化自身的问题，一方面是要系统解决文化建设的问题，这需要时间和大量的工作，但必须要开展；另一方面是就这个问题思考"何为正确"，并以此作为解决问题的根基，推进制度建设。

企业和地方在推进制度建设，以及推进制度与文化融合时应当明白，没有企业文化和地方文化，就谈不上制度与文化的融合，单纯一个"制度"只不过是没有灵魂的条条框框。因此，只要思想上真正认识融合、重视融合，让制度"活"起来，就能够在实践中走出一条利企利地的文化融合之路。

（二）以价值观融合为核心，以行为融合为关键

企业的核心价值观通常引领企业的一切活动。企业的核心价值观是被企业

全员所认可,是企业内部、企业与外部进行实际交往中必须贯彻落实的价值标准,它是企业文化的灵魂,处于企业文化中的核心地位,决定企业的组织结构、经营方式、管理制度、员工队伍和服务质量等诸多方面。西南油气田公司核心价值观可以总结为:艰苦创业、求实奉献、开拓创新、诚信友善、合规法治、公平公正、价值增长、安全环保、保障国家能源安全、实现企业盈利、建设物质和生态文明、建设和谐劳动关系。

以"三个倡导"为基本内容的社会主义核心价值观,与中国特色社会主义发展要求相契合,与中华优秀传统文化和人类文明优秀成果相承接,是我们党凝聚全党全社会价值共识做出的重要论断,它回答了我们要建设什么样的国家、建设什么样的社会、培育什么样的公民这些重大问题。可见,社会主义核心价值观不仅是公司核心价值体系的统领,也融入了新时代基层社会治理中。

因此,在社会主义核心价值观的引领下,企地文化融合,要以价值观融合为核心,在构建核心价值观时,可以充分结合社会主义核心价值观的要求,进行提炼和总结,找出符合自身实际的核心价值观要素,使自身的价值观能够充分融合,以此促进企地协调发展。

另外,值得指出的是,对于企地文化融合而言,仅停留在价值观层面的融合是不够的,企地的行为融合才是关键。价值观指导着行为,企地在社会主义核心价值观的引领下进行价值观融合,其行为也能够融合。因此,企业和地方在社会主义核心价值观的引领下,可以从国家、社会、个人三个层面拿出实际行动来践行融合的价值观,使得各自的行为也具有融合性,共同履行政治、社会和经济责任,保障国家能源安全,实现企业盈利,建设物质和生态文明,构建和谐劳动关系,最大限度地促进自身和社会的发展。

总之,企地文化融合要在社会主义核心价值观的大统领下,既以各自观念相互融合为核心,又以实际行动融合为关键。

(三) 以求同存异为落脚点,以继承创新为着力点

当企业落户地方时,若只考虑眼前的经济利益,破坏当地的自然、人文资源环境,那必然导致矛盾冲突的产生。因此,企业要想在地方持久生存和发展,深刻融入当地,就必须承担相应的社会责任。在利与义的博弈之间,企业应充分认识到企业社会责任和营利性目标是既对立又统一的关系,即企业履行社会责任对企业绩效提升有正面影响,并且有利于企业的可持续发展。

与此同时,企业落户地方,招募地方员工,可能导致劳动人事方面的冲突。不同文化背景下的人对于工作目标、人际关系、财富、时间、风险等观念不尽相同。中国石油"铁人精神"是王进喜崇高思想、优秀品德的高度概括,

它包括"宁肯少活20年，拼命也要拿下大油田"的忘我拼搏精神，"有条件也要上，没有条件创造条件也要上"的艰苦奋斗精神等。蜀人具备浪漫、好文雅、黠慧多智、安居乐业、重"享乐"的独特性格，因此企业需要采取不同的方式，以避免企业文化与地域文化冲突的产生。

虽然两者文化间存在冲突点，但"蜀道难，难于上青天"，险峻的地理环境造就了蜀人知难而进、不屈不挠的精神，这与石油企业的企业精神相契合。文化融合的过程就是求同存异，不断挑战彼此文化的界限，并以创新性解决企地文化冲突之处。在文化融合过程中，文化参与者与使用场景的不同会使得两种异质文化在相互交融的过程中发生激烈碰撞，产生所谓的不可调和的冲突，因此需要注意新进入的企业文化与原有地方文化的相容性且双方文化是否能够承认彼此的主体性与独立性，充分了解企地文化间的差异。

古为今用、洋为中用和批判继承、推陈出新，是处理不同文化交流发展的核心准则。因此，在企地文化融合的建设上，不能采取关门政策。只有在理解双方文化的基础上进行创新性的组织安排、沟通交流、活动策划等，才能最大限度地减少双方差异，打下相互理解和兼容的基础。同时，也要注重分析、鉴别，吸收其精华，剔除其糟粕，如此循环，生生不息，新陈代谢，方能推陈出新。

（四）以循序渐进为切入点，以开拓进取为突破点

历史逻辑昭示，任何事物发展都是一个循序渐进的过程。循序渐进可以理解为遵从正确的方向或方式，逐步完成。循序，方向要正确，即按照正确的经验或理论。渐进，得按次序做下去，不一定追求速度，而是更看重质量。企地文化融合的实现是一个长期的过程，在这个过程中循序渐进讲究的是水滴石穿的功夫，这更考验企业和地方领导者的决心和毅力，以及系统性设置、整合企地文化的掌控力。从开始计划到正式实施，领导者应高瞻远瞩、因地制宜地提出前后连贯、与发展规律相契合的精准策略和重大部署，沿着从局部到整体、从量变到质变的进程来实现善作善成。从成本角度来看，循序渐进是较为理想的选择，一次性投入不会很多，也不必大张旗鼓、劳师动众，可以采用小步快跑的方式，从小事做起，积小胜为大胜，从量变到质变。

新的发展阶段、新的发展理念、新的发展目标、新的发展环境等，都对企业和地方未来的文化改革、开放与创新提出了新的要求与挑战。在当今以信息、技术、人才为主导的多元化时代，文化建设已成为企业自身生存发展以及实力竞争的重要因素之一。无论国内还是国外，企业文化和地方文化融合问题都可以总结为求同存异、因地制宜、互融互通，起到一加一大于二的效果，凝

聚起更大的发展动力,加强企业文化和地方文化融合已是必然趋势。实现企地文化融合责任重大,唯有立足新定位,勇担新使命,以开拓进取为突破点,尤其是抓好"十四五"这一关键时期,方能闯出新天地、赢取新机遇,成功为企地文化融合探索新路径。

二、构建原则

(一)企地文化融合发展要贯彻"五位一体"新发展理念

发展是解决我国一切问题的基础和关键,而发展必须是科学发展,企业和资源地党委政府必须坚定不移地贯彻创新、协调、绿色、开放、共享的新发展理念,在新发展理念的指导下进行企地文化的有效融合。

1. 要解决创新发展动力

1992年,党中央提出并确立社会主义市场经济体制改革目标,由此开启了"社会主义"和"市场经济"亘古未有的结合,开创了我国经济、政治、文化、社会发展的崭新局面。市场经济的春雷,不仅"激活"了国有企业,也使民营经济等多种所有制经济如雨后春笋般蓬勃发展。然而,三十年后的今天,面对新形势、新变化,许多领域新的问题和挑战不断涌现,其中企地如何进行思想文化融合、管理文化融合,以何种方式进行文化融合成为市场经济文化领域的重难点。因此,需要倡导创新文化,强化企业与地方知识产权创造、保护、运用;培养造就一大批具有国际水平的高水平创新团队,设计出新型的企地文化融合模型,以此模型帮助企业和地方更好地实现合作。

2. 要注重协调发展

在现代社会,政府与企业是根本不同的两种组织。企业明确追求局部利益和经济目标,以营利为目的,其发展主要来自竞争,大部分收入来自所服务的客户;而政府则致力于追求公众的共同利益和政治目标,不以营利为目的。因此,政府也就很难拥有像企业那样的市场效率,并且企业和地方在利益分割、资源利用上可能存在着不同意见,需要注意调整关系,注重发展的整体效能,适时进行文化交流与创新,否则"木桶"效应就会愈加显现,一系列企业和地方矛盾会不断加深。

3. 绿色发展是关键

改革开放以来,我国经济建设取得了历史性成就,发生了历史性变革。但也要看到,我国资源约束趋紧、环境污染等问题十分严峻,只有推动绿色发展才能继续满足人民群众对清新空气、干净饮水、安全食品、优美环境的要求。因此,在企业与地方之间发展绿色文化应从三个角度来考虑,即绿色制度、绿色理念、绿色实践，从而共同实现在绿色文明指导下的可持续发展。

4. 开放是推动高质量发展的必由之路

经济全球化是历史潮流，合作共赢是唯一正道，尽管会遇到很多险滩暗礁，但大江大河奔腾向前的势头是谁也阻挡不了的，越是面对挑战，越是要遵循历史前进的逻辑、顺应时代发展潮流、呼应人民群众期待，在更加开放的条件下实现更高质量的发展。因此，无论是企业，还是地方，都要积极"走出去"、主动"打开门"，寻求对外开放与合作，在开放中扩大共同利益，在合作中实现机遇共享。而推动企地文化融合，正是践行开放理念的关键一招，双方以文化为枢纽，把心融在一起、把劲儿融合起来，凝聚起融洽和谐、共谋发展的强大合力，为实现高质量发展注入强劲动力。

5. 用好共享发展理念

人民对美好生活的向往就是全社会成员的奋斗目标，让广大人民群众共享改革发展成果是社会主义的内在要求，是社会主义制度优越性的集中体现，是我们党坚持全心全意为人民服务根本宗旨的重要体现。这方面问题解决好了，全体人民推动发展的积极性、主动性、创造性就能充分调动起来，国家发展才能具有最深厚的伟力。企地文化融合不只是企业和政府两者的关系，而是可以将大企业的资源优势、管理优势、人员优势与地方共享，从而带动更多本地企业和本地居民加入文化融合中，以企业文化为载体，加速地方文化的传承创新发展，实现共建共享。

（二）中国特色社会主义文化统领企地文化建设

中国特色社会主义文化，源自中华民族五千多年文明历史所孕育的中华优秀传统文化，熔铸于党领导人民在革命、建设、改革中创造的革命文化和社会主义先进文化，植根于中国特色社会主义伟大实践。发展中国特色社会主义文化，就是以马克思主义为指导，坚守中华文化立场，立足当代中国现实，结合当今时代条件，发展面向现代化、面向世界、面向未来的，民族的、科学的、大众的社会主义文化，推动社会主义精神文明和物质文明协调发展。要坚持为人民服务、为社会主义服务，坚持百花齐放、百家争鸣，坚持创造性转化、创新性发展，不断铸就中华文化新辉煌，以中国特色社会主义文化为指导，统领企地文化建设。

1. 养成文化自觉

"文化自觉"是著名社会学家费孝通先生晚年提出的概念，"文化自觉是一个艰巨的过程，只有在认识自己的文化，理解并接触到多种文化的基础上，才有条件在这个正在形成的多元文化的世界里，确立自己的位置。"在企地文化融合的过程中，企业和地方都应高举中国特色社会主义大旗，先了解国家优秀文化，再深刻认识各自的文化、价值观，不贬低他者文化，不高估自身文化，最终确立自己的文化地位和文化自信。

2. 保持文化自信

"文化自信"指的是一个国家、一个民族、一个政党对自身文化价值的充分肯定，对自身文化生命力的坚定信念，是对既有优良文化传统的肯定与坚持。文化自信是自信心和自豪感的源泉，企业和地方正是因为有着对民族文化的自信心和自豪感，才能在对外经济交往中保持自己、吸纳外来元素，形成独具特色的企业文化和地方文化，也正是经历了种种变迁与融合，企业和地方才能对各自文化都具有自信。

3. 推进文化走出去

文化走出去并不代表文化掠夺或文化占领。文化同历史一样，需要先让人们了解其起源、发展、现实意义等各方面，使其从中感受文化的厚重，以此为傲并乐于推广，再通过地域文化的扶持，用各种文化项目进行推广，进而使一代代人慢慢吸纳、接受、传承，形成文化输出。

有了"文化自觉"，才能有"文化自信"；有了"文化自信"，才能有"文化输出"。在多元文化并存的当今社会，只有做到文化自觉，才能在不同文化的对比和互动中稳住根基，获得文化选择的能力和地位，继而增强自身文化转型的能力。文化自信，关键是不忘本来、吸收外来、着眼将来。文化自信不是故步自封，也不是唯我独尊，而是要在坚守自己的优秀文化的同时，正确对待别人的文化，着眼于时代和社会发展的需要，倡导和发展先进文化，凝聚奋斗力量。

（三）尊重文化建设和文化融合的基本规律

文化发展具有创新性、长期性、多样性等客观规律，培养高度的文化自觉和文化自信，就要认识和把握这些规律，从而增强文化建设和融合的科学性。企业和地方的文化建设，要体现科学发展的宗旨，就必须深入探索文化建设和文化融合的基本规律，遵循规律开展企地文化建设工作。

1. 批判继承与转化传统文化的文化创新规律

丰富的传统文化资源是文化建设的基础。实现文化创新，首先要对传统文化加以批判，剔除其糟粕。但这种批判，不是全盘否定，而是对优秀传统文化加以继承。批判性继承是创新的前提，创新是继承基础上的再创造。创新的过程，是对优秀传统文化实现转化发展的过程。只有实现了转化，才在真正意义上实现了创新。企业和地方应遵循文化创新规律，推动企地文化融合快速发展。

要通过推进文化内容创新，不断创造出更多反映新时代、反映新生活、群众喜闻乐见的优秀精神文化作品和产品；在形式上，要善于运用电子出版、数字影视、网络传输等现代技术，通过群众喜闻乐见的形式，大力发展文化创意、文化博览、数字传输等新兴产业，不断增强文化的吸引力、感召力和表现力。

2. 阶段性和长期性相统一的文化渐进规律

事物发展都是从量变到质变的过程，文化建设也不是一蹴而就的事情，是一个阶段性和长期性相统一的渐进发展过程。企业从建立到发展再到壮大，其文化成长划分为若干阶段，每个阶段不断地融入新文化，从而形成不同阶段的企业文化；地方文化与之类似，从最初的农耕文化到地理文化再到现代城市文化。两者在现今同一阶段为实现文化融合应设置具体目标，通过一个个阶段性目标的实现，推动文化发展进程。

3. 立足自身特色与借鉴他者文明的文化多样规律

任何文化建设都是在立足自身特色文化的基础上，同时积极借鉴其他优秀文化，推动自身文化大发展大繁荣。文化融合以内因为主导，还要以外因为条件。文化建设也是如此，要立足地方和企业自身特色，这个特色就是地方和企业的传统，这是文化建设的内因。同时，也要积极借鉴其他国内外企业优秀的文化，这是文化建设的外在条件。这些丰厚的文化资源，是企地文化建设的基础。在此基础上，企地还要吸收更多思想文化，进一步丰富自身文化内涵，实现文化融合。

（四）实现企业发展和地方建设的双向共赢

根据川西北气矿企业文化建设"十四五"规划部署，川西北气矿的企业文化建设总体目标为：以社会主义核心价值观为统领，培育一流的文化体系，创建一流的文化建设机制，营造一流的文化创建环境，凝聚一流的文化建设人才，打造一流的文化品牌，形成一流的发展软实力。通过企业文化建设，内强素质，外塑形象，增强气矿凝聚力，提高气矿核心竞争力，为全面推进"4251"战略目标的实现和促进区域经济社会发展奠定坚实基础。根据资源地地方建设"十四五"规划部署，资源地在此期间的发展目标为经济发展取得新成效、基础设施得到新提升、城乡融合实现新突破、改革开放迈出新步伐、文明风尚展现新面貌、生态建设彰显新优势、民生保障达到新水平、治理效能跃上新高度。其中多项与企业发展息息相关。要实现企地文化落地，需要统筹考虑企业发展与地方建设的目标，以此为基础实现融合。

第三节　新时代油气田企地文化融合机制设计

一、机制作用原理

（一）机制的概念

《现代汉语词典》对"机制"有三种解释：一是机器的构造和工作原理；二是指有机体的构造、功能及其相互关系；三是泛指一个复杂的工作系统和某些自然现象的物理化学规律。"机制"一词的本义，应源自机械的构造和工作原理，包括机械的各组成部分、各组成部分的工作原理以及组成部分之间如何协调、配合，共同发挥作用完成工作。物理学、工程学最早涉及机制问题，诸如控制论研究反馈机制，系统论、协同学、混沌论揭示的非线性机制、自组织机制、吸引子机制等；生物学、医学等引入"机制"概念，将人体某种功能的运行实现原理，称为"某类机制"，比如肌肉收缩机制、分娩机制、免疫机制；经济学研究引入"机制"概念，将经济运行规律描述为诸如价格机制、供给机制、收入机制、分配机制；管理学研究引入"机制"概念，将组织看作是一个系统，将组织管理的过程分为决策、执行、监督和反馈四个环节，分别对应组织管理的四种机制，即决策机制、执行机制、监督机制和反馈机制等。"机制"一词被广泛应用于政治、经济、社会的各个领域，用于表示政治、经济、社会活动各要素之间的结构安排、相互联系、运行过程、运行原理以及综合效应，已成为人们常见的词语，尤其是在各类改革过程中，改革是要破除既有的"体制机制"弊端。

（二）机制作用于系统之中

机制是系统运行作用的方式，是系统思维的体现。系统思维，是把所研究和处理的对象，当作一个系统来对待，任何事物都是一种系统性的存在。系统论认为，宇宙万物，任何自然现象和社会现象，从星系到原子、从整个社会到家庭，都是一个系统。系统，是相互作用、彼此依赖的若干要素相结合而成的具有特定功能的一个整体；任何一个系统都是一个有机的整体，它不是各个部分的机械组合或者简单相加，系统的整体功能是各个要素在孤立状态下所无法实现的。系统思维的基本原则包括整体性原则、关联性原则、开放性原则、演化性原则。整体性原则建立在系统固有的结构整体性、功能整体性以及二者共同构成的系统整体性之上，通过系统自身的整体性，才能体现事物本质及其存在目的。关联性原则，体现为立体思维方式，要求我们认识客体时要注意从纵向、横向层次的耦合，时间和空间的统一，把握对象的立体层次、结构和总体功能。开放性原则，是指系统都是开放的，系统要维持自身的有序发展就必须从其所处的环境中获得必要的物质、信息、能量。演化性原则，是指系统是不断变化发展着的，系统的存在过程是一个不断生成的过程，不同于传统科学的构成论观点。构成论认为，整体的性质等于各个部分的综合加上它们相互作用的综合效应，在20世纪中叶之前，这一理论在科学界一直处于主导地位，是科学进步的秘诀之一，通过分析法，把整体分解为各个部分，并对各个部分进行进一步的细致划分，认为只要把握了世界上各个部分及其外在的相互作用，就理解了整个客观世界。20世纪后半叶，随着"一般系统理论""控制论""信息论""耗散结构理论""协同学""超循环理论"等对复杂问题的研究，科学界从"构成论"的世界观向"生成论"转变，表现为从"复合性"向"复杂性"转变。"复合性"指的是可以分解为简单组成部分而得到理解的那些事物及其性质。"复杂性"指的是一切复杂事物都是在不断反馈过程中形成的，不仅由当下所处环境的相互作用及其规律所决定，更由其所经历的历史过程所决定，世界是在广义的迭代机制下不断进化的。

（三）机制作用于系统的方式

"机制理论"属于系统理论研究的一个分支部分。机制是构成系统的各要素互相作用、互相联系、互相制约共同作用的方式；系统通过机制实现功能，没有机制或者机制不畅，系统各要素彼此脱节，各要素的作用无法充分发挥，系统的整体功能就无法实现。机制作用于系统的方式，体现为三点。第一，整合作用，使得系统内部要素处于有序的状态，从而减少要素之间的冲突和矛盾。第二，协调作用，激发系统各要素活力，使得每一要素的潜在价值得到充分发挥，让系统的功能得到最大的发挥。第三，反馈作用，将系统外界的变化影响，反馈至系统各个要素，让系统可以及时调整适应外界的变化。

机制是系统各个要素互相作用、互相结合的过程、方式，反映了事物各个要素互相作用的原理；机制一旦形成，其运行便具有自发性、规律性。

综上，在企地文化融合中，"机制"表示企地文化融合模型内各结构要素之间的相互联系和作用关系及其功能，是系统各要素互相作用、互相结合的过程、方式，反映了事物各个要素互相作用的原理。

二、新时代油气田企地文化融合机制模型

（一）模型及其作用机制

根据党和国家在新时期对企地协调发展提出的相关要求，坚持社会主义核心价值观，牢固树立新发展理念，立足油气田企业文化资源和资源地文化资源优势，以企地文化融合需求为导向，以促进企地和谐发展、企民和谐发展为目标，设计了油气田企业与资源地（属地）文化融合机制模型，如图4-3所示。其作用机制是以油气田企地文化融合创新为动力，以文化融合示范工程为抓手，突出企地发展要素融合系统的文化载体作用，突出核心价值理念融合系统的精神文化作用，突出视觉识别融合系统的形象文化作用，突出行为识别融合系统的楷模文化作用，有效化解油田气企业增储上产企地矛盾，积极推进油田气企业和资源地共同实现高质量发展。

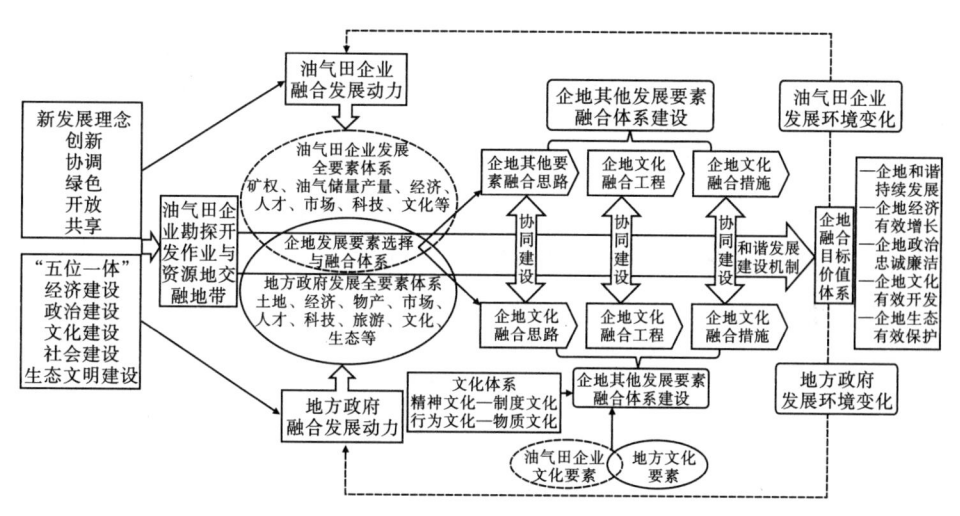

图4-3 新时代油气田企地文化融合机制模型

（二）建设目标

油气田企地文化融合机制模型中，其建设目标为以下三点。

（1）企地政治忠诚廉洁，持续和谐发展。公司坚守奉献能源、创造和谐宗旨，坚持合法合规推进企地组织、经济、人才、公益事业、文化等融合建设工作，把企地和谐、企民和谐作为衡量企地文化融合建设活动成效的根本标准，实现企民和谐、成果共享，最大限度地促进企地和谐可持续发展。

（2）企地文化有效融合，形成精品成果。通过组织实施企地文化融合发展示范工程建设，规划一批特色鲜明的企地文化融合发展重点实施项目，推进企

地双碳阶段目标的实现。集成创新开发一批国内知名度较高的企地文化新媒体融合产品；优化推出一批具有较大影响力的企地特色文博场馆；创建一批以天然气文化与资源地人文历史为背景的知名景观长廊和绿色步道长廊；开发一批企地文创产品，并促成其精品化和商品化。

（3）油气增储上产顺利，企地互惠互利。企地文化融合发展，积极推进公司清洁高效开发天然气，加快增储上产，实现上产500亿，奋斗800亿建设目标，全力打造新时代党建工作和天然气全产业链创新创效双标杆企业。促进资源地在天然气清洁高效利用、绿色产业培育、区域综合实力、文化传播能力等方面有较为明显的增长。

三、新时代油气田企地文化融合的主要模式

（一）油气田企地发展要素选择与融合体系

油气田企业是集多种要素于一体，并在利润动机和承担风险的条件下，为社会提供油气商品和服务的单位。在激烈的油气田市场竞争中，合理、有效、适时的内外部要素投入是油气田企业快速、高效发展的关键。

因此，油气田企地文化融合的第一步，就是要进行油气田企业发展要素分析，包括外部要素、内部要素分析。其中，外部要素是在企业成长与发展过程中，吸纳和利用各种外部要素，形成由生产、输送、销售、分配等各环节所构成的微观经济循环体系，包括政策要素、经济要素、社会要素、技术要素分析；企业内部要素是企业发展要素体系的主体，包括智力要素诸如人力资源要素、组织结构要素、科技要素、无形资产要素、信息要素、市场营销要素、企业文化要素等，非智力要素诸如油气田资源要素、实物资产要素、资金要素等。对于油气田企业而言，发展要素的有效投入，是企业发展的重要保证。现代油气田企业的发展是多种高质量要素共同作用的结果。由于油气田企业所处的内外部环境始终处于阶段性变化状态，构成企业发展的诸多要素也必然呈现阶段性态势，并对其产生了不同要求，就必须对各要素进行改革和创新，充分发挥每个要素和要素组合的功能，才能提高要素投入产出效率，促进油气田企业快速、高效与可持续发展。

其次，资源地发展要素分析，如：农产品、扶贫工程、希望工程、合资合作、公益事业赞助、社会综合治理体系建设、乡村振兴基础工程建设、新农村建设、旅游景点开发、双碳目标生态工程建设等。

油气田企业与资源地发展要素可融合性分析。油气田企业的生产经营活动并不是孤立进行的，它需要地方在人力、资源、环境、政策等方面提供各种各

样的帮助和扶持。作为立足于地方发展的资源型企业，必须充分考虑企业发展所赖以依存的各种要素，这就需要借助地方的自然资源、人力资源和交通资源等资源优势，合理规避各种潜在的、系统的和流动的风险，以确保其在良好运行过程中少走弯路，减少不必要的经济损失和错误的发展方向。油气田企业在保障其高质量发展要素投入产出效率的同时，应主动吸收地方高质量、高能量的发展要素，积极探索企业与地方发展要素融合创新，推动企业与地方深度融合，促进油气田企业在资源地的快速健康发展。

（二）打造文化融合示范工程，构建企地文化融合共建共享平台

油气田企地文化融合示范工程是推进融合发展的有效手段，概括起来，可以分为四大工程：油气企地新媒体融合示范工程、油气企地景观视觉识别融合示范工程、油气企地文创产品融合示范工程、油气企地绿色发展项目融合示范工程。由于油气田企地文化融合示范工程本身也是一个系统工程，涉及面广、参与主体多、过程复杂，将在第六章进行系统分析。

同时，文化融合共享平台也非常重要。要构建基础平台，强化企地文化融合载体功能；借力平台资源，推进企地文化融合模式创新；依托平台优势，打造企地特色文化传播路径；深化平台价值，探索企地文化协同发展机制；共享平台成果，驱动企地双方文化深度融通；挖掘平台潜力，实现企地文化融合创新发展。

第五章　油气田企业与资源地发展要素的融合

第一节　油气田企业发展要素分析

　　企业发展要素的有效投入，是企业发展的重要保证。现代天然气企业的发展是由多种高质量、高能量、高数量的要素共同作用的结果。由于天然气企业所处的内外部环境始终处于阶段性变化状态，构成企业发展的诸多要素也必然呈阶段性态势，其质量、能量、数量在不同阶段有不同要求，必须对各要素进行改革和创新，充分发挥要素之间组合的功能，从不同角度考察天然气企业内外部要素构成，才能提高要素投入产出效率，促进天然气企业快速、高效与可持续发展。

　　第一，根据天然气企业特点，从天然气企业经济活动范围和企业发展所需资源角度，考察天然气企业内外部要素构成。天然气企业外部资源包括自然环境、经济环境、法律环境、政治环境、社会环境、技术环境、市场环境等。天然气企业内部资源包括人力资源、信息资源、技术资源、市场资源、管理资源和天然气资源等，随后根据资源和智力属性、特点进一步划分相应的要素类型。

　　第二，从价值创造全过程和智力要素属性角度考察要素构成。从价值创造过程对上述要素按环节、时空展布，并结合在人流、物流、信息流、资金流中的作用、地位等进行考察，按照价值链思想，建立相应要素体系，如劳劲、人力、资本、土地，以及技术、管理、知识、制度、信息、能源等。间接生产要素主要指与生产经营活动中间接相关的要素，如国家安全、社会环境、自然资源与生态环境、行业背景等。后者可进一步划分为"社会—经济—自然环境"公共基础要素、行业背景及环境要素、企业外部微型环境要素。

　　第三，从会计成本和管理成本等不同角度考察要素构成，同时还要从成本核算、成本控制等不同重点角度考察要素构成。

以下主要根据天然气企业特点，从天然气企业经济活动范围和企业发展所需资源角度，考察天然气企业内外部要素构成。

一、天然气企业外部发展要素分析

（一）政策要素

①天然气市场法规。完善的天然气市场法规体系和政府有效的监管，是天然气市场竞争的有力保障，也是天然气市场成熟的重要标志。改革开放以来，油气法规建设取得了长足进步，并发挥了重要作用，但仍存在薄弱环节，至今未确立油气基本法和天然气市场交易等有关规定；已颁布的法规配套也不完善，在已有天然气法规中，有的义务与责任不对称，责任规范原则性强，既无承担责任的性质，又无处罚的幅度和具体规定，即使违规也难以量化，并且政府管理职能分布在不同的部门中，也没有专门的监管部门，从而导致调控和解决纠纷的能力差。

②天然气价格政策。天然气价格政策在天然气发展过程中起着决定性作用。在天然气发展初期，常常采取低价政策刺激天然气消费，使得天然气消费需求增大，又反过来刺激了天然气生产。当天然气市场发育成熟时，政府就应及时放松价格管制，让市场机制发挥基础性调节作用，否则又会使天然气供求失衡。

③天然气税收政策。天然气税收政策是直接调整天然气生产利用的经济杠杆，既对天然气发展起调节作用，又对天然气生产企业公平竞争起调节作用。天然气税收政策直接对生产成本产生重要影响：一是按会计制度规定列入成本的税种多，生产成本中列支的税金大；二是税率高，支付的税金多，生产成本增大；三是优惠的税收政策，会降低成本，增加筹资能力。

（二）经济要素

①国家经济发展水平。国家经济发展水平与天然气企业竞争环境密切相关，国家经济越发达，对优质能源的需求越大，经济承受能力越强，人民对生活质量和环境要求越高，对天然气需求旺盛，将极大地促进天然气的生产与发展。

②区域经济技术发展水平。区域经济技术发展水平是影响天然气资源开发的重要因素。一是天然气企业所处区域经济发展速度快，经济承受能力强，对天然气的需求大，从而促进天然气工业发展。二是天然气企业一方面依赖于所处区域的社会和生活环境，另一方面依赖于地方政府和社会各个方面的期望与

支持。三是天然气企业所处区域的基础设施建设和科技水平高，基础设施建设好，企业相应的投入则低，反之则高。如科技水平高则可以从中引进优秀人才，汲取先进技术为企业所用，促进技术创新和企业管理水平的提高，从而极大地提高劳动生产率，降低成本，推动气田提高开采效益。

③能源结构与环境保护。我国已从以环境污染为代价的工业化阶段转为保护环境的可持续发展的工业化阶段，把天然气发展提到了战略高度，加快了能源优质化的步伐。

④储量资产化管理。储量资产化管理是天然气市场形成的基本点，将天然气储量作为商品是天然气市场发育的前提。我国油气储量尚未作为资产进行商品交易，天然气市场化缺乏基础，对油气储量进行资产评估和资产化管理还未根本实现。

（三）社会要素

近两年我国天然气在能源消费中的比例上升，但与世界能源消费平均水平相比，我国天然气在能源结构中所占比例较低。提升天然气在能源结构中的比例，对优化我国的能源结构非常有益。"十四五"期间，随着国内产量的增加和进口能力的增强，天然气供求总体上将进入宽平衡状态。同时，受产业链发展不协调等因素影响，局部地区部分时段还可能出现供应紧张的情况。随着油气体制改革深入推进，天然气行业在面临挑战的同时将迎来新的发展机遇。

近年来，中国天然气市场化改革稳步推进，陆续放开了所有直供用户的门站价格、储气设施的天然气购销价格和储气服务价格。随着中国天然气市场的开放，下游用户将可以依据价格、创新和服务等方面选择自己中意的天然气供应商，而这将让工业用户的竞争力得以提高，再加上电力市场的放开，燃气发电业务将得到发展。

随着我国天然气管网的继续完善和天然气价格机制改革的不断推进，我国天然气消费将持续增加。据专家预测，到2030年，我国天然气需求量为5000亿~6000亿立方米，而国产气供给能力仅为2000亿立方米。

（四）技术要素

国家大力提倡发展新能源，但是目前在大规模推广应用上还存在很多技术瓶颈。首先，风能、太阳能等可再生能源本身具有不稳定的特点，目前储能技术的规模化应用以及构建以新能源为主体的新型电力系统、大规模新能源高效消纳技术、大电网柔性互联技术等难题尚未被攻克。其次，氢能产业的绿色制氢、液氢储运、关键部件和材料以及制备工艺等核心关键技术还存在很多难题，制氢、储氢、氢燃料电池技术还不够成熟，距离产业化、规模化利用还有很大差距。此外，可控核聚变距离技术突破还相差很远。因此，目前风能、太阳能、氢能等新能源尚不具备安全可靠替代天然气的技术条件。

二、天然气企业内部发展要素分析

基于亚历山大的智力与非智力理论，将天然气企业内部发展要素按照是否参与人的认知过程，分为智力要素和非智力要素。

（一）智力要素

人力资源要素。人力资源是天然气企业发展的根本动力，在企业内部要素中占重要地位。人力资源的最基本方面，包括体力和智力，从现实应用的状态，包括体质、智力、知识、技能四个方面。随着知识经济的发展，知识要素成为现代企业具有实力和竞争力的主要标志。由于知识要素具有无限性，掌握了最先进的知识，就可以以超常规的速度为企业创造出巨大的财富。

组织结构要素。组织结构是管理体制和机制的具体表现。高效率的组织结构是现代企业制度的反映，是与市场经济相适应的管理结构。

科技要素。技术创新对于企业发展十分重要，天然气勘探开发与储运高风险性决定了天然气企业更加追求高知识含量、高信息含量、高科技含量的科技和工艺。根据我国勘探重点及对勘探发展趋势的估计，天然气勘探领域的重大科学问题及对应用基础研究的科技需求更加迫切和深入，如物探技术、勘探应用技术、钻井工程技术、气藏工程技术、采气工程技术、内部集输技术、净化技术、管道技术和计量技术等。另外，天然气工业可持续发展战略、天然气工业发展相关政策、天然气营销战略与策略、天然气工业建设项目经济评价、企业文化建设、人力资源管理创新、天然气环保技术研究等生产经营决策咨询研究，对天然气企业发展也起着重要作用。

无形资产要素。无形资产是以知识产权、商标权、经营秘密、技术秘密等智力成果为载体。管理好无形资产，充分发挥其作用是我国天然气企业管理面临的新课题。

信息要素。天然气企业对采输工艺过程的数据采集、操作、优化运行、调度监控管理，以及对天然气营销中的销售、市场变化、用户情况与相关的各方面信息收集、反馈和处理，实现管理信息化，都必须依靠信息技术。管理信息技术的引进建设已是世界石油行业的发展趋势。

市场营销要素。在市场经济条件下，天然气企业的核心问题是把握市场，开拓市场，提高市场竞争能力。现代企业营销以满足顾客的需要为主线，强调研究顾客的需要、欲望和要求。天然气企业营销重视市场竞争，并在竞争中不断开拓市场。

企业文化要素。企业文化是企业的精神财富，体现了企业的团队精神和形象。天然气企业在打造企业文化方面还有较大提升空间，因此更应注重文化建设，为"中国天然气"这个金字招牌增光，为营造天然气文化增色。

（二）非智力要素

实物资产要素。实物要素就是天然气企业的物质财富，包括流动资产和固定资产，这是天然气企业生产的物质基础。

资金要素。加快资金周转时间和周转速度，对于提高天然气企业效益具有直接的作用。天然气企业能否选择最佳手段从资金市场筹措必要的所需资金，将是决定其生存和发展的重大问题。

天然气资源要素。天然气资源要素是天然气企业拥有的天然气资源品质和数量。天然气资源的自然禀赋和环境条件是天然气企业生存和发展的前提。天然气资源储量构成了天然气生产力的基础要素，获得的天然气储量越多，天然气产量也会增多。天然气企业要保持一定的发展速度，获得的天然气探明储量、可采储量和剩余储量要保持合理的储采结构，才能形成良性生产循环。天然气企业占有资源质量和数量是企业具有的市场基础竞争力。

上述要素的有效投入是提高企业效率，增强企业生命力，促进企业不断成长与发展的关键要素。这些要素共同作用的结果，表现为企业运营资本的能力、投入产出的能力、实现企业目标的能力，这些能力构成了企业的生命力。企业诸要素的投入就是围绕天然气企业核心竞争力和可持续发展能力展开的。

第二节　资源地发展要素分析

资源地发展要素主要分为自然要素和社会要素两部分。自然要素包括区域地理环境、交通状况、气候条件等。社会要素包括人文因素、社会制度、社会环境、区域领导人的才能等。

如前所述，川西北气矿作业区涉及广元市、苍溪县、剑阁县、梓潼县等地。以下对川西北气矿的资源地发展要素进行分析。

第五章　油气田企业与资源地发展要素的融合

一、广元市发展要素分析

（一）自然要素

广元市位于四川省北部，北与甘肃省、陕西省交界，南与南充市为邻，西与绵阳市相连，东与巴中市接壤，辖区面积16319平方公里。1985年经国务院批准成立地级市，辖苍溪、旺苍、剑阁、青川4县和利州、昭化、朝天3区，23个乡、112个镇、7个街道。

（二）社会要素

2021年末，广元常住人口228.3万人，其中城镇人口109.72万人、乡村人口118.58万人。2021年，全市地区生产总值1116.25亿元，按可比价格计算，比上年增长8.2%，增速居全省第12位。

境内已发现矿种42个，已开采34种，主要有能源矿产（煤、天然气、地热、天然沥青），黑色金属（铁、锰），有色金属（金、钼、铝等），非金属辅助原料矿产（长石、石膏、石英岩、脉石英等），非金属建材矿产（石灰岩、大理岩、花岗岩、辉绿岩、页岩）。地热资源储量居全省第二，是国家首批地热温泉之乡。利州羊盘山天然沥青（新探明超过5000万吨）可望成为全国最大储量基地。

全市共有各类水利工程12万余处，其中，中型水库7座、小型水库753座。水资源总量为79.6亿立方米，其中地下水资源量8.98亿立方米。全市境内河流众多，径流丰沛，相对落差较大，水能资源较为丰富，理论蕴藏量296万千瓦，技术可开发量232.6万千瓦。已建成投产水电总装机222.2万千瓦，水能资源开发程度高，其中：亭子口水电站总装机110万千瓦，宝珠寺水电站总装机70万千瓦。

全市风能资源理论蕴藏量260万千瓦，技术可开发量200万千瓦。已建成投产风电总装机41.92万千瓦，在建项目总装机40.2万千瓦。"十四五"期间全市计划储备风电项目总装机100万千瓦左右，力争实现"百万风电基地"的建设目标。

广元市是国家森林城市、国家园林城市。全市森林覆盖率57.22%，森林面积1400万亩，森林蓄积5939万立方米，活立木蓄积6308万立方米，林地保有量1508万亩。全市共有米仓山、天曌山等13个自然保护区，剑门关、苍溪等10个森林公园，四川南河、昭化柏林湖2个国家级湿地公园。广元核桃基地总面积200万亩，总产量突破20万吨；油橄榄基地总面积16.3万亩，总产量5000余吨。

广元历史悠久，自公元前 316 年秦惠文王设葭萌县始，已有 2300 多年的建制史。广元是先秦古栈道文化和中国蜀道文化的集中展现地，是三国历史文化的核心走廊，是中国封建时代杰出的女政治家、中国历史上唯一女皇帝武则天的出生地，是川陕苏区的核心区域之一、川陕苏区的后期首府地，是红四方面军西部战争的主战场和红四方面军长征出发地。广元境内拥有剑门蜀道、唐家河世界级旅游资源 2 处，国家级文旅资源和品牌 162 个，省级文旅资源和品牌 201 个。拥有国家级文物保护单位 8 个、国家级非物质文化遗产 4 项、国家级历史文化名镇 1 个、国家级风景名胜区 3 个、国家级自然保护区 2 个、国家森林公园 3 个、国家地质公园 1 个、国家级湿地公园 2 个、国家级水利风景区 1 个、全国红色旅游经典景区 5 个。全市已建成国家 A 级旅游景区 47 个，其中剑门蜀道剑门关国家 5A 级旅游景区 1 个、4A 级旅游景区 21 个；建成国家级生态旅游示范区 1 个、省级生态旅游示范区 6 个、省级旅游度假区 6 个；建成全国休闲农业与乡村旅游示范县和示范点各 1 个。开发有麻柳刺绣、白花石刻、剑门手杖等旅游商品 300 多种，培育红心猕猴桃、米仓山茶叶等国家地理标志产品 26 个，开发有剑门豆腐宴、青川山珍煲、嘉陵江河鲜等"女皇味道"菜系和女皇蒸凉面、朝天核桃饼等地方特色小吃。

（三）发展目标

锚定二〇三五年与全国同步基本实现社会主义现代化，综合考虑广元市发展趋势和现实发展条件，坚持目标导向和问题导向相结合，兼顾需要和可能，"十四五"时期广元市经济社会发展的主要目标具体如下。

经济实力再上新台阶。地区生产总值年均增长 7% 左右，高于全国、全省平均水平，到 2025 年地区生产总值达到 1500 亿元，人均地区生产总值分别达到全国、全省的 55% 和 67% 左右，与全国、全省相对差距进一步缩小。现代产业体系加快构建，产业结构更加优化，科技创新能力不断增强，绿色化数字化智能化转型全面提速，经济发展质量效益明显提升。

基础设施实现新提升。对外大通道更加畅达，市域交通网络更加完善，内联外畅水平显著提高。物流枢纽能级不断提升，物流效率大幅提高，对产业发展支撑能力持续增强。新型基础设施、能源水利基础设施不断完善，区域性信息枢纽、能源供给利用基地加快建设。

城乡融合取得新突破。新型城镇化加快推进，城镇体系更加完善，城市功能品质全面提升，中心城区和三江新区极核功能显著增强，县域经济实力得到较大提升，中心镇综合承载和辐射带动能力全面增强，常住人口城镇化率明显提高，脱贫攻坚成果巩固拓展，乡村振兴战略全面推进，城乡区域发展协调性持续增强。

改革开放迈出新步伐。重点领域和关键环节改革取得重大进展，产权制度和市场化要素配置改革取得突破，营商环境更加优化，市场主体更具活力。区域协同发展不断深化，连接"一带一路"、西部陆海新通道与长江经济带的开放门户节点和成渝地区双城经济圈北向重要门户枢纽功能更加凸显，高水平开放合作态势加快形成。

社会文明取得新进步。社会主义核心价值观深入人心，人民思想道德素质、科学文化素质和身心健康素质明显提高。公共文化服务覆盖面和效能明显提高，文化产业提速发展，蜀道文化、三国历史文化、武则天名人文化、红色文化、熊猫生态文化影响力进一步提升，人民精神文化生活日益丰富。

生态环境彰显新优势。能源资源配置更加合理、利用效率大幅提高，主要污染物排放总量持续减少。绿色低碳生产生活方式基本形成，大气、水体和土壤质量保持优良，低碳城市特色更加彰显，城乡人居环境明显改善，嘉陵江上游生态屏障进一步筑牢。

民生福祉达到新水平。实现更加充分、更高质量就业，居民收入增速快于经济增速，城乡居民收入差距明显缩小。基本公共服务均等化水平明显提高，居民受教育程度不断提升，卫生健康体系更加完善，多层次社会保障体系更加健全，人民群众对美好生活新期待得到更好满足。

社会治理取得新成效。社会主义民主法治更加健全，社会公平正义进一步彰显，更高水平的法治广元、平安广元建设扎实推进。行政效率和公信力显著提升，城乡基层治理制度创新和能力建设全面加强，市域社会治理现代化试点工作有序推进，社会治理新格局加快形成。防范化解重大风险体制机制不断健全，发展安全保障更加有力。

二、苍溪县发展要素分析

（一）自然要素

苍溪县地处四川盆地北缘、秦巴山脉南麓、嘉陵江中游，辖区面积2334平方公里，辖31个乡镇、454个村（社区），总人口74.29万人，农业人口61.43万人。因"树浓夹岸、苍翠成溪"而得名。

（二）社会要素

自西晋太康年间置县已有1700多年，素有"川北淳邑""蜀中邹鲁"之雅称。汉代谯玄廷对第一，南宋王樾状元及第，王绩"九子八进士"佳话传世，辛亥革命三烈士英名长存；杜工部送客临江寺，陆放翁频梦到苍溪；三国张飞张郃大战瓦口寨，南宋抗元要塞大获城，云台观、崇霞宝塔、寻乐书岩古韵悠悠。这里文化厚重，乡风淳朴。道教文化源远流长，庭院文化享誉全国，民俗文化特色鲜明，唤马剪纸、歧坪真丝挂毯等6项纳入省级非物质文化遗产，是全国首批文化工作先进县、"中华诗词之乡""中国楹联文化县"、四川省书香之城、四川省文明城市。这里是革命老区，红色热土。在第二次国内革命战争时期，是川陕革命根据地的重要组成部分，是红四方面军长征出发地，从中走出3位省委书记、6位中共中央委员和8位开国将军。被列为全国"薪火相传·再创辉煌"长征精神红色旅游火炬传递活动6个火种采集点之一。

苍溪是世界红心猕猴桃原产地、中国红心猕猴桃第一县、中国雪梨之乡、全省现代畜牧业重点县、川明参等中药材主产区之一，有18种农产品获得无公害食品、绿色食品、有机食品认证。这里风景旖旎，引人入胜。全县森林覆盖率49.95%，被誉为"天然氧吧"，有国家A级景区10个、国家级水利风景区1个、国家森林公园1个、省级生态旅游示范区1个、省级自然保护区1个，苍溪梨花节、猕猴桃采摘节享誉全国，是国家级生态示范区、全国休闲农业与乡村旅游示范县、中国最具影响力的生态红色旅游示范县。这里能源富集，潜力巨大。探明天然气储量5000亿立方米，是中石油中石化天然气开发会战地，累计布井160口，其中日产上百万立方米高产工业气流井20口。县域内水电总装机超过130万千瓦。

兰渝铁路贯通南北，"苍溪号"高铁始发苍溪，广南高速建成通车，绵苍巴高速开工建设，广元港苍溪港区加快建设，嘉陵江苍溪河段通航，亭子口枢纽四台机组全面发电，获评第三批全国"四好农村路"示范县。三次产业提档升级。猕猴桃、中药材、健康养殖"三个百亿"产业融合发展，清洁能源、医药食品、轻工制造主导产业集群发展，创成国家现代农业示范区，省级经济开发区，荣获国家级电子商务进农村综合示范县、全省"三农"工作先进县、全省家政服务业发展示范县。城镇建设日新月异。杜里坝荒滩变新城，赵公坝新城拔地而起，百利新区加快建设，嘉陵路西段棚户区改造升级，红军渡大桥、嘉陵三桥建成通车，肖家坝大桥—韩家山隧道开工建设，嘉陵绿道直达亭子口，梨仙湖湿地公园、老鸱山药博园开园迎客。经济总量跨越增长，"十三五"时期地区生产总值年均增长7.2%，人均GDP年均增长7.3%。

（三）发展目标

锚定到二〇三五年与全国全省全市同步基本实现社会主义现代化，综合考虑国内外环境和苍溪发展阶段性特征，统筹短期和长远，兼顾需要和可能，今后五年苍溪经济社会发展主要目标如下。

第五章 油气田企业与资源地发展要素的融合

经济发展取得新成效。地区生产总值年均增长 7% 以上,高于全国、全省、全市平均水平,到 2025 年地区生产总值力争突破 300 亿,人均地区生产总值大幅提升,与全国、全省相对差距进一步缩小。现代产业体系加快构建,产业结构更加优化,科技创新能力不断增强,绿色化数字化智能化转型全面提速,经济发展质量效益明显提升。

基础设施得到新提升。对外大通道更加畅达,县域交通网络更加完善,内联外畅水平显著提升。物流枢纽功能持续增强,物流效率大幅提高。新型基础设施、能源基础设施更加完善,建强区域性能源供给基地,智慧城市建设取得明显成效。

城乡融合实现新突破。新型城镇化加快推进,百利组团成为新兴增长极,中心城区辐射带动功能增强,县域经济实力得到较大提升,中心镇综合承载和辐射带动能力全面增强,常住人口城镇化率明显提高,脱贫攻坚成果巩固拓展,乡村振兴战略全面推进,城乡区域发展协调性持续增强。

改革开放迈出新步伐。重点领域和关键环节改革取得重大进展,产权制度改革和要素市场化配置改革取得突破,营商环境更加优化,市场主体更具活力。开放门户功能不断提升,经济外向度明显提升。区域合作不断深化,主动融入成渝地区双城经济圈建设取得重大进展。

文明风尚展现新面貌。社会主义核心价值观深入人心,人民思想道德素质、科学文化素质和身心健康素质明显提高。公共文化服务体系更健全,公共文化产品供给更充分,人民精神文化生活日益丰富。

生态建设彰显新优势。能源资源配置更加合理、利用效率大幅提高,主要污染物排放总量持续减少。绿色低碳生产生活方式基本形成,大气、水体和土壤质量保持优良,城乡人居环境明显改善,嘉陵江上游生态屏障进一步筑牢。

民生保障达到新水平。实现更充分更高质量就业,居民收入增速快于经济增速,城乡居民收入差距明显缩小。基本公共服务均等化水平明显提高,居民受教育程度不断提升,卫生健康体系更加完善,多层次社会保障体系更加健全,人民群众对美好生活的新期待得到更好满足。

治理效能跃上新高度。社会主义民主法治更加健全,社会公平正义进一步彰显,更高水平的法治苍溪、平安苍溪建设扎实推进。行政效率和公信力显著提升,城乡基层治理水平明显提高,防范化解重大风险体制机制不断健全,突发公共事件应急能力显著增强,自然灾害防御水平明显提升,发展安全保障更加有力。

二〇三五年,苍溪将与全国全省全市同步基本实现社会主义现代化。经济综合实力大幅提升，现代产业体系基本形成，人均地区生产总值基本达到全省平均水平，城乡区域发展更加均衡协调。基本实现治理体系和治理能力现代化，法治苍溪基本建成。生态环境更加优美，绿色发展优势更加凸显。开放合作态势更加鲜明，开放枢纽优势充分彰显，合作水平和竞争优势明显增强，平安苍溪建设达到更高水平。国民素质和社会文明程度达到新高度。社会事业发展显著提升，基本公共服务实现均等化，人民生活更加美好，人的全面发展、人民共同富裕取得实质性进展，基本建成社会主义现代化幸福美丽苍溪。

三、剑阁县发展要素分析

（一）自然要素

剑阁县位于四川盆地北部，广元市西南。东与昭化区、苍溪县交界，西与江油市、梓潼县毗邻，南与阆中市、南部县相连，北与青川县、利州区相接。全县南北长 86.7 千米，东西宽 61.5 千米，辖区面积 3204.33 平方千米。辖有 27 个镇，2 个乡。

剑阁县区域交通网络基本形成，中部有 108 国道，绵广高速公路、宝成铁路、西成客专斜穿而过，南部有 302 省道横贯东西。长岭大桥、下普快速通道等交通项目建成投入使用，乡镇通水泥路或沥青路达 100%，行政村通水泥路达 95%。另有绵万高速和绵广高速复线前期加快推进，交通网络不断提升。

剑阁县土地肥沃，植被茂盛，山清水秀，资源丰富。主要有森林资源、中药材资源、各种野生动物资源、旅游资源、水资源、土地资源和矿产资源等。

剑阁县旅游资源丰富，区内旅游景点有剑门关省级地质公园、剑门关 5A 国家级景区、翠云廊景区、鹤鸣山石刻等。

（二）社会要素

"十三五"期间，全县经济综合实力迈上新台阶，较"十二五"末增长 1.73 倍，人均地区生产总值、规上工业增加值、服务业增加值等均实现持续增长，经济高质量发展取得新成效。脱贫攻坚取得全面胜利，全县 163 个贫困村顺利脱贫摘帽，96885 名农村贫困人口全部实现稳定脱贫，全域整体消除绝对贫困和整体贫困，贫困群众住房、教育、医疗保障全面落实，城乡面貌发生根本性变化。产业结构逐步优化。农业、工业、文旅产业、商贸服务业融合发展，经济发展协调性、持续性进一步增强。基础设施日趋完善。区域交通网络建设提速升级，西成客专剑门关客运枢纽站建成通车，县域、乡村路网结构持续优化，建成首批"四好农村路"省级示范县，能源、信息等基础设施不断完善。城乡面貌持续改观。城镇化率不断提升，城镇体系和空间布局持续优化，

第五章 油气田企业与资源地发展要素的融合

"一主一副、两轴多点"的城市发展新格局初步显现。城镇风貌不断改善，品质逐步提升，农村基础设施短板逐渐补齐，居民生产生活环境持续改善，乡村振兴有序推进，生态环境持续改善。持续实施蓝天、碧水、净土三大保卫战，减排、抑尘、压煤、治车、控烧等专项行动扎实推进，2020年空气质量优良率达96.7%，主要河流功能水体水质持续稳定，嘉陵江剑阁段、西河水环境质量稳定在Ⅱ类，县城集中式饮用水源地水质达标率100%。

剑阁县矿产资源蕴藏较为丰富，找矿潜力较大。优势矿产主要有地热、石油、天然气等能源矿产和水泥用灰岩、玻璃用石英砂岩、砖瓦页岩等非金属建材矿产，并以非金属建材矿产最为丰富，找矿前景好，加强勘查和开发，对区域经济发展有较大的促进作用。

（三）发展目标

锚定二〇三五年与全国同步基本实现社会主义现代化，综合考虑剑阁县发展趋势和现实发展条件，坚持目标导向和问题导向相结合，围绕把剑阁县建成川陕甘结合部县域经济强县、大蜀道国际旅游目的地、高品质宜居宜养宜业地，实现撤县设市总体目标。

经济综合实力进一步增强。经济保持持续快速增长，地区生产总值增速高于全国、全省平均水平，与全市平均水平持平，到2025年确保地区生产总值达220亿元。人均地区生产总值与全国、全省平均水平差距进一步缩小。经济结构力争调整到18.0∶32.0∶50.0，构建总量做大、结构趋优、转型加快、创新增强、质量向好的经济发展格局。投资需求和消费需求持续扩大。县域经济综合实力进一步提升，在全省排名中晋位升级。

居民生活水平进一步提升。城乡居民收入保持较快增长，城乡居民收入差距进一步缩小，物价水平保持基本稳定。房屋改造、卫生条件、厕所建设、垃圾清运处理、通村通组通户道路建设等农村人居环境得到极大改善。城乡居民公共服务体系更加健全，基本公共服务质量和均等化程度稳步提高，实现更高质量、更加充分的就业。

生态环境质量进一步改善。资源综合开发利用率、转化率显著提高，能源和水资源消耗、建设用地、碳排放总量得到有效控制，万元GDP能耗明显下降。主要污染物排放总量持续减少。全县森林覆盖率不断提高，县城建成区人均绿地面积合理增加，绿地覆盖率持续提高。县域主要河流功能水体水质基本稳定，县城集中式饮用水源水质达标率持续提高，农业灌溉用水有效利用系数逐年增长。水土流失治理任务完成率、城乡生活污水集中处理率及城乡生活垃圾无害化处理率显著提高。

社会文明程度进一步提高。人民群众思想道德水平、科学文化素养、健康素质明显提高。公共文化服务体系持续完善，剑阁本土特色文化影响持续扩大，人民群众精神文化生活日益丰富。民主法治意识不断增强，城乡基层治理体系和治理能力更加优化，基本形成尚法守制、公平正义、诚信文明、安定有序的依法治县新格局。

改革创新开放进一步深化。市场配置资源的决定性作用充分发挥，重要领域改革取得新突破。自主创新能力逐步提升，专利申请数量质量逐年增长，科技成果转化能力持续增强，省级高新技术产业园区和国家知识产权示范县创建取得新突破，创新驱动发展模式初步形成。深化全方位开放合作，协同广元逐步实现同城化发展，加强与成渝地区、浙江莲都的交流合作，加大承接产业转移和招商引资力度，引进社会资本400亿元以上。

四、梓潼县发展要素分析

（一）自然要素

梓潼县位于绵阳市东北方，县境东西宽约35千米，南北长约52.5千米，全县辖区面积1442.32平方千米。

梓潼县境地势，东北高，西南低，中部夹一低凹的潼江河谷，东西横剖面呈不对称的马鞍形。县境地势由海拔700米以上的东北高丘、低山区，向西南倾至600米以下的中、浅丘陵区。最高点为东北部马迎乡境内的旺瓢山（海拔911.6米）。最低点为县境之南的交泰乡后山村潼江流出县境处的三江口（海拔413米），绝对落差498.6米。全境地形切割深度为100~300米。县境地质构造因受梓潼大向斜宽缓的两翼制约，境内地层平缓，出露地层几乎近于水平产状。岩层分布一般为紫红色和灰绿色砂岩与紫红色页岩、泥岩、互层的沉积韵律，加之接近四川盆地西北边缘，侵蚀风化剥蚀作用强烈，泥岩和页岩疏松，被剥蚀为平台，坚硬的砂岩往往被侵蚀为悬岩状，形成"梓潼台地"地貌。

（二）社会要素

2020年，全县实现地区生产总值148.92亿元，成功迈入百亿行列，年均增长7.1%；人均国内生产总值从27051元增加到48215元，年均增长12.3%。城乡居民人均可支配收入分别达到36081元、18554元，年均增长分别为8%以上、9%以上。

文旅产业全面提速。七曲山风景区创建5A级景区通过省级景观质量评价，南北山门生态停车场、凤凰湖环湖路、景区步游道等基础设施建成投用，水观音景区、祈福朝圣广场等进行改造提升。获批四川省海峡两岸交流基地、第二批全国森林康养基地试点。"两弹城"景区成功创建国家4A级景区，成立"两弹一星"干部学院，红色旅游研学营地、三线建设博物馆、航天科技馆等项目开工建设。文昌艺术小镇成功创建国家3A级旅游景区。中国两弹城、崇文大艺·文昌艺术小镇艺术聚落成功入选全省首批试点研学旅行基地（营地）。成功举办第二、三、四届海峡两岸文昌文化交流活动、文昌杯两岸青年巴蜀文化创意设计大赛等文旅活动。

工业持续壮大。编制《绵阳市绿色食品产业功能区发展规划（2020—2025）》，出台《梓潼县先进制造业发展专项资金管理办法》，县财政预算资金1000万元，全力持续推进工业大发展。经开区拟扩区调位面积至11.66平方千米，雨污供排管网162千米，总建筑面积5万平方米的标准厂房及孵化器建成投入使用，总投资1.5亿的工业污水处理厂完工并试运行。华西动物药业中药萃取、星星食品加工等12个项目开工建设，9个项目建成投产，成功引进10个重点企业落户梓潼。经开区成功创建省级农产品加工示范园区和省级绿色制造示范单位。5年累计新增规模工业企业29户、达到59户，工业投资年均增速达10%、技改投资年均增速达5%，规模工业税收从2751万元增加到8664万元，工业增加值年均增长7.8%。

现代农业蓬勃发展。制定《梓潼县现代农业产业总体规划（2018—2025）》《梓潼县现代农业重点产业、主导产品及空间布局方案》，初步建成"6+9"现代农业产业体系。全县水稻种植面积5万亩，生产水稻种子1100万公斤，产值1.9亿元以上，杂交水稻种植面积、产量位居全省第一；全县蜜柚种植面积达到18.25万亩，挂果面积12万亩，总产量达55万吨，实现总产值7.5亿元。新建畜禽标准化养殖场270栋，其中扶贫代养场56栋；创建现代农业园区县级8个，市级3个。国家地理标志产品3个，通过有机产品认证11个，绿色食品认证4个，无公害农产品认证25个，"三品一标"认证产品43个。荣获"四川省有机产品认证示范创建县"称号。"天宝蜜柚"荣获"四川省优质品牌农产品"称号和第十四届中国国际农产品交易会金奖。

服务业增加值实现翻番。电子商务、旅游服务、文化教育、健康养老、现代物流、商贸流通等6大优势产业进一步壮大，四川文化艺术学院梓潼校区建成投用，兴发广场、鑫驰广场等综合商业体建成投用。成功争创国家级电子商务示范县，实现电子商务年均交易额16亿元。规上限上企业达到47户，其中限上商贸流通企业39户、规上服务业企业8户，2020年服务业增加值达到66.7亿元，年均增长8.4%。

（三）发展目标

2035年远景目标：全县综合实力大幅跃升，"绵阳后花园"建设目标基本实现，四川丘区经济强县基本建成，与全国、全省全市同步基本实现社会主义现代化。经济实力显著增强，经济总量和城乡居民人均可支配收入迈上新的大台阶。四川省旅游强县基本建成，农业现代化水平实现显著提升，工业转型全面加速发展呈现显著变化，现代化经济体系健全完善。城乡空间布局更加优化，城市品质进一步提升，乡村发展基础更加坚实。生态环境持续优化，生活环境更加宜居。改革开放成效更加明显，发展环境更加安全。社会事业发展水平显著提升，基本公共服务实现均等化。现代社会治理格局基本形成，治理体系与治理能力现代化基本实现，法治梓潼、法治政府、法治社会基本建成，平安梓潼建设达到更高水平。社会文明程度达到新高度，人民生活更加美好，人民共同富裕取得更为明显的实质性进展。

"十四五"时期经济社会发展主要目标如下。

经济发展实现新突破。 经济持续平稳增长，力争主要经济指标年均增速全面达到全市平均水平。现代产业体系加快构建，科技对产业发展的支撑进一步增强，现代经济体系建设取得重大进展，四川丘区经济强县取得重大突破。

改革开放实现新突破。 重要领域和关键环节改革取得重大突破，要素市场化配置改革取得重大进展。外联内畅的现代综合交通运输体系加快构建，"四向拓展、全域开放"立体全面开放新态势基本形成，与周边区域的协作和产业分工互补成效更加明显，形成开放合作竞争新优势。

社会文明实现新突破。 社会主义核心价值观深入人心，人民思想道德素质、科学文化素质和身心健康素质明显提高，公共文化服务体系更加健全，文化事业全面繁荣，文化产业快速发展，人民精神文化生活日益丰富，四川省文化强县基本建成。

生态文明实现新突破。 国土空间开发保护格局得到优化，环境治理和生态修复力度加大，节能减排监管加强，环境综合防控能力水平提高，污染防治成效显著，生态环境持续改善，城乡人居环境整治持续推进，国家生态文明示范县建设取得重大成果，美丽梓潼建设取得显著成效。

民生福祉实现新突破。 实现高质量充分就业，城乡居民收入差距进一步缩小、优质公共服务能力更加均衡，脱贫攻坚成果巩固拓展，城乡供水一体化全面实施，乡村振兴战略全面推进，现代公共文化、教育、卫生、养老助弱服务体系更加完善，城乡居民的幸福感、获得感显著增强。

社会治理实现新突破。民主法治建设加快推进，公平正义进一步彰显，法治梓潼建设及服务型政府建设取得明显成效，基层社会治理水平明显提升，重大风险防范化解机制进一步健全，公众安全感显著提升，发展安全保障更加有力。

第三节　油气田企业与资源地发展要素可融合性分析

一、油气田企业与资源地的关系及存在的问题

（一）油气田企业与资源地的关系

油气田企业与资源地的关系带有双重性。西南油气田公司作为一个中央直属的大型国有企业，不仅代表着国有企业的利益，更代表着部分国家利益，在处理与政府之间的关系时，不可避免要触及国家与地方利益关系、企业与地方政府关系两个层面。油田和政府的关系凸显了当今中国经济发展中隐藏的双重二元思维。其中第一重二元思维，就是政府思维和企业思维不一致，体现了企业和政府的博弈，政府以人民利益至上，而企业以自身的生存和利益为先。第二重二元思维，就是中央政府的思维和地方政府的思维不一致，中央政府考虑全局性问题，着重整个国家经济长期的、可持续的发展，而地方政府考虑更多的则是GDP、就业、领导政绩等地方性问题。

中央与地方的利益关系构成中央与地方关系的核心内容，它的变化不仅表现为财政体制的转换，还综合表现为税收、计划、投资、金融等其他宏观管理体制的变革。社会主义市场经济体制的建立推动利益多元化格局的形成，作为利益主体的中央政府和地方政府之间的利益关系，在多元化利益格局中占据十分重要的地位，直接关系到政府与企业、政府与社会、企业与市场等诸多复杂关系的走向。国家与地方利益关系，仅就经济利益关系而言，更多表现在财税制度以及相关经济利益的分配关系上。

（二）油气田企业企地关系存在的问题

近年来，西南油气田推进战略大气区建设，新区上产企地关系中存在的问题在以下几方面显得尤为突出。

1. 天然气商品资源配置问题

川渝地区天然气需求量大、增长快，近年来供需缺口加大，川渝政府倍感压力。川渝政府作为资源地政府，对留住更多的、更廉价的商品气常怀有过高

的期望。而中石油作为央企，肩负着全国天然气供应保障的重要责任，必须站在全国层面统筹平衡资源。当地方看见战略大气区产量不断攀升，而冬季仍存在较大供需缺口，就会认为石油公司将天然气输往外地获取高利。企地双方围绕天然气商品资源配置问题进行的各种博弈日趋激烈，若不正确处理，势必给战略大气区建设造成严重不利影响。

2. 生态补偿问题

西南油气田公司坚决贯彻党中央精神，加大川渝地区天然气勘探开发力度，全力推进天然气特别是新区页岩气的快速上产。然而，就页岩气开发来讲，所需要的水资源、产生的废弃物是常规气的数倍，且处于长宁、威远、泸州等地质敏感区域，生态环境影响较大，常导致地方政府、气田周边百姓因生态问题与石油公司发生矛盾，甚至诱发社会问题。目前来看，消除企地双方误解、消除社会对生态影响的认识误区、切实解决气田开发生态恢复工作，迫切需要企地双方创新工作模式，在宣传解释、技术管理等方面加强合作，实现生态治理上的联防联治。

3. 地方政府"三留诉求"问题

随着经济社会发展和气田大规模开发，地方政府对留税、留利、留GDP的要求强烈，对天然气生产经营活动的要求更加严苛，特别是征地拆迁、安全监管、环评获批等趋严趋紧，这给油气田企业带来较大压力。

能否有效应对、切实解决企地关系的复杂性和存在的突出问题，事关战略大气区建设成败。根据"利益相关者理论"所揭示的企业发展模式，结合石油央企属性及战略大气区建设复杂性特点，石油企业承担着经济、政治、法律、安全、环境、伦理、道德、社会公益等责任，意味着其经营战略环境与地方关系是从经济、政治、文化、社会、生态上全方位相互关联的。按照利益相关者共同治理模式，应该兼顾企业和地方利益相关各方的诉求，让全部的利益相关者参与到企业的治理活动中去，将其囊括到公司治理的主体之中，实现企地双赢。

4. 用地补偿问题

油气田是一个没有围墙的工厂，石油勘探开发野外流动作业的生产性质，决定了油田是一个用地大户。长期以来，油田作为国家政策重点支持的能源企业，一直享受着国家无偿划拨使用土地的权利。近年来，随着市场经济发展和国有土地有偿使用制度的逐步改革，油地双方围绕土地问题产生的利益矛盾愈来愈突出。

二、企地矛盾表现及原因

(一) 企地矛盾表现

1. 企业管理有待规范

企业在施工过程中,存在少量行为不规范问题,主要表现在:一味追求工程进度,出现问题处理不及时,导致事件发酵;少量承包商拖欠农民工工资,被误解为企业行为等。施工单位的不良行为导致企地关系恶化,阻工堵路等妨碍施工建设的行为时有发生。这些情况发生后,企业为了解决眼前的矛盾,有时会牺牲自身利益作出让步,导致企地关系进一步恶化。

2. 企地利益冲突亟待解决

以页岩气开发为例,通过合资合作的方式,中国石油先后与四川省宜宾市、内江市、自贡市和泸州市等资源地市级政府组建了长宁页岩气公司和四川页岩气公司,实现了页岩气开发利益的共享分配。但因国家税收机制原因,各区县、乡镇一级资源地政府作为页岩气开发建设的主要监管者,在承担大量监管协调职责和安全环保压力的同时,仅分配到较少的页岩气开发利益,责任和利益的不对等导致一些区县和乡镇政府提出了"三留"(留税、留利、留 GDP)、气量气价优惠、地方援建等各种利益诉求。随着四川省经济社会的快速发展,部分资源地居民对页岩气开发带来的经济价值期望越来越高,同时部分地方赔偿标准与当地经济水平严重脱钩,导致征地赔偿时当地村民常提出超标准范围赔偿、承包土建施工等不合理诉求。与此同时,随着企业内部资金管控趋严和项目投资收窄,项目建设成本进一步压缩,企业用于支持地方建设的资金有限,导致企业难以满足地方政府和当地百姓的利益诉求。

(二) 企地矛盾原因分析

1. 企业管理能力不适应快速上产

近年来,新区特别是川南页岩气开发建设节奏明显加快,平均每年新部署平台近 150 座,钻井超 400 口。页岩气开发企业在大规模铺开项目建设、追求工艺技术突破的同时,对项目管理模式创新和升级缺乏有效管理手段,导致企业项目管理能力与快速上产需求不匹配。一方面,存在重视工艺技术升级换代、轻视企地关系维护协调的现象,对外协调工作优先让位于勘探开发、工程技术等工作,导致企业在企地协调工作中常常处于被动消极状态。另一方面,为了满足大干快上的项目建设要求,一味追赶项目工期,疏于企地关系维护,项目建成的同时却留下遗留问题,更为当地后续项目的顺利实施理下隐患。主要体现在建设单位对施工行为约束不到位。例如，施工合同缺少约束性条款，不能较好地规范施工队伍言行；疏于现场施工管理，甲方现场监管、指导、巡视职责未履行到位；对现场问题整改的跟踪问效不到位，得过且过的侥幸心理依然存在，导致问题无法彻底整改到位，留下隐患。同时，沟通机制不健全。在参建单位众多的背景下，各单位互通有无的信息渠道仍然不够畅通，信息传达效率低下，导致企业无法及时准确掌握政府动态信息，造成工作反复开展。企地双方因信息不对称导致互相不信任，再加上利益冲突带来的政企博弈，导致双方沟通不充分，不利于建立互信的工作关系。

2. 资源地政府获利少，支持配合意愿弱

中央政府作为央企的所有者和投资者，不仅享受了所有者的财产权益，还拥有投资者的资本收益。省市一级地方政府通过成立合资公司也在页岩气开发中实现获利。但作为主要监管者和协调者的区县、乡镇一级政府，由于资源税率和矿产资源补偿费征收率较低，页岩气资源开发与地方经济发展关联度并不高。同时，基层政府还需承担页岩气开发带来的环境恢复、土地供给、道路维护、宣传解释等大量责任。正是这种利益分配的不均衡导致基层政府利益诉求层出不穷，并借助行政权力与页岩气开发企业开展利益博弈。

3. 企地共建共享深度不够

目前，页岩气开发企业在项目建设方案中并没有支持地方建设的专项资金，往往将企地共建项目纳入工程费用处理，但在投资压减、成本严格管控的趋势下，后续共建项目将难以再纳入工程费用。同时，川南页岩气的企地共建共享模式仍然停留在"政府提出诉求、企业回应诉求"的单一模式，没有形成良性互动机制。

4. 企地协同联动机制不够健全

一是工作对接机制不够健全。企地双方缺少健全的工作对接机制，信息壁垒依然存在，信息收集耗费各级管理人员大量精力，信息不对称导致地方政府和页岩气开发企业陷入"囚徒困境"，双方在闭塞的信息环境中内耗，不利于双方建立互信关系，损害双方利益。

二是现场问题处置流于表面。针对当前时有发生的阻碍施工建设的违法行为，处置方式仍然停留在疏散群众、强制实施等表面工作，政企双方没有深入分析问题背后的原因，无法从根本上解决问题，项目建设受阻现象依然层出不穷。

三、"五位一体"新型企地关系的构建

(一)"五位一体"新型企地关系模式

天然气勘探开发工作的稳步推进,离不开地方政府的支持和帮助,油气田企业发展也离不开地方支持,只有企地深度合作,才能实现互利共赢。

构建基于"五位一体"全面深化合作的新型企地关系(见图5-1),是公司建设西南战略大气区的需要,也是新区上产的需要。该模式可概述为:按照服从于国家能源安全,服务于人民幸福生活以及责任共担、利益共享的指导方针,设计以"五位一体"深化合作为中心,以企地各主要参与方构建的责任体系、协调平台、运行机制三大模块以及外部技术支持模块为主要支撑,四大模块协同运作,有效支撑企地双方在经济、政治、文化、社会、生态各领域的不断深化合作,最终建成企地"一家亲"的共荣共生关系。

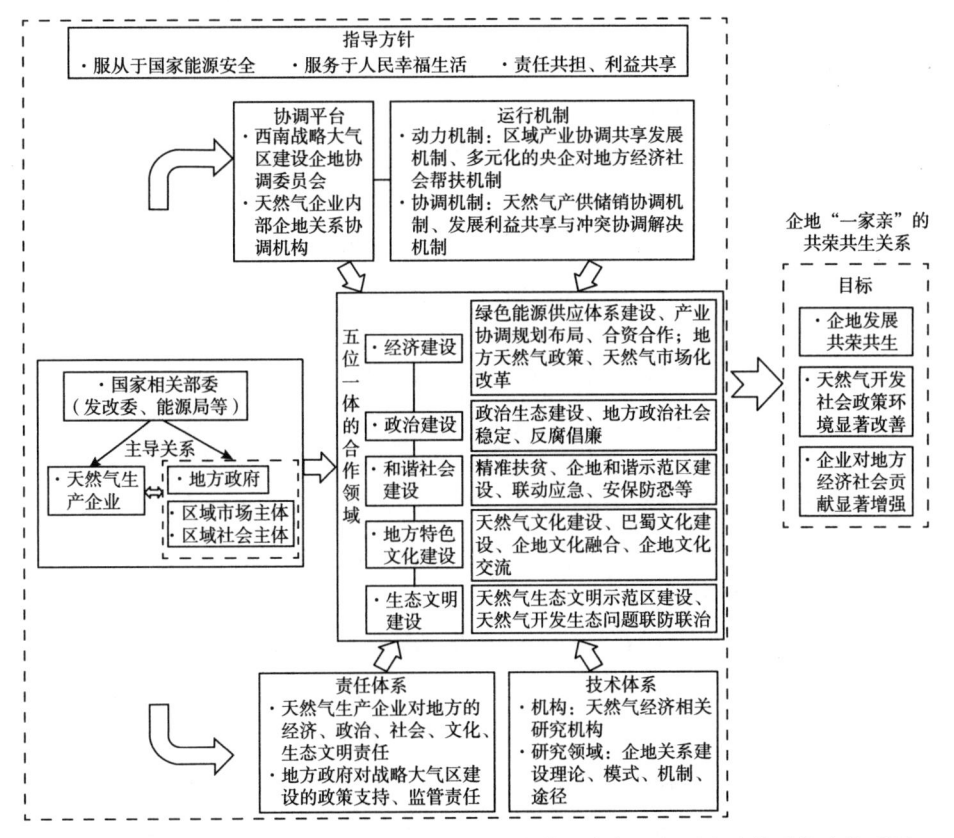

图5-1 基于"五位一体"全面深化合作的西南战略大气区新型企地关系构建模式图

根据图5-1,现对"五位一体"新型企地关系模式说明如下。

①主要参与方。包括战略大气区建设的各相关方，其中天然气生产企业和地方政府是企地关系的主导方，对区域内其他企地关系起着主导作用。同时，特别强调国家相关部委也是重要的参与方，在企地冲突存在突破基本准则风险时可发挥必要的管控作用。

②协调平台。这是新型企地关系建设的组织保障，必须搭建更具资源统筹配置和利益平衡能力的协调平台。一方面搭建以地方政府和天然气企业为主导的多方协调平台，协调平衡各方利益、处理重大企地关系问题；另一方面地方政府内部和天然气企业内部也要设立能够处理企地关系问题的机构。

③责任体系。以协调平台为依托，进一步明确企地双方在西南战略大气区建设中的责任，主要包括天然气生产企业对地方的经济、政治、文化、社会、生态文明建设责任和地方政府对战略大气区建设的政策支持、监管责任。

④运行机制。以协调平台为依托，建立更加常态有效的企地关系工作运行机制，为企地双方各领域的合作提供强有力的体制机制保障。主要是动力机制和协调机制，动力机制解决企地双方构建战略大气区新型企地关系的积极性问题，协调机制解决重大事项、重点问题的处理方式或模式。动力机制主要是区域产业协调共享发展机制、多元化的央企对地方经济社会帮扶机制。协调机制主要是天然气产供储销协调机制、发展利益共享与冲突协调解决机制。

⑤技术支持。新型企地关系高度注重指导思想、统一认识和顶层设计，需要强有力的技术支持。必须依托天然气经济相关研究机构，在企地关系建设理论、模式、机制、途径等战略研究领域进行深入研究。

⑥合作领域。在具体领域开展合作是新型企地关系建设的载体和核心内容，必须将协调、共享的核心理念全面贯彻到经济、政治、文化、社会、生态文明各领域的具体合作中，只有"五位一体"整体推进，才能实现新型企地关系的建设目标。经济建设领域重点有：绿色能源供应体系建设、产业协调规划布局、合资合作，以及地方天然气政策、天然气市场化改革等。政治建设领域重点有：政治生态建设、地方政治社会稳定、反腐倡廉等。和谐社会建设领域重点有：精准扶贫、企地和谐示范区建设、联动应急、安保防恐等。地方特色文化建设领域重点有：天然气文化建设、巴蜀文化建设、企地文化融合、企地文化交流等。生态文明建设领域重点有：天然气生态文明示范区建设、天然气开发生态问题联防联治等。

⑦目标。企地发展共荣共生是新型企地关系建设的总体目标，天然气开发社会政策环境显著改善是新型企地关系建设效果对于企业利益实现的关键体现，企业对地方经济社会的贡献显著增强是新型企地关系建设效果对于地方政

府和人民利益实现的关键体现。

（二）"五位一体"新型企地关系模式的内涵

"五位一体"新型企地关系模式基于更高的政治站位、更深刻的理论认识，在性质、范畴、内容、目标导向等方面具有更加丰富的内涵。

（1）新型企地关系本质上是一种促进天然气生产力解放的重要生产关系。这是对企地关系认识的深化，是正确把握公司战略大气区企地关系工作方向和大局的根本认识论依据。其基本含义：①企地双方具有根本利益一致性，应当成为利益共同体。这是央企作为全民所有制经济的性质决定的，市场化改革不会改变这一基本属性。因此，企地矛盾是可调和的。②企地关系是战略大气区建设社会公共资源优化配置的最重要支撑。战略大气区建设项目规划选址、核准、征地等各种审批，以及项目周边社会环境、生态环境等各种条件，都离不开良好的企地关系支持。③企地关系作为重要生产关系对天然气生产具有巨大的反作用。央企和地方政府都具有强大的资源配置能力，双方的矛盾若不及时化解，会对天然气生产和地方经济社会发展带来严重不利影响。建设新型企地关系就是要破除束缚天然气生产力的落后生产关系，促进区域经济社会发展。

（2）协调、共享是新型企地关系建设必须坚持的核心理念。基于企地双方根本利益一致性及矛盾冲突的严重破坏性，协调、共享成为核心理念是内在要求，也是合理的。协调就是企地双方要共同平衡兼顾好战略大气区全部利益相关方的切身利益，以及协调好区域内的产业布局。共享就是企地双方要共享发展成果和优化资源配置。

（3）服务于人民生活幸福、服从于国家能源安全、企地共荣共生是新型企地关系建设的基本准则和目标导向。人民是战略大气区建设最可靠的力量，必须坚决贯彻以人民为中心的发展思想，服务于人民生活幸福，争取广大人民特别是当地人民的支持。同时，天然气是战略资源，地方政府和天然气生产企业面对利益冲突时，必须站在保障国家能源安全全局的高度审视和处理，局部利益必须服从全局利益，不得搞地方保护主义，这也是服务于最广大人民生活幸福的内在要求。实现企地共荣共生是企地双方根本利益一致决定的，既是目标也是原则。

（4）新型企地关系的参与范畴是以天然气生产企业和地方政府为主导、区域社会各相关方广泛参与，西南战略大气区建设必须最广泛地调动相关方的建设积极性，尽可能地将利益冲突方转变为合作方，使其成为战略大气区建设的重要参与者、贡献者。

（5）新型企地关系建设的核心内容是推进企地双方经济、政治、文化、社会、生态"五位一体"全面深入合作。央企的经济政治属性要求企地关系必须突破以生产经营活动关系为主的局限,将政治、文化、社会、生态领域的合作提升到更高层面。企地双方的矛盾和误解的产生,多是由于过于聚焦于己方的局部经济利益,而看不到双方根本利益一致性造成的。"五位一体"全面合作对于提高双方沟通理解水平,进而化解这些矛盾和误解无疑具有非常重要的作用,对于这方面的认识迫切需要加强和提高。

第六章　新时代油气田企地文化融合示范工程建设

第一节　企地文化融合工程建设指导思想与原则

一、指导思想

为有效化解油气田企地矛盾，促进企地和谐、企民和谐，立足油气田企业文化资源和油气开发地文化资源优势，深刻领会、把握习近平新时代中国特色社会主义思想，全面贯彻党的十九大和十九届历次全会精神，坚持弘扬社会主义核心价值观，牢固树立新发展理念。以企地文化需求为导向，以文化融合发展为目标，以文化融合示范项目为抓手，以文化管理创新为动力，积极探索企地文化融合建设的新做法、新形式、新途径。发挥企地发展要素融合的载体作用和文化的灵魂作用，充分发挥企地文化示范项目的引领作用，构建油气田企业文化与地方文化融合发展的生态体系，为油气勘探开发创造稳定的社会环境，做大做强油气田企业，实现油气开发和地方发展良性互动、高质量共赢发展。

（一）贯彻习近平新时代中国特色社会主义思想，树立新发展理念

党的十八届五中全会强调，必须牢固树立并切实贯彻创新、协调、绿色、开放、共享的新发展理念。深入贯彻新发展理念，是我国大型能源企业实现高水平转型发展必须遵循的理念所在，要以战略创新为引领，以科技创新为驱动，以结构优化为手段，以绿色发展为目标。

创新针对的是发展动力的问题，企业只有坚持创新发展，不断推进理论创新、制度创新、科技创新、文化创新等形成有效的创新体制，才能促进企业新

产品的生成、新模式快速成长；协调指的是经济社会协调发展，增强发展的整体性，而这一理念与企业构建和谐企地关系不谋而合；绿色，针对的是人与自然和谐共处的问题，企业要积极响应国家坚持节约资源和保护环境的基本国策，保护生产地生态环境，实现可持续发展；开放，即企业要奉行互利共赢的开放战略，以开放促创新、促企业改革，加快推动形成企业与地方深度融合的互利互惠新格局，构建企业与地方利益共同体和命运共同体；共享，则要求企业坚持做到企业与地方共建共享，使得当地老百姓在共建共享中有更多的获得感，汇聚企业发展外部动力，朝着企地和谐的方向稳步前进。

企业在地方若想健康快速发展，需要一个和谐稳定的外部人文环境，赢得当地政府和群众对于企业开展各项工作的支持。若当地政府反映的问题不能合规有效的解决，在征地、费用补偿等方面与当地群众达不成一致意见，那么企业的业务开展极有可能被推迟，从而阻碍企业的正常稳定运行，阻碍企业在地方的发展。因此，企业进入地方，从基建期开始就应当致力于改善与地方的关系，积极履行自身社会责任，反哺社会，造福一方。

（二）以服从国家能源安全、服务人民幸福生活为指导方针

油气田企业要转变思想观念，以服从国家天然气供应安全和服务人民幸福生活为企业文化与地方文化融合的宗旨。保障国家供气安全是天然气生产企业和地方政府共同的责任，合理平衡地方供气稳定和国家供气安全，企地两个主体需要达成共识，有效化解企地矛盾，实现企地和谐。天然气作为国家战略资源，油气田企业和地方政府必须站在国家能源安全的角度审视和处理利益冲突的问题，双方不能只关注自身利益，要顾大局。油气田企业要克服以自身利益为中心的思想，地方政府要避免地方保护主义。要在服从国家天然气安全供应的前提下最大化自身利益，构建起油气田企业天然气生产和地方社会高度共荣共生的企地关系新局面。人民群众是油气田企业快速上产地建设最可依靠的力量，要有效化解企地矛盾，实现企民和谐，企地文化融合建设必须坚决贯彻以人民为中心的发展思想，服务于当地人民的幸福生活，满足人民群众对于美好生活的追求和向往，争取广大人民特别是当地群众的支持。

（三）建设文化融合和谐发展机制，创造和谐文化生态环境

近年来，随着我国经济体制的转变与社会转型的不断深入，油气田企业与资源所在地容易产生冲突，主要在于资源的争夺与市场的冲突问题、自然资源利益分割的合理性问题、土地资源补偿和生态破坏补偿的问题等。要科学认识油气田企业与资源所在地冲突产生的原因。市场经济体制建立，社会进入了多

元化利益主体的时代，分配的不公会造成资源分配不均，进而产生冲突。在油气资源属于国有的情况下，群众不具备在自己的土地上自行开发油气资源的能力，因此会对资源分配的合理性产生怀疑，使得地方往往作为企业与地方冲突中主动的一方，以期从中获取更多的利益。因此企地双方应从资源分配的角度来寻找冲突产生的根源，寻求构建企地和谐的有效途径。

企业文化与地方文化在融合的过程中要注意树立和谐共生观念，建设文化融合和谐发展的机制，创造适宜企业发展的文化生态环境。不论是站在全球化视角来讨论，还是从中央与地方维度来看，国有企业都必须适应新时代的要求，不断融合多元主体的文化，尊重各方利益诉求。

二、主要原则

（一）既要全面统筹规划，又要坚持突出企地特色

油气田企业文化融合要注重全面统筹规划，科学布局，形成具有新时代特色的油气田企业文化，推动企地深度融合发展。企业文化与地方文化融合过程中，要坚持广泛性与特色性相统一，于共性中寻求个性：一方面要体现双方文化共性特征，又要博采众长，深入了解不同文化背景下的企业文化发展建设模式，大胆借鉴，兼容并重，吸收其中精华为其所用；另一方面也要突出双方文化的个性化特征。企业个性文化源于企业特定人员组成、历史环境和发展历程，是形成企业文化品牌和价值的基础，区别其他文化的标志。因此，企地文化融合建设的过程中，不但要重视对共性的继承，还要注重吸收地方优秀文化，因地制宜，注重个性化文化培养与提炼，做到共性与个性有机结合。

1. 中国石油企业文化概述

中国石油天然气集团有限公司以习近平新时代中国特色社会主义思想为指导，以"绿色发展、奉献能源，为客户成长增动力，为人民幸福赋新能"为企业价值追求；以"创新、资源、市场、国际化、绿色低碳"为发展战略，中国石油天然气集团有限公司的企业文化概述如表6-1所示。

表6-1 中国石油天然气集团有限公司的企业文化

企业愿景	企业愿景——建设基业长青、世界一流综合性国际能源公司 世界一流：打造一流的业绩、一流的管理、一流的技术、一流的人才、一流的品牌，努力成为央企示范和行业标杆。 综合性：油气勘探开发、炼油化工等油气业务和油田技术服务等支持业务协同发展、国内业务和国际业务协调互动、产业发展和金融业融合并进、实体企业和投资公司相互促进。 能源公司：立足化石能源，积极拓展非化石能源，坚定不移做强做优油气业务，加快布局新能源、新材料、新业态，努力构建多能互补新格局。

续表

企业价值追求	企业价值追求——绿色发展、奉献能源，为客户成长增动力，为人民幸福赋新能 **绿色发展**：牢固树立"绿水青山就是金山银山"理念，自觉推动低碳绿色发展，加快绿色清洁能源体系构建，开发推广绿色低碳技术工艺，让资源节约、环境友好成为主流生产生活方式，以绿色低碳转型实现企业与社会的共同发展、人与自然和谐共生。 **奉献能源**：站在"两个大局"高度，准确把握能源转型大趋势，坚持创新、资源、市场、国际化、绿色低碳战略，统筹利用好两种资源、两个市场，保障国家能源安全，保障油气市场平稳供应，为世界提供优质安全清洁和可持续供应的能源产品与服务。 **为客户成长增动力**：坚持以客户为中心，深度挖掘客户需求，把客户成长作为企业成长的源头活水，持续为客户创造最大价值，以更优质、更便捷的服务赢得客户信赖，以更安全、更可靠的产品助力客户发展，实现企业与客户共同成长。 **为人民幸福赋新能**：始终把为人民谋幸福作为发展的根本目的，加快产业转型升级，不断增加绿色低碳、清洁高效的能源和产品供给，让企业发展创新的成果惠及更多人民群众，努力为人民美好生活加油增气，为建设美丽中国贡献石油力量。
企业基本管理理念	企业基本管理理念——人才发展理念　质量健康安全环保理念　营销理念　国际合作理念　依法合规理念　廉洁理念 人才发展理念：生才有道　聚才有力　理才有方　用才有效 质量健康安全环保理念：以人为本　质量至上　安全第一　环保优先 营销理念：市场导向　客户至上　以销定产　以产促销　一体协同　竞合共赢 国际合作理念：互利共赢　合作发展 依法合规理念：法律至上　合规为先　诚实守信　依法维权 廉洁理念：秉公用权　廉洁从业
企业治理	企业治理——兴企方略　治企准则　发展战略 兴企方略：坚持高质量发展　坚持深化改革开放　坚持依法合规治企　坚持全面从严治党 治企准则：创新　资源　市场　国际化　绿色低碳 发展战略：专业化发展　市场化运作　精益化管理　一体化统筹
企业责任	企业责任——政治责任　经济责任　社会责任

2. 西南油气田公司的巴蜀地域文化探索实践

西南油气田公司隶属于中国石油天然气集团有限公司，坐落于四川，公司业务广泛分布在川渝地区。面积达18万平方千米的四川盆地具有非常优越的地理位置，自然资源极其丰富，是一个名副其实的"聚宝盆"，其中包括丰富的天然气资源。四川是世界上较早开采利用天然气资源的地方，是新中国天然气工业的摇篮。而目前的四川盆地勘探仍然处于早中期，待发现资源量大，预计产气量峰值将会超过 1000 亿立方米，是我国天然气发展的未来所在。公司前身为 1958 年成立的四川石油管理局，1999 年重组改制后成立西南油气田公司，历经六十多年的改革发展历程，已经建成完整的天然气工业体系。西南油气田公司发展的物质基础是巴蜀地区丰厚的天然气资源，其员工和用户群体大多是川渝人，经过几代川油人的不断奋斗，逐渐成长、成熟了起来。因此，西南油气田公司的企业文化必然烙下了巴蜀地区地域文化的影子。

巴蜀文化源远流长，已有 5000 余年发展历程，在中国上古三大文化体系中占有重要地位，与齐鲁文化、三晋文化等地域文化共同构成了辉煌灿烂的中国文明。巴蜀文化"绵长久远、神秘而灿烂"，造就了巴蜀人民得天独厚的性格特征。巴蜀人民的生活状态"可坐享天成，亦可以行卒而生；可无为逍遥，更因刀剑而存"。同时，巴蜀文化兼容儒释道，以道注川人风骨，以儒举川人仕进，以释去川人彷徨，进退之间，死生契阔。

巴蜀文化在长期的发展过程中形成了包容性、开创性等特征。巴蜀文化的包容性表现为一种内核稳固、边缘交融的状态，始终保持着一种包容开放的状态，没有很强的排他性。从其民族构成来看，巴蜀之地自古以来就是多民族和睦共处的地方，目前巴蜀仍有汉、彝、藏、羌等几十个民族共同生产生活。从历史进程来看，巴蜀文化向北与中原文化相融合，向西与秦陇文化相接壤，向南与楚文化相结合，成为南北文化特征交汇融合的多层次、多维度的文化体，外来文化不断内化于巴蜀文化之中，体现了巴蜀文化海纳百川的特质。此外，巴人喜冒险，而蜀人喜稳定，巴蜀文化的开创性在于顺应社会结构转型的超前性以及冒险精神。《蜀警录》中提到"天下未乱蜀先乱，天下已治蜀后治"。所以吃苦耐劳、具有竞争思想是巴蜀地域文化的又一典型特征。巴蜀文化具有开放性和多元性，巴蜀人具有开放包容、吃苦耐劳的品质，这为公司进入川渝地区发展提供了非常有利的人文条件。这样的文化特性决定了公司的员工可以较快地接纳和吸收企业的文化和制度，接受和完成企业交代的工作任务。并且公司在当地开展地质勘探业务也易于被当地人所接受，能够跟业务开展所在地区的居民们友好相处。

3. 西南油气田公司企业文化

西南油气田公司自成立以来，六十余载巴山蜀水风雨间，在继承石油精神的基础上，将公司企业文化根植于灿烂辉煌的巴蜀文明，不断吸收汲取地方文化养分，在推动企业文化与地方文化融合上做出了一系列的努力。

企业文化的建设应当注重传承企业优良传统，挖掘地方文化特色，将继承与创新相结合。身处地方的企业应当注重文化挖掘，盘点文化"有什么"。要回顾企业发展历史和优良传统，唤醒企业发展长河中的动人事迹。例如反映西南油气田公司川西北气矿一线操作员工精心呵护气井，保障安全生产，努力实现三低气田"剜骨剃肉、颗粒归仓"画面的照片；川西北气矿老党员文小龙无怨无悔扎根大山30余载，展现川西北石油人"坚韧执着，实干担当"的形象；"5·12"特大地震中，气矿干部员工奋不顾身抢关高含硫气井、生产装置，避免次生灾难产生的大爱。从文化引导和精神塑造出发，弘扬企业爱国敬业、不怕困难的精神特质，增强企业员工对企业文化的认同感和归属感。企业要想实现自身文化与地方文化的融合，应当向内探寻，定位"要什么"。梳理企业事迹，总结经验，一对一分析研究，审视企业自身文化定位，找到企业文化建设的目标和方向。文化衔接企地历史，着眼于现实人文环境，面向企业目标，透视企地文化的关键内容和内核所在，为企地文化融合关键点的提炼打下坚实的基础。

企业积极吸纳巴蜀文化的充足养分，学习和借鉴成功企业文化建设的相关经验，丰富企业合气文化内涵。坚持建设企地合作共建共享文化平台，了解当地的民风民俗，与地方政府和高校签订战略协议，在经济发展和文化艺术等方面加强交流。西南油气田公司积极推进文化基层落实，推动构建有着行业特质的文化群落，形成了川中油气矿攻坚文化、重庆气矿自信文化、川东北气矿责任文化、川西北气矿坚实文化、输气管理处输气文化、天然气净化厂净气文化等一批优秀的文化成果（见图6-1）。

在川西北这片广阔的土地上，从"广宁石油勘探指挥部"到"川西北石油矿区"再到"川西北气矿"，气矿坚持在中国共产党的领导下，继承和发扬中华民族和中国石油的优良传统，弘扬以"苦干实干""三老四严"为核心的"石油精神"，一代代石油人靠着战天斗地的壮志豪情和栉风沐雨的开拓奉献，孕育出川西北气矿独特印记的坚实文化。坚实文化的内核是坚韧执着，实干担当。其中坚韧是意志品格，执着是奋斗信念，实干是行动作风，担当是使命责任，体现川西北石油人咬定青山不放松，久久为功，锲而不舍找油气的精神，以苦干、实干、拼命干的优秀品质，不断追求高速度高质量跨越式发展的美好愿景。

第六章 新时代油气田企地文化融合示范工程建设

```
中石油企业文化 ──继承──┐
                     ├─ 西南油气田特色企业文化 ─┬─ 输气管理处"输气文化"
巴蜀地域文化 ──吸收──┘                      ├─ 川中油气矿"攻坚文化"
                                          ├─ 川西北气矿"坚实文化"
                                          ├─ 川东北气矿"责任文化"
                                          ├─ 重庆气矿"自信文化"
                                          └─ 天然气净化厂"净气文化"
```

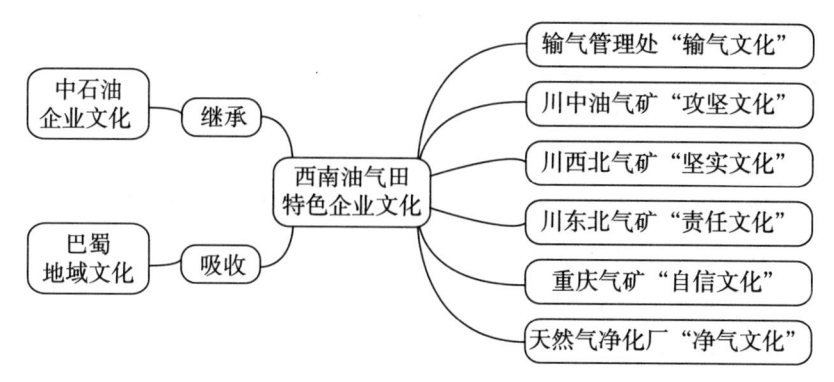

图 6-1　西南油气田特色企业文化

（二）既要以文化项目带动，又要坚持管理创新引领

油气田企地文化建设要注重归纳企业文化和地方文化的要素，提炼制订文化行动的方案，因地制宜创办文化活动。以开展文化项目的方式带动企业文化与地方文化的融合，同时要注意做好对于文化项目的管理以及后续的创新发展。

企业要围绕川西北地方习俗、地区特色、历史典故、人文典籍来择取地方文化要素。要围绕行业属性、业务特点，借鉴典型企业的企地文化融合经验，形成川西北地区特色的文化标签。要走访当地居民，通过实地走访调研、集体讨论和与政府沟通的方式，了解当地居民对企业实际工作的要求和期许。将获得的一手资料点串成线，提炼关键词形成文化主题。文化主题引领文化实践，阐释文化内涵，讲清文化特色。制订企地融合行动方案，支撑企地文化融合实践。

企业要因地制宜创办文化活动，充分利用各类可以讲好企业和地方文化故事的手段。在企业工作环境中，充分开展文化阵地建设，包括党员活动室、职工之家或利用员工办公场所建设地方主题文化展览厅，利用办公楼走廊设计企业地方文化长廊。员工于耳濡目染间更加认同本企业的文化，也更加理解地方文化，减少文化冲突的发生，促进企地文化融合。企业与政府合作，拍摄文化宣传片，创作相关歌曲及文艺作品，制作宣传手册，利用新媒体手段，向地方民众和企业职工全方位讲好地方故事、企业故事，传播文化。开展特色文化活动，设计特色文化产品，将地方文化要素融入企业产品中。例如中国石油云南销售特色加油站群体建设，从加油站的外观形象、员工服饰、特色服务、特色商品等入手，以文化融合为渠道，在央企自身文化基础上适当嫁接地方文化，丰富企业的地方属性，不断扩大企业对本地公众的亲和力、对外地游客的吸引力，在提升企业文化形象的同时，也增强企业的品牌认同。

企业和地方在合作开展文化项目的同时，要坚持创新驱动，进一步提升企业管理水平。创新开展企地文化融合项目是推动企地文化融合的主要方法，不一样的地域自然条件和历史文化条件不同，不一样地域的人各方面需求也不同。若企地文化融合项目在文化活动策划、景点设计、文化体验项目、纪念品等领域，以契合当地文化特征、满足当地人民需求为导向，则能保障项目发挥积极作用，促进企地文化融合落到实处，实现可持续发展。

（三）既要坚持企地和谐，又要坚持资金共筹、利益共享

中国石油作为央企，在刚刚进入地方的时候，当地部分老百姓可能在土地赔偿等方面提出了不合理的要求，对企业要价过高，超出国家规定的补偿标准，如果愿望没有实现就出面阻挠企业在地方开展的各项工作，这对于企业的发展是极为不利的。加之，地方政府如果不理解、不支持企业发展，拖延企业正常业务的办理，就会加剧企业面临的不利形势。因此，坚持"企地共建、和谐发展"的经营理念便显得尤为重要，企业需要从大处着眼，从小处入手，主动融入地方建设，真诚服务地方社会，为自身的发展创造有利的人文环境。

和谐的企地关系，是企地共同发展的前提和基础。企业在地方开展资源开采和勘探业务，获利获惠的同时，应当主动融入当地社会，服务地方建设，坚持企地和谐，履行社会责任，在为国家奉献能源的同时，自觉将发展成果回报社会，实现相互融合，共同发展。具体的做法如下。

1. 确立企地和谐发展理念，高度重视利益共享

企业与地方是唇齿相依、共同发展的关系。两者的根本关系应当是协作互助的，要避免对抗、冲突的状况出现，要意识到任何一方获得发展对于另外一方都是利大于弊的。任何一家地方性企业要想与政府和地方建立和谐发展的关系，就必须树立企地融合发展的理念，立足于互惠互利、共同发展，切实打破企业与地方之间因各方面因素产生的"隔阂"，从而建立起统一协调、俱兴俱荣、利益共享的关系。

为此，西南油气田公司坚持互利共赢的理念，可以援助当地基础设施建设，例如在卡产区内援建地方，与各乡村政府共建公路；向当地中小学捐赠文具、图书以及教学设备等；也可以响应国家"精准扶贫"的政策号召，帮扶贫困家庭；还可以利用自身开展天然气资源开发的优势，与当地政府协商，向当地的企业和老百姓提供日常天然气供应。只有让地方政府和人民群众真真切切感受到，油气田企业在当地能够给他们带来实实在在的、看得见、摸得着的好处，才能赢得地方政府和百姓的心，从而发自内心地支持企业在当地开展业

务，这对于企业在地方实现可持续发展是非常重要的。

2. 建立企业地方利益共同体，筑牢和谐企地关系的发展根基

在企地和谐理念的指导下，西南油气田公司应当主动寻求与地方企业中与油气业务相关的上下游企业的合作，这不仅在一定程度上可以降低企业的生产成本，减少与地方其他企业不必要的竞争，还能实现上下游一体化，产生规模效益和积聚效益，拓宽发展空间，实现更大的经济效益，推动地方社会经济向前发展。

此外，公司还可以在非技术核心领域的人员招聘上，给予地方老百姓优惠，为当地群众提供更多的就业机会。同时，开展职业技能培训，帮助员工提高个人素质，增强职业竞争力，在更好服务公司的同时，也能让员工更加认同企业文化，产生凝聚力，有效促进公司的发展。也能带动地方经济发展，增强地方对于企业文化的认同度，促进企地和谐发展。

3. 以"双碳"目标为导向，正确处理资源开发与环境保护的关系

油气田企业在业务"勘探—开发—生产—维护"的整个过程中，要注重以环境保护优先为导向。"双碳"目标是党中央作出的重大战略决策，即"二氧化碳排放将于2030年达到峰值，2060年实现碳中和"。"双碳"目标的提出将把我国的绿色发展之路提升到新的高度，成为我国未来数十年内经济社会发展的主基调之一。

因此，企业要切实加强勘探开发源头控制，狠抓责任落实，加强环境保护基础设施建设，创造一个能源开采与生态环境和谐共处的友好局面。正确处理资源开采与环境保护关系，可借鉴国际国内成功经验，在项目可行性研究、初步设计阶段，编制环境影响评价报告书，环保设施、水土保持设施与主体工程方面，始终做到同设计、同施工、同使用，预防环境污染事故的发生。在施工前，对当地各种类型的保护区和动植物资源情况进行详尽调查，专人进行合理的规划设计，勘探开发选择地势平坦、植被稀疏的地方，避免砍伐树木等。

（四）坚持高质量发展，实现企业提质增效

习近平总书记在党的十九大报告中指出："我国经济已由高速增长阶段转向高质量发展阶段，正处在转变发展方式、优化经济结构，转换增长动力的攻关期。"这一重大判断为我国国有企业高质量可持续发展提供了根本的遵循。高质量发展是坚持质量第一、效益优先的发展，对国有企业具有重大的理论指导和现实实践意义。企业要充分意识到高质量发展的重要意义，坚持问题导向，深刻把握石油行业的机遇和所面临的挑战，提高企业生产的效率、效益和质量，坚定高质量发展。

高质量发展要体现在企业提质增效上面。当前世界经济复苏乏力，市场竞争加剧，形势复杂多变。面对新挑战，企业要实现持续发展，必须抓住发展质量这一根本要求，强化创新驱动，实现生产工艺技术升级。注重集约型发展，推进企业产品、技术和服务供给质量的提高，以高质量发展促进企业提质增效。

高质量发展要求企业落实绿色低碳发展理念。要以新发展理念推进石油企业向高质量发展转变，践行以人民为中心的发展思想，满足和实现人民对美好生活的需要，助力企业打造核心竞争力。企业要不断坚持生态环保理念，坚持以节能、降耗、增效为目标，主动做好节能减排、清洁生产等各项基础性工作，提升企业资源有效利用率，促进企业经济绿色循环低碳发展，把握人民对于绿色低碳、生态文明建设的期盼和需要，打造清洁环保、积极承担社会责任的企业形象。

第二节　企地文化融合工程建设目标

深化企地合作要实现四个目标：企地经济有效增长、企地生态有效保护、企地政治忠诚廉洁、企地文化有效开发。企地应当一起制订文化融合项目规划，抓实文化融合工程项目，投入文化融合建设资金，共享文化融合建设效益。

随着社会主义市场经济的不断发展壮大，我国资源类大型央企与地方政府之间的关系越来越密切。一方面，国家的经济发展在一定程度上依靠石油企业的进步，尤其是作为我国境内最大的原油、天然气生产、供应商，中国石油天然气集团有限公司在国内国际市场中具有极其重要的地位；另一方面，解决油气开采和生产过程中所产生的土地使用、环境保护等问题，需要企业和地方政府之间的相互协调与理解，双方应依据利益共享、风险共担的原则，尊重并接受彼此在利益诉求上的不同点，从实际情况出发商讨解决方案。所以，协调好企地的关系问题成了企业与地方政府之间实现持续性合作与发展的基础性工作。

和谐发展是指根据社会—生态系统的特性和演替动力，遵照自然法则和社会发展规律，利用现代科学技术和系统自身控制规律，合理分配资源，积极协调社会关系和生态关系，实现生物圈稳定和繁荣。根据和谐发展的基本概念，企地之间的和谐发展要协调好企业与地方政府之间的关系，油气田企业需在社会主义市场化经济体系之下,在内部进一步创新性提升相关技术、最大限度争取国家相关政策扶持,顺应国家的改革发展大势;在外部应与当地政府协调好相关的事宜,积极履行社会责任,做到内外共同推进。地方政府应当做好"植树人"和"守林人"双重角色的准备。"植树"过程中合理分配各项资源协助油气田企业做好勘探、开采工作,统筹考虑经济、政治、文化、生态等,为企业解决后顾之忧,为百姓保障实际利益;在"守林"过程中做好各项指标检测,认真听取企业和群众的声音,面对质疑声严查根源,及时解决。

油气田勘探开发已经成为实现我国天然气产量快速增长的迫切要求,加大其开发力度是企业和地方保障国家供气稳定,贯彻国家能源战略的共同责任,这个责任体现在经济、政治、社会等各个方面。企地关系的影响具有长期性和深远性,企地之间持续和谐发展,将深刻影响油气田开发项目的全生命周期。持续性的和谐发展基于双方互信互助,双方都应明白"红桃皇后定律"——只有不断思考企地之间的相处之道,才能让关系保持在原地;若想要使双方共同进步、实现发展目标,则必须以双倍于现在的努力去探讨持续之路、和谐之路、发展之路,坚持和谐发展理念,实现经济增长、生态保护、政治廉洁和文化开发。

一、企地经济有效增长

"十四五"时期,构建高水平社会主义市场经济体制,还是需要全面深化改革,需要推动更深层次的改革。党的十九届五中全会审议通过的《中共中央关于制定国民经济和社会发展第十四个五年规划和二〇三五年远景目标的建议》明确提出,全面深化改革,构建高水平社会主义市场经济体制。坚持和完善社会主义基本经济制度,充分发挥市场在资源配置中的决定性作用,更好地发挥政府作用,推动有效市场和有为政府更好地结合。这是对构建高水平社会主义市场经济体制全面的部署。当前,要进一步完善产权制度,深化要素市场配套改革,对更好发挥政府作用进行探索。

根据《苍溪县国民经济和社会发展第十四个五年规划和二〇三五年远景目标纲要》,在"十四五"时期,为推动苍溪经济社会发展,苍溪县政府在经济发展、基础设施建设等方面的要求为,现代产业体系加快构建,产业结构更加优化,科技创新能力不断增强,绿色数字化、智能化转型全面提速,经济发展质量效益明显提升;基础设施得到新提升。对外大通道更加畅达,县域交通网络更加完善,内联外畅水平显著提升。物流枢纽功能持续增强,物流效率大幅提高。新型基础设施、能源基础设施更加完善,建强区域性能源供给基地,智慧城市建设取得明显成效。

企业作为市场最重要的主体，以追求自身盈利的最大化为目标，因此企业在具体业务的执行中很容易忽视对自身社会责任的履行。但是，企业要想在地方持久生存和发展，深刻融入当地，那就必须承担相应的社会责任。在利与义的博弈之间，要正确处理履行社会责任与营利性目标之间的关系，即企业履行社会责任对企业绩效提升有正面影响，并且有利于企业的可持续发展。因此，西南油气田公司应以习近平新时代中国特色社会主义思想为指导，坚持党的全面领导，坚持稳中求进工作总基调，坚持高质量发展，深入实施创新、资源、市场、低成本、安全绿色五大战略，确保发展能力持续提升，经营效益持续增长，深化改革持续推进，为建设国内最大的现代化天然气工业基地不懈奋斗。

二、企地生态有效保护

《中华人民共和国国民经济和社会发展第十四个五年规划和2035年远景目标纲要》对绿色生态方面提出了发展目标——生态文明建设实现新进步。国土空间开发保护格局得到优化，生产生活方式绿色转型成效显著，能源资源配置更加合理、利用效率大幅提高，主要污染物排放总量持续减少，生态环境持续改善，生态安全屏障更加牢固，城乡人居环境明显改善。生态保护有利于建设美好中国绿色生态环境。中国是世界上最大的发展中国家，发展诉求和发展阶段性要求我们必须要完成现代化进程，需要不断地从自然界获取资源，同时在不断地改造自然的过程中满足人民群众对美好生活的向往，但是经济发展不应该是对自然和生态环境的竭泽而渔，生态环境保护也不应该是舍弃经济发展的缘木求鱼，而是要坚持在发展中保护、在保护中发展，实现经济社会发展与人口、资源、环境相协调。

此外，生态保护有利于实现美好世界碳中和目标。中国作为世界碳排放量第一的国家，在明知道减排将会承担巨大碳减排成本、碳中和压力与挑战的情况下，还是选择以提升自主贡献力度的方式实现碳中和，承诺在时间上与发达国家大体同步地达成碳中和目标，体现了中国作为世界大国的历史责任与担当。在尚有巨大"自有"碳空间余额的情况下，中国自主推进碳中和发展进程，将为全球气候治理做出巨大贡献。国家对生态保护的重视性显而易见，生态保护已蓄势待发。

在现代化科技水平不断提高的背景下，社会生产力得到快速发展，使得社会经济发展的速度也不断加快，企业和地方政府均得到了一定的发展。企业是生态环境的破坏者和修补者。"取资源于自然，还废物于自然"的经济增长方式将导致一系列的环境问题。然而处理这些问题需要企业投入大量的资金和精力来安装减排装置，处理污染物，这会明显降低企业所得利润。即使企业发展与环境保护呈现出此消彼长的关系，企业需要对环境保护履行给付义务。地方政府是生态环境保护工作的执行者和管理者。《中华人民共和国环境保护法》第六条规定，地方各级人民政府应当对本行政区域的环境质量负责。这一规定，明确了地方政府是改善环境质量的责任主体。加强环境保护、推进生态文明建设、努力建设美丽中国理应是各级政府的重大责任和共同任务。

从四川省人民政府发布新一轮政策文件中可以明确看出，四川省在"十四五"规划中将重点打造和规划川西北生态示范区，提高环境监管治理水平。严格落实生态保护红线、环境质量底线、资源利用上线和生态环境准入清单"三线一单"，实施生态环境分区管控。开展生态保护、环境治理共性关键技术攻关，健全生态环境监测体系，加强生态环境综合监测站点建设，建设重点污染源自动监控系统和突发环境事件应急指挥调度系统。加大环境执法监督力度，深入推进生态环境突出问题整改，强化重点行业、重点企业、重点污染源环境监管。苍溪县人民政府将加快天然气开发利用纳入"十四五"规划，着力构建清洁低碳、安全高效的现代能源体系，建设区域性清洁能源供给中心、川西北地区天然气清洁能源利用基地。国家和政府对加快推动绿色低碳发展等作出重要部署，为油气田企业提供了前进的方向与指引。企业应积极推广应用质量安全环保节能的新技术、新工艺，推动减排落地落实，实施结构减排，淘汰落后产能；做好常态化环境监测，不断完善在线监测系统，实时监测二氧化硫、氮氧化物等排放浓度。守住生态环境底线，是政府和企业共同的社会责任。

三、企地政治忠诚廉洁

反腐倡廉是时代主旋律。党的十八大以来，习近平总书记站在党和国家工作全局的高度，全面推进党的建设，坚持全面从严治党，发表了一系列重要论述，深刻阐释了党风廉政建设和反腐败斗争的重大理论问题和实践问题，为新形势下深入推进党风廉政建设和反腐败斗争提供了思想武器和行动指南。认真学习贯彻习近平总书记的重要论述，准确把握党风廉政建设和反腐败斗争形势，充分认识其长期性、复杂性、艰巨性，保持政治定力，坚定立场方向，聚焦目标任务，把党风廉政建设和反腐败斗争进一步引向深入，具有十分重要的意义。

地方政府作为人民群众的依靠，应当保持廉洁本色，要一以贯之、坚定不移推进政府系统全面从严治党、党风廉政建设和反腐败工作，从思想、作风、制度等方面全面深入地改进、完善各项工作，为统筹推进经济社会发展提供纪律保障，在解放思想上有新作为、在主动担当上有新作为、在团结协作上有新作为、在廉政建设上有新作为。

国有企业作为国家发展的利器，应当加强防腐反腐工作。国有企业在我国重要行业和关键领域占据支配地位，是国民经济的重要支柱，加强国有企业党风廉政建设，对于实现国有资产保值增值，促进企业稳定、健康、持续发展具有重要意义。企业进入地方政府进行开发建设时，企业员工不可避免地会与当地政府一些关键部门、关键岗位有很多业务往来，企地双方可通过建立联席会议、线索移交、预防调研、案件指导等制度，将法律监督的触角延伸到企业物资采购，劳务招标、验工计价等易出问题环节和关键岗位，企地双方互相借鉴经验做法，共享信息资源，进一步拓宽"企地共建"工作的合作领域，深化内外部监督工作机制，协力推进党风廉政建设取得新成效，为营造良好的政治生态、推动经济社会高质量发展作出积极贡献。

西南油气田公司始终坚持党的领导、加强党的建设，在"十四五"期间，六大党建工程齐头并进，公司治理体系和治理效能全面提升，高质量党建引领高质量发展成为关键。自西南油气田第二次党代会以来，公司持续铸牢"坚持党的领导、加强党的建设"这个国有企业的"根"和"魂"，始终把党的政治建设摆在首位，深入贯彻全面从严治党方针，忠实履行党章和宪法赋予的职责，协助党组推进全面从严治党。一是坚定不移做到"两个维护"，以更加有力的政治监督推动习近平总书记重要指示批示精神和党中央重大决策部署有效落实。二是以更加系统的思维一体推进"三不"，持续惩治企业腐败问题。三是深入纠治"四风"，促进形成求真务实、清正廉洁的新风正气。四是推动各类监督贯通融合，不断提高监督治理效能。五是深化纪检监察体制改革，持续推进工作规范化法治化。六是深化巡视巡察工作，充分发挥党内监督利剑和联系群众纽带作用。七是切实加强队伍建设，带头旗帜鲜明地讲政治，不断提高政治判断力、政治领悟力、政治执行力，持续强化纪法意识、纪法思维、纪法素养，以更加严格的标准强化自我监督约束，建设政治素质高、忠诚廉洁担当、专业化能力强、敢于善于斗争的纪检监察铁军。

四、企地文化有效开发

当今世界，国与国之间的较量，越来越多地体现在文化软实力的较量上，这样的形势表明实现中华民族伟大复兴必须坚定并增强文化自信，传承和发展中华民族优秀文化，积极吸收和借鉴其他民族的优秀文化成果，以更有力的传承发展让中国文化软实力更硬、更强、更精彩，不断展示中华民族的文化自信。习近平总书记指出："文化是一个国家、一个民族的灵魂，文化兴国运兴，文化强民族强。没有高度的文化自信，没有文化的繁荣兴盛，就没有中华民族伟大复兴。"当下，深刻学习领悟习近平总书记关于文化自信的重要论述，感悟其背后的理论逻辑及其实践意义，对于地方政府和企业做到学思用贯通、知信行统一具有重要意义。

　　石油精神与西蜀文化相碰撞，有可能会产生意想不到的火花。实现企业和地方有效融合应考虑以下几点。首先，以整体性考虑企地文化发展规律。当两种不同背景、不同特质的文化开始准备融合时，两者其实已经成为一个整体，只是从整体性框架下来看，两者文化发展轨迹的不同会导致在融合过程中发生曲折。因此，应从整体把握两者文化，深刻理解企业文化与地方文化的内涵，平等、理性对待两者的差别并从中找到关联点，维护自身文化独特性的同时将两种不同文化灵活融合，迸发出新的生命力。其次，以创新性解决企地文化冲突之处。在文化融合过程中，文化参与者与使用场景的不同会使得两种异质文化在相互交融的过程中发生碰撞，因此需要注意新进入的企业文化与原有地方文化的相容性，且双方文化是否能够承认彼此的主体性与独立性，充分了解企地文化间的差异。只有在理解双方文化的基础上进行创新性组织安排、沟通交流、活动策划等，双方才能最大限度地减少差异，取得相互理解和兼容的基础。再次，以可行性满足企地人民文化需求。文化融合可能会引起地方人民生活观念的转变、行为方式的调整。为了避免因文化突然转变所带来的不适性与抵触心理，企业和地方政府应对制订的文化融合计划进行可行性分析，从资源配置的角度衡量文化融合项目的价值，评价项目在实现地方和企业的经济发展目标、有效配置经济资源、增加供应、创造就业、改善环境、提高人民生活水平等方面的效益，做到满足双方群众的文化需求。最后，以持续性彰显国家文化支持作用。党的十九大报告提出："没有高度的文化自信，没有文化的繁荣兴盛，就没有中华民族伟大复兴"。习近平总书记多次论述了文化自信："中国有坚定的道路自信、理论自信、制度自信，其本质是建立在5000多年文明传承基础上的文化自信。"文化融合是一场耗时且长、阻碍且多的重大变革。国有企业面临着效益与市场的双重压力，地方政府也面临着人民诉求与经济发展的双重压力，两者迫切需要提高自身的管理水平和竞争能力，也需要持续不断地建设符合时代需求、满足企业与地方和谐发展的先进文化。

第三节　企地文化融合示范工程建设布局

一、油气知识媒体示范工程

西南油气田公司企业文化建设与传播已经取得了一定的成效，但依旧存在文化体系不够清晰、传播模式不够成熟、传播渠道需要与时俱进等问题，上产地人民群众和政府对于企业文化的认同度不高，企业形象仍需要立体，要结合公司所在地巴蜀文化的特色，更加清晰完整地向企业员工和企业外部呈现出企业形象的时代性和区域性。

随着互联网技术、数字技术和移动通信技术的发展，以互联网、手机、数字电视为代表的新媒体越来越多地渗透进人们日常生活的方方面面，影响着人们的生活方式、思维方式和价值观。目前，西南油气田公司企业文化传播的渠道丰富多样，主要包括公司门户网站、大众媒介——《四川石油报》和《四川石油电视台》、企业微信公众号、文化宣传展厅、创作文艺产品（《企业文化手册》和《企业文化词典》、故事集等）、开展文化活动（主题活动、专题讲座、职业培训等）、进行科学研究、建立爱国主义教育基地和企业精神教育基地、弘扬企业人物典型——"最美川油人"，等等。现有文化传播渠道丰富，对于企业文化的传播有着不可替代的重要作用。但是，随着互联网的不断发展，人们生活方式的改变，企业文化的传播还需不断探索新的方式和方法。在新媒体环境下，企业应当转变传统的思维方式，改进当前传统媒体模式，在企地文化融合的过程中，推进石油企业新媒体示范工程建设。

在视频社交化和资讯化的趋势带动下，短视频、直播等正在成为新的品牌传播风口和营销媒介，诸如快手、抖音、秒拍等。新媒体有着交互性与即时性、海量性与共享性、多媒体与超文本、个性化与社群化等特征，迎合了人们休闲娱乐时间碎片化的需求，得到了迅猛的发展。很多品牌也开始转战短视频进行品牌推广和营销，追逐流量。为促进企业文化与地方文化的融合，还可建设油气知识媒体示范工程，在现有传播渠道的基础上与新媒体传播相结合，让老百姓通过喜闻乐见的方式了解公司的文化，提高对石油文化的认同度，构建和谐企地关系。具体可通过以下路径提升对电子传播媒介平台的利用（见表6-2）。

表 6-2　电子传播媒介平台及文化传播内容

电子传播媒介平台	传播内容
企业官网	官网上要针对性地加强"企业文化"栏目的内容建设，增加以短视频宣传企业文化、先进典型、企业画册、互动栏目等内容
微信公众号平台	企业微信公众号，多平台全方位推送公司要闻、政策通知、企业文化、企民互动等栏目
大众媒介	做好《四川石油报》和《四川石油电视台》的建设与维护
短视频平台	在抖音、微信短视频或快手等平台上开通企业账号，推送企业文化活动、宣传典型事迹、讲述天然气勘探开发知识、宣传油气勘探开发政策，等等
直播平台	在抖音、斗鱼等直播平台，培训专人直播宣传企业文化，讲好企业故事

（一）工程内容

1. 天然气勘探开发科普知识+资源地新媒体推广

天然气勘探开发科普知识内容的宣传，参考 2001 年中国石化出版社出版的《石油勘探开发安全知识》一书。该书详细介绍了寻找、开采和集输石油与天然气的整个过程，围绕大家关心的安全话题，讲述了石油、天然气勘探开发各个环节的安全要求、防范重点、防范措施和事故处理方法等知识，通过形象生动的案例，剖析原因，警示提高安全生产意识的重要性。书籍语言通俗易懂，传递安全知识的同时，也适合用来作为石油企业文化的科普资料。

探索与实践：川西北气矿运营"气聚川西北"微信公众号，面向社会公众科普天然气勘探开发知识和石油企业清洁生产、安全环保理念；制作展示石油勘探开发作业流程的 VR 全景动画，在企业科技及文化展厅展播，增强受众体验感。加强与省部级、地市级主流媒体合作，搭建起外宣三级矩阵；组织中国石油媒体开放日活动，邀请人民网、中新网、《工人日报》《四川日报》、四川卫视等省内外主流媒体到气矿增储上产的主战场和生产作业单元进行采访报道，先后开展"感知中国石油聚焦生产一线""走近九龙山　喜看新变化"等大型媒体采风活动。

2. 石油博物馆、纪念场馆+资源地新媒体推广

作为储藏和展示人类文化遗产与自然遗产的宝库和橱窗，博物馆"以物说话"的方式，记录了人类社会不同领域的演变及深化进程，承载了国家、民族、城市和其所在地域的文化根脉和灵魂。石油行业经过长足发展已经取得了辉煌成就，石油天然气的勘探开发已经走向世界。从"一厘钱""穷捣鼓"等

为核心的玉门油田精神，到顾全大局、艰苦奋斗、无私奉献为精髓的柴达木精神，再到大庆油田的发现形成为国争光的爱国主义精神，一代代石油人弘扬传承的大庆精神和铁人精神，早已成为中华民族精神文化的重要组成部分。在地方建立石油博物馆，向人们普及石油石化知识，展示中石油的进步成果和发展历程，弘扬石油人的精神风貌，传播企业文化和理念，对于促进企业文化与地方文化的融合有着非常重要的作用。

纪念馆是为纪念有卓越贡献的人或者重大历史事件而建立的纪念地，用声音、光影、电、图文、实物等多方面展现事件的精神。位于大庆市萨尔图区的大庆油田历史陈列馆就给我们提供了很好的借鉴和参考，2009年5月被中共中央宣传部命名为第四批"全国爱国主义教育示范基地"。展馆设有8个展厅，分别是"岁月大庆（序厅）""松辽惊雷，油出大庆""艰苦创业，光辉历程""大庆赤子，油田脊梁""大庆精神，民族之魂""巨大贡献，卓越品牌""春风沐雨，光耀征程""油田百年（尾厅）"。展馆通过采用编年体和专题式有机结合的方式，展示了大庆油田从无到有的光辉历程，展示了企业文化的继承创新、油田的贡献以及领导的深切关怀等内容。纪念馆的设立，对于当地民众了解企业的文化同样具有不可替代的作用，作为资源地新媒体的重要内容，是企业传播企业文化，促进企地融合交流的重要途径之一。

探索与实践：川西北气矿高标准建成企业文化暨科技展厅，并将其打造成为气矿企业精神教育和科技成果展示的基地，其接待气矿内外部参观交流2600余人次，展示了气矿发展历程、物质和精神文明成果、员工精神风貌以及企业忠诚负责担当履职的良好形象；与广元市苍溪县共同建设了将石油文化和古驿道文化、红军文化等资源地文化有机融合的征气驿道，打造红色教育显性化载体。

3. 天然气清洁安全利用＋资源地新媒体推广

天然气是一种高效、环保的绿色能源，促进对天然气的广泛应用，有利于促进国内低碳经济发展，对于我国建立资源节约型社会具有重要的现实意义。企业资源地新媒体工程建设，应积极向广大群众介绍天然气，包括其生产过程及如何正确使用等。

第一，向公众讲解企业天然气勘探开发的技术以及如何进行安全生产的流程。企业开展资源地新媒体建设传播企业文化，可以通过讲述天然气安全生产相关知识，介绍企业安全生产相关政策、技术，企业对于资源可持续开发、环境保护所做出的努力等。

第二，向公众宣传普及如何安全使用天然气的知识。天然气居民用户安全问题不仅关系到人民的生命健康和财产安全，也关系到社会的发展与稳定。天然气用户数量大、范围广，给人们进行天然气安全知识的教育和普及非常重要。企业可以利用新媒体，对天然气安全使用知识进行宣传和教育，扩大安全使用规范的舆论引导，强调安全使用的重要性。

探索与实践：川西北气矿组织开展"安全生产月""管道保护月"活动，安全知识普及进社区、进校园、进厂矿、进乡村的"四进活动"。制作油气知识、安全知识宣传展板，发放宣传手册，拍摄管道安全保护微电影、安全生产微视频；制作燃气安全宣传漫画、H5 等提升民众安全意识。

4. 油气勘探开发政策法规＋资源地新媒体推广

油气勘探开发政策法规可以作为资源地新媒体重要宣传内容之一。目前，国内天然气和石油开采行业已基本形成了多层次、多门类、较完善的法律法规体系，包括行业资质管理、行业业务标准、行业技术认定、行业质量管理等。此外，天然气和石油开采行业决定着国家能源供给侧的安全，属于国家重点鼓励、扶持发展的产业之一。为了引导行业快速、健康发展，我国相继出台了一系列发展政策，例如 2016 年国土资源部和国家发改委等共同编制的《全国矿产资源规划（2016—2020 年）》、中共中央国务院 2017 年印发的《关于深化石油天然气体制改革的若干意见》、国家发改委 2017 年制定的《加快推进天然气利用的意见》、2019 年国家能源局修订的《石油天然气规划管理办法》以及国家能源局组织召开的"2020 年大力提升油气勘探开发力度工作推进会"，等等。

探索与实践：川西北气矿常年聘请法律顾问，每月开展法律咨询，定期发布《新法速递》。利用法律宣传月、宣传周、宣传日和法律知识竞赛，开展多形式普法教育活动，增强法律意识，有效防控法律风险。加大事前预防、事中控制，法律风险防控关口前移，参与各类纠纷前期处理。积极收集证据材料，充分与律师沟通，加强与政府部门的协调，气矿、矿区纠纷案件得到逐步解决，为高质量发展提供了坚实的法律保障。

5. 企业党建＋资源地新媒体推广

近年来，中国石油天然气集团有限公司积极推进集约化、专业化、一体化整体协调发展，实现总部、地区公司两级行政管理和总部、专业分公司、地区公司三级业务管理，实施资源、市场、国际化三大战略，大力加强公司建设，建设绿色可持续的中国石油、忠诚放心受尊重的中国石油。这给企业党的建设、思想政治工作、企业文化建设、基层建设和群众工作提出了新任务、新要求和新挑战。巴山蜀水风雨度，日新月异六十载。西南油气田公司党委始终把坚持党的领导、加强党的建设贯穿于公司文化建设的全过程，以习近平新时代中国特色社会主义思想为指导，从石油精神中汲取养分，不断推进载体和方式创新，赋予企业文化新时代内涵。始终高举爱党旗帜，坚定政治站位，深入学习习近平新时代中国特色社会主义思想，深刻领悟习近平总书记对油气工业发展的深切关怀，深刻领会习近平总书记作出的"能源的饭碗必须端在自己手里"系列重要指示批示精神，坚决做党和国家最可信赖的骨干力量，自觉在思想上、政治上、行动上同党中央保持高度一致，不断增强"四个意识"、坚定"四个自信"、做到"两个维护"。认真贯彻落实总书记对中国石油工作作出的重要指示批示精神，把准新思想新理论实践者、推动者的角色定位，围绕"迈入新时代国企党建先进行列"目标，充分发挥党委"把方向、管大局、保落实"的领导作用，搭建党建工作"四梁八柱"，推进党建三年行动计划，实施六大党建工程，确保党建引领下的文化建设的正确方向。推动新思想新理论大学习大宣传大普及，教育引导干部员工"听党话、跟党走"，使文化建设始终高擎爱党爱油旗帜。大量的做法和经验都很有必要对外进一步地进行宣传与展示，不断开创党建工作新局面。

探索与实践：川西北气矿党委打造"龙门山前党旗红"石油特色党建品牌，推动党建与业务工作融合发展。策划并推出"龙门山前党旗红"主题大讨论、"青"字号实践等一系列主题活动，全面落实"大党建"工作格局，气矿党建工作质量进一步提升。深入开展"一深化、五打造、一创建"活动，重点打造一批气矿级示范党支部。坚持守正创新，大力弘扬坚实文化，打造内容丰富、特色鲜明的宣传文化阵地。创新开展"形势 目标 任务 责任"主题教育活动，推出"矿长谈方向、书记讲形势"线上宣讲，组织开展有奖知识竞答、微信小课堂等活动。与省市级主流媒体建立了战略合作机制，开展媒体开放日活动，围绕建党 100 周年、冬季保供、党史学习教育等主题，在中国经济网、人民网等网络报刊媒体发表文章，强劲传递气矿好声音。

（二）工程意义

企业新媒体建设，是外树形象、内强素质、引导舆论、成风化人、创造和谐，有力推进企地文化融合示范工程的重要途径。它可以加强企业内外部传播效果、企业文化建设，提高企业运行效率等，还有助于提升企业的公共治理能力。相较于传统媒体，新媒体个性化突出、受众选择多样、表现形式丰富、信息发布实时，具有交互性、全息化、数字化、网络化的优势，这些都与当今社会大众快节奏生活方式相吻合，与当代企业文化建设和宣传要求相适应。新媒体越来越多地用于企业文化建设和企业文化宣传，抓住新媒体的特点，加快推进企业新媒体建设，就是抓住了企业文化建设与企业发展的新机遇。利用好新媒体将会对企业文化传播建设起到良好的促进作用，更好地使企业与当地老百姓建立起联系，提升企业的社会影响力，促进企业文化与地方文化的融合，增进当地老百姓对企业文化的理解和认同。

（三）主要投入方式

企业自主投入建设。随着新媒体强势崛起，新媒体已经逐渐成为信息传播与交流的生力军。企业自主投入建设新媒体平台，要注重转变语态，贴近受众。相比于传统媒介语言，互联网语言短小精悍、生动活泼、轻松诙谐、风格鲜明，更易于让人接受并且普遍使用。要避免说理说教、空洞口号式的硬性宣传，以平实易懂的方式与网民进行简明有效的沟通，力求故事化、细节化和生活化，实现有效传播。平台建设要注意勇于创新、融合发展，将电视、报纸、杂志等传统媒体与网站、微博、微信等新媒体资源进行有效整合，实现信息共享，打造全媒体传播格局，实现多维传播。通过融合文字、图片、视频等多种形式，将公司重大发展战略、党委决策部署、企业发展动态等内容推送给大众，使得老百姓和企业职工可以在轻松式的表述、文图式的解读、通俗性的讲解中，有效接收企业文化传播的内容。平台建设要聚合内容资源，形成企业文化宣传合力，搭建一个具有石油企业特色的文化传播体系，助推企业的发展。

二、景观文化融合示范工程

（一）工程内容

2012年6月27日，中国石油天然气集团有限公司发布了企业形象识别系统，要求各单位正确使用标识，规范理念表述，统一行为准则，积极开展内部宣传和对外传播。公司企业形象识别系统包括理念识别系统、行为识别系统和视觉识别系统。多年来，集团公司逐步建立完善视觉形象识别系统，形成了以中国石油标识为统领，主营业务品牌与合作品牌、多种经营产品品牌共存的集团公司品牌架构。以大庆精神、铁人精神为核心，传承优秀文化，借鉴国外先进经验，中石油形成了具有自身特色的理念和行为识别系统。整合形成的企业形象识别系统，是企业战略管理的重要组成部分，是生产实践活动和企业文化、精神文明建设的重要成果，是企业共同的思想基础、价值导向和行动指南。

1. 油气田形象识别系统+资源地红色文化工程

资源地红色文化工程旨在传承红色基因，大力弘扬石油精神。石油企业始终把传承石油精神、弘扬行业价值作为企业文化建设的主线，将企业文化融入石油精神的再学习再教育再实践活动中。组织领导班子集体到大庆油田参观学习，寻根溯源大庆精神、铁人精神；组织党员干部到毛主席视察过的石油企业——隆昌气矿炭黑车间、川中会战、红村会战旧址开设党课，重温入党誓词；坚持分片区开展"形势、目标、任务、责任"主题教育、石油精神报告会、劳模事迹宣讲会，充分发挥五大石油精神教育基地，八大党员教育基地的作用，筑牢干部员工共同的价值观。企业以上所开展的传承红色基因的活动，都可以纳入资源地红色文化工程进行展示。

探索与实践：气矿在所有生产和办公场所使用统一的石油元素和石油标识，通过规范使用中国石油微标、企业价值观、宗旨理念等大型展示牌对外展示企业良好形象；搜集、整理石油会战老物件、老资料、老照片，在上产地巡回展出；邀请老红军讲红色故事，传承红色经典并结集成册。在苍溪净化二厂厂区与倒班公寓前建设红军文化、石油文化主题文化步道，展示石油企业积极健康的正面形象。

2. 油气田形象识别系统＋资源地历史景观工程

广元地处四川省北部，雄踞嘉陵江上游，是巴蜀文明的重要发祥地。由于广元地处北川门户，据有北达京师、南通巴蜀、东抵荆湘、西通西域的地利之便，在 2600 多年的历史长河中，产生了众多绚烂的文化瑰宝。历史文化悠久的广元是先秦古栈道文化、蜀道文化、三国历史文化、女皇文化核心发源地，还是蜀国的边塞要镇，保留了诸如剑门关、葭萌关、天雄关等重要遗址，讲述着众多三国时期的英雄故事。作为中国历史上唯一一位女皇武则天的故乡，广元将"正月二十三、妇女游河湾"的女儿节习俗延续了千年，形成了独具特色的地方女性文化。丰厚的历史文化资源为企业在地方建立历史景观工程，将企业文化与地方文化融合提供了强有力的支撑。将公司油气田形象识别系统跟地方历史景观工程建设结合起来，在推动地方文化传播的同时，可宣扬企业文化理念。

探索与实践：以展板、文化墙、雕塑、标语等平面和立体载体，在生产办公驻地、油气田和石油社区附近显性化传播石油文化。打造资源地重点场站基层建设示范点，实施川西北气矿办公大楼亮化工程，在城市夜空中点亮央企形象。建设古蜀道文化的主题文化广场，将巴蜀文化中自强包容、开拓开放与气矿坚实文化中的坚韧执着、实干担当等有机融合；将李白、陆游、花蕊夫人等资源地历史名人故事与石油大会战、石油劳模故事制作成文化墙、文化石同台展示，成为传播石油文化的活化载体。积极与梓潼县政府对接，将亚洲第一口超 7000 米深井——气矿关基井及其背后的故事和精神，纳入绵阳市"两弹一星"干部学院的教育点和培训内容,并将纳入绵阳三线建设博物馆进行展示和呈现,更好地赓续红色血脉,传承石油文化。

3. 油气田形象识别系统+资源地非遗传承工程

在当代社会,企业文化建设与非物质文化遗产有着千丝万缕的联系。在企业文化建设中,企业不仅要开拓创新、立足于自身特质,走出一条个性化道路,还应扎根传统文化,汲取非物质文化遗产的优秀精髓并且融会贯通,结合地方实际,推动企业文化的可持续发展,推动企业文化与地方文化的融合。非物质文化遗产可以为地方企业文化建设指引积极的前进方向,也会反过来在企业文化与地方非物质文化遗产的结合中实现对地方非物质文化遗产的保护与开发,达到双赢的目标效果。"可持续发展"的理念不仅能够应用于经济领域,也能够应用于文化领域。要实现非物质文化与企业文化的可持续发展,要以非物质文化遗产的优秀精神内核为主线,对于各类非物质文化遗产的文化,要结合地方实际,将文化精神与企业的具体情况不断调整、不断拉近,逐渐建立起有特色、有内涵的地方企业文化。广元市恰巧有着丰厚的非遗资源,企地文化融合工程建设需考虑将川西北气矿所在区域丰富的非物质文化遗产资源与自身企业文化的建设传播结合起来。

两千多年来,广元人民用勤劳和智慧谱写历史,创造了独具川西北部地区特色的非物质文化遗产。全市先后公布了5批市级非遗名录、5批市级非遗代表性传承人名录,以"白花石刻""麻柳刺绣""射箭提阳戏""川北薅草锣鼓"为代表的国家级非遗项目4个,以"广元女儿节"为代表的省级非遗项目17项,以"川北河川剧"为代表的市级非遗项目52项。共有国家级非遗项目代表性传承人3人,省级15人,市级88人(团体),国家、省、市、县四级非物质文化遗产保护名录体系已经初步建立。

企业在促进企地文化融合的过程中,应当积极做好与广元当地文化部门的合作,邀请非遗项目传承人或者团体,设计具有企业特色的非遗产品,并且设立展馆进行展出和销售。企业主要可以从以下几种非物质文化遗产入手,邀请非物质文化遗产代表性传承人根据企业的经营理念、企业文化、经营内容,制作能识别和认同企业的图案和文字。

①油气田形象识别+白花石刻。

白花石刻主要分布在广元市利州区境内,原料白花石产于利州区荣山镇与旺苍县交界处。当地石刻艺人根据白花石这种赤(绿)白相间的特点,利用其自然纹理和形象、结合高雕镂空的雕刻手法,随势雕就制作成千姿百态、栩栩如生的龙凤、花鸟、虫鱼、山水等文房用品和装饰摆件。在图案构思上,既注意动静结合，又注意把民间传说、历史故事以及名人佳句再现于作品之上。

②油气田形象识别+麻柳刺绣。

麻柳刺绣主要分布于广元市朝天区境内，所用材料仅为简单的针、线、布，通过黑、白、红、蓝等土布和彩色棉线，配置以不同明暗的冷暖色块，针线详密，色彩鲜艳，组合巧妙，具有浓郁的羌绣特色、乡土气息和典型的川北风情，有着强大的艺术生命力。它反映了人民群众的生活习俗，是当地人民辛勤劳动、智慧和创造的结晶，具有重要的文化价值和艺术价值。

③油气田形象识别+岐坪毯。

歧坪手工真丝地挂毯织造技艺是省级非物质文化遗产保护项目，为广元市苍溪县特有的传统织造技艺，这项技艺织出的地挂毯也被称为巧手织出的"挂在墙上的软黄金"。编织挂毯图案设计上，取材多种多样，珍贵器皿、珍禽异兽、田园风光图案作素材，在工艺上采用传统工艺与现代科技相结合，使产品更加美观大气、柔顺光泽。

探索与实践：川西北气矿在促进企地文化融合的过程中，依托广元市非物质文化遗产保护名录。有意识地结合"白花石刻""麻柳刺绣""射箭提阳戏""川北薅草锣鼓"为代表的国家级非遗项目，以"广元女儿节"为代表的17项省级非遗项目，以"川北河川剧"为代表的52项市级非遗项目，积极做好与广元当地文化部门的合作，邀请非遗项目传承人或者团体，设计具有石油元素和企业特色的非遗产品，并且设立展馆进行展出和销售。

4. 油气田形象识别系统+资源地绿道景观工程

良好的绿色通道建设能有效降低天然气勘探开发对于生态环境产生的负面影响，并通过优良的勘探开采地区沿线绿化景观起到美化陆域空间、提升勘探区品质的作用。资源地绿道景观工程建设，展示企业对当地资源和环境保护的决心，符合地方政府的期望，满足人们对于绿色的渴望，构建企地和谐关系的同时，肩负宣传地区文化、展示地区风貌的地标性作用。因此，以勘探开发区地方生态环境保护及文化展示为出发点，构筑整体性、系统性绿色通道景观工程，对于地方企业开展勘探开发有着积极且重要的意义。

项目建设主要体现绿化为主，从"绿道"核心理念出发，根据绿道类型以及绿道慢行道类型及周边环境，依托项目所在地的现有优势，充分利用村道、堤围和果园，沿路、沿河、沿村穿行，切实保护好原生态；合理设置配套服务设施，提供方便舒适的环境，将沿途景点和沿线村庄有效连接，建设集生态、休闲、旅游等多功能于一体的绿色通道。绿道标识系统设计由基础部分和应用部分共同组成。基础部分主要包括标准图形、标准字、标准组合等；应用部分主要包括绿道入口标志性设计、导视系统设计、编码系统设计等。绿道标识系统设计的过程中要融入企业文化要素，从而促进企业地方文化融合。

绿道总体规划要注意以下几点。

（1）绿道设计注重与区域规划、地域自然人文特征的紧密结合。确保景观与沿线城镇总体规划、环境风貌相协调，充分考虑设计与区域发展定位、周边用地性质和自然生态保护开发的有效衔接。

（2）综合考虑分析线路总体实际情况。对景观工程建设中涉及的范围及必要性、可塑性等进行界定和把握，明确可行性设计架构，注重环境的协调、连接及融合，强调设计功能性和可操作性。

（3）景观工程设计应当与周边景观风貌和文化特色相一致，强调对地方文化的传承和创新，对企业文化的宣传。通过对绿道景观工程的重要节点景观优化，体现地区生态人文精神内涵，增强全线景观的可识别性，缝合各区域之间的碎片化景观，构建和谐景观格局。

（二）工程意义

企业发展短期靠产品，长期靠文化。文化要外化传播，才能形成企业竞争力。油气田形象识别系统就是传播石油文化，树立企业良好形象的外在表现形式和活化载体。传统观念认为企业的竞争力取决于生产力和销售力，实际上还应该加上企业形象力。生产力、销售力和形象力构成企业竞争力三轴，这就是"企业结构三轴说"。良好的企业形象构成了企业发展战略的重要组成部分，赋予企业的形象特征符合时代要求、符合社会文化要求，易于石油文化的传播，也易于被企业员工和社会大众所接受。推进建立类别齐全、体系完备的油气田形象识别系统，有利于发挥企业的文化优势。从企业内部看，有利于统一思想、凝聚力量，使员工产生一种归属感和自豪感，树立在工作中与企业同呼吸、共命运的价值观，加强内部管理，提高员工素质。从企业外部看，良好企业形象的建立有利于对外传播中石油核心价值理念，与公众进行有效沟通，树立"对党忠诚、让人民放心、受社会尊重的中石油"企业形象。

油气田形象识别系统包括理念识别（Mind Identity）系统、行为识别（Behavior Identity）系统和视觉识别（Visual Identity）系统。将油气田形象识别系统和资源地红色文化工程、历史景观工程、非遗传承工程、绿道景观工程融合打造，有助于企业构建具有地方特色的文化传播模式，让社会大众更多地接触了解企业和企业文化，能更好地引起企业员工和当地老百姓的情感共鸣，有效促进文化融合。

（三）主要投入方式

企业主导、政府支持引导是景观文化融合示范工程共建共享形成的新模式。企业形象识别系统（CIS）是结合现代设计观念与企业管理理论的整体性运作，以刻画企业的个性，突出企业的精神，运用视觉传达设计，传递给企业周围的关系者或者团体（包括企业内部与社会大众），使受众对企业产生一致的认同感与价值观，并且使消费者产生深刻的认同感，从而达到促销目的的系统。企业建设景观融合示范工程，将石油企业形象识别系统与资源地红色文化、历史景观、非遗传承以及绿道景观建设结合起来，有助于企业构建具有地方特色的文化传播模式，促进企地文化融合。而企业自身对于企业的理念识别、行为识别和视觉识别有更深刻、更全面的认知和理解。因此，油气田企业形象系统的构建需要以企业为主导。

资源地景观工程建设离不开政府的大力支持与扶持。地方政府要抓住政企合作的机会，强化保护本地历史文化遗产和自然资源的责任意识。创新思路，充分调动企业力量参与地方文化资源的保护与传承，采取政企共建共享的方式，联合举办各类宣传活动，推动企地文化融合发展的平台建设，鼓励具有一定实力的企业或个人投资当地文化资源的开发项目，通过政府的引导，整合多方力量资源，提高文化成果转化的能力，利用企业的关系、网络和渠道，开展交流合作，推动地方文化良性发展。

三、企地和谐社区示范工程

（一）工程内容

党的十九大报告高度重视社会治理问题，不仅将"加强和创新社会治理，维护社会和谐稳定"作为社会主义思想的重要内容，而且对"打造共建共治共享的社会治理格局"做出新的部署。建设社区文化为加强和创新社会治理，维护社会和谐稳定营造了良好的人文环境。社区是文化的土壤，社区结构的形成有赖于文化的制约，文化的孕育和传承又存在于社区的社会活动和生活工作之中。油田企业社区是在一定区域内，有着某些共同在石油企业工作或为其服务的一定人口所建立的一个聚集地。油田社区文化就是在文化社区的基础上，人们精神的集合、思想的聚集所形成的社区文化。

1. 资源地城市石油社区示范工程

城市石油社区依旧是企业石油社区建设的主阵地。各企事业单位要按照集团公司党组要求和矿区服务工作部署，加强领导、创新思路、落实措施，积极加强和创新矿区社会管理。要因地制宜完善矿区社会管理体制、创新思路搭建为民服务平台、多方协调导入地方惠民政策、设法争取矿区建设资金以及齐心协力推进平安社区创建。城市石油社区示范工程建设，可以参考明星花园社区建设经验。

2012年中石油首个"企地共建社区""明星花园社区"在遂宁市正式揭牌成立。按照"共建共管共享"的原则，四川油气田与遂宁市对以石油职工为居住主体的社区进行共同管理，这表明中石油在探索走出"大企业、小社会"的自我管理模式，与地方政府携手共建石油社区。实行"企地共建"后，社区将采取专人负责的网格化管理，对社区居民集中开展就业培训、助残济困、物业管理、法律服务、居家养老等方面的公共服务。此外，矿区职工群众可充分享受地方政府在社区居家养老、社会保障、公益服务等方面的优惠政策，便于协调处理矿区职工群众与地方居民的关系。

探索与实践：川西北气矿与江油市探索建设"企地共建社区"示范样板，着力推进平安创建，和谐共建，建成四川省一流的文明、和谐、宜居社区。通过近十年创建，"社区共建、事物共管、文化共兴、责任共担、资源共享"的企地合作共建模式逐步成型，促成了企地"共建、共享、共赢"的良好局面，成为江油社区的一张名片。

2. 资源地小城镇石油社区示范工程

从城市化发展规律的角度来看，小城镇是乡村与城市之间的桥梁，是联系城乡区域的纽带，具有城市和乡村的双重角色，承担着完善城市体系和带动乡村地区发展的双重职能。党的十八大之后，城镇化建设被提升至更加重要的位置。城镇化必须有可以发力的载体，而小城镇社区建设排在首位。小城镇社区是城乡联系的节点和中介，在乡村城镇化进程中扮演着城乡联结的角色。企业要抓住城镇化建设的契机，积极推进小城镇石油社区示范工程建设，参考城市石油社区建设经验，向当地群众传播企业文化。

探索与实践：优选石油员工较为集中居住地，开展社区示范工程创建。气矿剑阁天然气净化厂毗邻剑阁县普安镇，工厂修建依山傍水的健康步道和幸福公园，配套健身设施，促进地企双方和谐相处。在办公物业、员工食堂、保洁服务、驾驶员等后勤辅助岗位大量招收资源地社会人员和当地村民，既解决了就业问题，拉动了工厂附近乡镇内需，带动了村镇居民收入增长。

3. 资源地乡村石油社区示范工程

2008年《城乡建设用地增减挂钩管理办法》的颁布执行，使得城乡建设供需矛盾得到解决，催生了乡村社区化建设。习近平总书记在党的十九大报告中指出，农业农村问题是关系国计民生的根本性问题，必须始终把解决好"三农"问题作为全党工作的重中之重。农村社区建设是推进新型城镇化的重要配套工程，是社会主义新农村建设和乡村振兴战略实施的重要内容。农村社区建设是新中国国家政权建设对农村治理转型的客观需要。一般来说，农村社区是指农村居民在一定地域空间范围内，以从事农业生产为主要生活来源的地域性的共同体或区域性社会。自新中国成立以来，在农村地区，从人民公社制度到村民自治再到统筹城乡发展、推进农村社区建设，这些都是国家在不同时期农村治理体制的不同模式。农村社区建设旨在构造新型农村基层管理体制，统筹城乡发展、实现城乡公共服务均等化战略，适应农村社会开放性的特征，创建"生产发展、生活宽裕、乡风文明、村容整洁、管理民主"的新型农村，同时实现城乡社会的有机整合与融合。随着城镇化建设步伐的加速，尤其是乡村拆平房建楼房规模的不断扩大，还有各级政府的推动，中国农村社区建设蓬勃发展。

一直以来，中国石油深入推进巩固拓展脱贫攻坚成果同乡村振兴的有效衔接。翻开中石油脱贫攻坚成绩单，帮扶资金 70 亿元、惠及帮扶群众超千万，派出扶贫干部 1 万人次……每个数字背后是石油人为爱笃行的努力。在"十四五"时期全面推进乡村振兴过程中，中国石油坚决把思想和行动统一到党中央决策部署上来，遵循"因地制宜、科学规划、分类指导、因势利导"的工作思路，严格落实"四不摘"要求，发挥资源优势，扎实做好各项衔接工作，为全面建设社会主义现代化国家、向第二个百年奋斗目标进军贡献石油力量。

目前，乡村社区建设还存在资金投入缺口较大、未形成稳定的投入机制、参与农村社区建设的主题比较单一、未能形成多方参与的态势、社区业务开展不到位等问题。中石油企业应当与乡村振兴战略相衔接，抓住国家大力推动农村社区建设的机遇，在建设乡村社区的同时，紧紧围绕消费带动、产业推动、教育扶持等着力点，派驻村干部、第一书记扎根乡村，接续助力乡村振兴项目的不断发展，为提升当地经济、改善人民生活发力。在乡村社区建设工作中，注重充分发挥当地农村的劳动力资源，吸引当地农民进入企业工作，促进农民经济发展，让农民增收。要加大对石油社区的投入，兴办社区服务项目，繁荣农村社区文化，并充分利用"道德讲堂"、农家书屋、社区文化宣传栏等场所，打造宣传石油企业文化与提升农民文化素质的思想文化阵地。

探索与实践：苍溪天然气净化一厂、二厂远离城镇，气矿与当地共建文化步道，扩建和修缮原来乡村道路，美化道路景观，促进乡村经济和物流业发展，有效解决了工厂附近村民出行问题。工厂在员工公寓附近建设休闲场所和文化长廊，提升附近村民和员工幸福指数，实现石油社区和谐共建。

4. 资源地城乡联合体石油社区示范工程

随着城市化的推进，城市不断向外围扩展，使得毗邻乡村地区的土地利用从农业转变为工业、商业、居住区以及其他职能，并相应兴建了城市服务设施，从而形成包括郊区的城乡交错带。城乡交错带位于市区和城市影响带之间，可分为内边缘区和外边缘区。内边缘区又称城市边缘，特征为已开始进行城市建设；外边缘区又称乡村边缘，特征为土地利用仍以农业占支配地位，但已可见许多为城市服务的设施，如机场、污水处理厂和特殊用地等。城乡接合部，又称城市边缘地区、城乡接合地、城乡交错带，是指兼具城市和乡村的土地利用性质的过渡地带，尤其是指接近城市并具有某些城市化特征的乡村地带。

探索与实践：5·12汶川大地震后，川西北石油片区集中重建，在江油市城郊集中修建了最大的灾后重建项目中油涪滨花园，这也是四川油气田发展历史上最宏大的民生工程。大量石油职工及家属聚居，相关配套需求旺盛。为进一步提升老百姓的幸福感，让企业的发展惠及千家万户，川西北气矿依托当地政府共建石油社区，移交社会职能，统一实施社会化管理。

（二）工程意义

企业社区文化建设是搭建企地文化双向进入的平台。通过平台宣传企业的核心理念、愿景和价值追求、发展目标、文化内涵等企业文化，同时宣传社区的大事小情、国家大事和社区文化，有利于企业员工认识了解社区，民众认识了解企业文化。在文化的交融碰撞中，达到交流互鉴，增进认识了解，包容互信的目的。企业社区文化建设可以把建设石油文化广场作为载体，将石油文化嵌入企业社区，有利于企业社区文化的推广，让石油独特文化与社区文化紧紧相连，打造企地文化融合的示范油田企业社区

油田社区文化与石油企业文化融合共生。石油企业在社区中推行的文化融入了企业自身各方面的文化要素。石油企业在对社区文化的管理过程中，在把优秀的企业文化渗透到社区，使得社区文化建设上一个台阶，自身的企业文化也会得到提升和发展。

（三）主要投入方式

以企业主导资金投入，政府重点支持的方式建设石油社区。社区是社会管理的基石，是社会管理最主要的基层载体。石油企业社区与城市社区、城镇社区、乡村社区作为社会管理的基本单元，都是各种不同群体的聚居点、利益的

交汇点、社会矛盾的聚焦点。在石油企业型社区社会创新过程中，党委领导是根本，企业负责是保障，居民参与是基础，政府支持是关键。因此，石油企业要建设石油社区，展开社区管理，要面向社区、服务群众、依靠群众，争取政府支持指导。石油社区要以所属地域，所在地区的地域属性、认同感等要素和便于居民自治和服务管理为原则，科学划分社区，建立社区居民委员会。要抓住国家、省、市对推进社会管理的有利政策，积极开展与地方政府的沟通和协调，在石油社区所属地域申办社区居委会合法地位，使得所属地区政府管理和石油企业管理以及社区居委会自治有机结合起来。坚持企业和地方政府共建共管的原则，企业与地方政府一道，做好社区居委会规范化建设，服务好社区民众，建设和谐社区。

四、绿色文化融合示范工程

（一）工程内容

绿色文化的本质是绿色文明，是环境意识和环境理念以及由此形成的生态文明观和文明发展观，是一种人与自然协调发展、和谐共进，能使人类实现可持续发展的文化，它以崇尚自然、保护环境、促进资源永续利用为基本特征。在企业与资源地之间有效实施绿色文化融合工程，应从三个角度来考虑：绿色制度、绿色理念、绿色实践。绿色制度是在企业和资源地绿色文化和绿色价值观指导下形成的，是促进绿色经济发展的各种制度安排体系，是要求社会成员共同遵守的规范性文化；在制度的加持下，绿色发展理念深入人心，企业将绿色理念融入企业文化，资源地将绿色发展作为可持续发展的重要步骤；在制度的规范、理念的引导下，企业和资源地践行绿色实践，统筹设计资源地绿化工程、污染治理工程、节能减排工程等，以达到实现碳排放量明显下降，生态环境明显改善的目的。

1. 油气田+资源地绿化工程

（1）使用地土地修复。

苍溪县地理位置独特，气候条件优越，自然资源丰富。此外，全县耕地总体质量较低，可恢复适宜种植的耕地资源储备严重不足，新增耕地潜力有限。因此，天然气开发和使用后的土地复垦是绝对优先事项。为了减少油气开发对生态环境的负面影响，企业应开展以植被重建为重点的各项生态建设工作，根据生态系统理论，生态系统的结构和功能保持相对稳定的状态，即具有稳定性。生态系统的这种内在的、动态的自愈力维持着生态系统的健康和更新。盲目地增加植被覆盖率，打破原有的生态循环，会破坏土壤的自愈能力。根据群落动态和现存植物种群的空间分布模式，应采用引导植被恢复模式，来指导受损植被系统的自愈过程。

探索与实践：气矿建立钻井用地复垦管理模式，规范业务流程，打造复垦还地范例。全面推行"先临时，后征地，再复垦"模式，将土地复垦纳入钻井施工项目全面规划，执行统一的无害化处理标准，减少施工对耕地的影响。按照"标准化施工，无害化治理，人性化复垦"目标，全面执行《钻井废弃物无害化处理技术规范》。复垦方案与钻井项目同时设计、同步规划，采剥、治理、回填、平整循环实施。通过现场征询、三级验收和多方移交，最大限度保护耕地资源，保障村民利益。

（2）开发地周边设计。

油气开采过程会涉及一系列土地占用问题，如机器设备占用、员工住房占用等，也会在一定程度上破坏土壤生态平衡。合理设计开发地周边绿化，实现油气开采的"天然绿"。充分利用矿区绿化面积，进行植被全覆盖设计，确保无大面积裸露，通过植被种植保护土壤。在住宅区、生产区、办公区道路两侧种植隔离绿化带。建立矿区生态长期保障机制，委派管理人员，建立植被维护计划，确保植被区无严重的植被枯死情况。开采区的生态美化必须因地制宜，与当地政府文化相结合，营造观赏景观，与城市园林相呼应。

探索与实践：气矿在前期勘探和井位论证中，避开生态保护区和敏感区。在土地征用中，从以前大范围征地改为租地模式，后期根据勘探测试效果，以及试采场站设计，确定最终租地面积，从而大幅缩减闲置土地。在井位论证和工程设计中，采用勘探开发一体化设计，大范围采用水平井、大斜度井和分支井等工艺技术井，从而减少钻井工程和地面建设用地。

2. 油气田+资源地环保工程

（1）固体废弃物利用。

含油固体废弃物来源于油气田开采、集输、储运、炼厂加工、精制和炼制以及含油污水处理等生产过程，主要包括落地油泥、清罐油泥、浮渣底泥和油基钻屑等，属于危险废物，其所带来的环境污染风险和生产经营压力困扰着油气开采和炼化企业的高质量发展。鉴于目前含油固废资源化技术单一且推广应用不够的现状，油气田企业应因地制宜加快开展含油固废处理、残渣资源化技术的研发，如制备含油污水生物处理的载体、陶粒，深度处理的氧化催化剂、吸附剂，景观基土，钻井用压裂砂等，同时加强推广应用，完全实现资源化和近零排放。

探索与实践：川西北气矿严格按照钻井废弃物无害化处理技术规范，对钻井、试油工程结束后的废弃物进行无害化处理。要求其处置方案与钻井工程同步设计、同步实施，在进行井场清理、废水处理、固化池维修、覆土等钻井废弃物无害化处理时，应根据技术要求严格执行。在钻井、完井和试油施工过程中需要遗弃和无法回收利用的废液、岩屑、废泥浆等各种废弃物中添加固化剂，使其转变为不可流动的固体或形成紧密固体。在固化池封存前，对井场及周边所有的油泥、废渣、废泥浆材料和所有被污染的土壤等污染物进行彻底清理，与污泥一起作无害化处理回填到固化池内。在转运和回填前，对污泥进行一次夯实处理，可采用振动泵或挖工打夯机。砼隔断层浇筑完工 10 天后，用耕植土对固化池进行覆盖，覆土厚度不少于 300mm。

（2）废水处理。

在钻井、完井、井下作业等油气田开发生产过程中，会产生钻井泥浆压滤液、压井液、洗井液、压裂和酸化返排液等含油钻修井废水，这些废水成分复杂，难以处理，无法直接外排或回注。为解决这些环节产生的废水，可以采用分级处理方法，建设专门的废水处理系统，参考各类资源型企业的污水处理办法，学习新型污水净化技术，充分利用油田污水余热回收再利用技术、压裂液重复利用技术、钻井液不落地技术，研发更环保、易返排、可回收利用的添加剂和处理剂，实现钻修井废水的合规化处置，进而实现环境污染源头控制。

探索与实践：川西北气矿针对以上各环节产生的工业废水，制定严格的处理标准和流程。采用分级处理方法，设立了专门的废水处理站点，参考各类资源型企业的污水处理办法，学习新型污水净化技术，充分利用油田污水余热回收再利用技术、压裂液重复利用技术、钻井液不落地技术，研发出更环保、易返排、可回收利用的添加剂和处理剂，实现了钻修井废水的合规化处置。对气井生产中产生的地层水，初步处理后，委托专业机构进行集中处置和回注，对整个处理过程严格监管，实现环境污染源头控制。

（3）噪声控制。

天然气压缩机是气田开发集输过程增压的核心设备，但运行过程中厂界噪声往往超过国家相关标准。噪声污染会影响人体健康，且易引发安全事故。提高气田周边声环境质量，从源头削减噪声污染，是解决环境问题的必由之路。目前，国内对于规模较大的处理厂、储气库等站场使用的分体式压缩机（功率大、台数多），通常从压缩机、空冷器和发动机排气消音器（气驱）3 个方面进行噪声治理。

探索与实践：川西北气矿高度关注生产过程中的噪声污染。严格监测天然气压缩机、天然气净化处理装置等气田开发集输过程的核心设备，一旦运行过程中厂界噪声超过国家相关标准，即时采取针对性降噪整改措施。对规模较大的天然气处理厂、集输中心站场分体式压缩机（功率大、台数多）产生的噪音，通常从压缩机、空冷器和发动机排气消音器（气驱）3个方面进行噪声治理。采用的主要降噪措施为设置压缩机及空冷器降噪房、排气消音器降噪围护结构以及配套的进风、排风消音器等。切实提高气田周边声环境质量，从源头削减噪声污染，有效保护职工群众的身心健康。

（4）建设期环保措施。

合理安排施工计划，优化施工方案，避开雨天与大风天气施工，减少水土流失量；对容易诱发扬尘的建材进行覆盖；施工废水和生活垃圾集中处理，禁止乱排、乱扔；施工结束后及时清理场地。合理进行施工布置，精心组织施工管理。减小和有效控制对施工区域生态环境的影响范围和程度。制定严格的施工操作规范，建立施工期生态环境监理制度，严禁施工车辆随意开辟施工便道。粗放的、对环境产生重要影响的矿山开采形势将迅速远去，要实现矿山行业的可持续发展，就必须走集约化、精细化、环保的发展模式。

探索与实践：川西北气矿认真贯彻落实习近平生态文明思想，不断加强绿色矿山动态管理，在绿色矿山建设上发挥模范带头作用。优化施工方案，合理安排施工计划。在施工过程中；对容易诱发扬尘的建材进行覆盖，并对施工废水和生活垃圾进行集中处理，禁止乱排、乱扔；施工结束后及时清理场地。合理进行施工布置，精心组织施工管理。减小和有效控制对施工区域生态环境的影响范围和程度；制定了严格的施工操作规范，建立施工期生态环境监理制度，严禁施工车辆随意开辟施工便道；坚持走集约化、精细化、环保的可持续发展战略。

3. 油气田+资源地天然气利用工程

（1）积极发展工业用气。

在供热需求相对集中、增长较快的地区，积极推进天然气配送能源项目替代煤炭联产项目，鼓励大型石化项目用天然气替代部分煤炭消费，衡量国际和国家先进炼油和化工一体化项目的能源效率和排放水平，关注实施资源开发利益共享政策，促进天然气资源就地转化，坚持"以气引企、以气聚企"，发展以天然气为燃料、原料的高载能产业。

（2）加快城镇燃气扁平化和规模化改革。

完善天然气供应格局，消除不合理中间转输环节，推动实施价格监审、新增接气点、供气管网优化等改革举措。强化管道燃气特许经营监管，定期开展管道燃气特许经营评估，鼓励企业集团化、规模化发展，增强供气、安全和服务能力，保障用户权益。

探索与实践：川西北气矿落实新发展理念，全力推进辖区内清洁能源利用，全力支持终端公司发展，助力地方经济转型升级，加大全域市场整合。抓住川西地区"煤改气"契机，鼓励大型建筑瓷砖、医疗、玻璃生产用户使用天然气替代部分煤炭消费，积极推进绿色能源开发利用和就地转化，重点做好天然气发电项目的落实，集中力量做好分布式光伏、压差发电、气电融合等清洁能源的开发工作。在集中供热需求相对集中、增长较快的地区，积极推进天然气配送能源项目替代煤炭联产项目，提升能源效率和排放水平，关注实施资源开发利益共享政策，促进天然气资源就地转化，坚持"以气引企、以气聚企"，发展以天然气为燃料、原料的高载能产业。

4. 油气田＋资源地双碳行动工程

（1）加强规划引领。

碳达峰、碳中和相关内容纳入资源地国土空间规划编制审查要点，研究建立城市控碳、乡村减碳规划指标体系；合理利用土地资源，探索建立城市区域国土空间碳达峰、碳中和年度评估指标体系和评估报告制度；建设"坐标一致、边界吻合、上下贯通"的"一张图"监督信息系统，保障绿色低碳理念在国土空间规划实施中有效落实。

（2）加快项目实施。

完善创新机制，高效配置各类创新要素，健全资金投入、人才激励等配套制度，全力推进新能源消纳相关技术的创新和应用。激发创新活力，营造崇尚创新、宽容失败、鼓励探索的创新环境，尊重基层首创精神，加大群众性创新支持力度，构建良好创新生态。转变能源结构、提高新能源占比，因地制宜拓展太阳能、风能、地热能等绿色能源业务应用和多能融合发展，合理使用地热、光热，推进新能源替代进程。完善多能互补的能源供给体系，提升多元化能源综合利用效率，推动用能从传统能源向新能源转型，形成油气田企业绿色低碳发展新优势。

探索与实践：川西北气矿在双鱼石区块推进首个西南油气田复杂地形含硫气藏首个无泄漏示范区和甲烷排放管控示范区建设，打造双鱼石"样本"。双鱼石区块甲烷管控试点工程参照54项国家、行业和企业标准。设计范围涵盖10座站场、165.21千米集输气及原料气管线，开展工艺流程调整、完善监（检）测手段和计量器具及数字化应用平台建设。开展雷三增压集气站工艺流程调整，增压回收双鱼石外输管线净化气。对双鱼001－1等3座站场增加闪蒸气脱硫装置，改造放空系统，熄灭长明火炬。加快建设涵盖站场、管道泄漏监测，内外腐蚀控制，地质灾害和环境监测的预警监测系统，实施本质安全检测和数字化应用升级，预防甲烷泄漏。按照两化融合要求，数字化应用平台全面集成各类监测系统，优化终端报警、调控中心接警、大数据分析、联动处置到在线反馈全流程，健全无泄漏监测预警及数字化管控子系统。

创新运用笼套固定式油嘴＋笼套式节流工艺和"一站式"脱硫服务新模式；建成西南油气田公司首套"一键式"全自动液硫装车系统，实现自动装车、自动启泵、自动去皮、自动计量，减少粉尘排放，每年可节约固体硫黄包装费用65万元左右。

（二）工程意义

企业发展不能以牺牲环境为代价。推进建设绿色文化融合工程是企业认真贯彻落实习近平生态文明思想，落地新发展理念，功在当代、利在千秋的生动实践，对企业坚持"绿水青山就是金山银山"的理念，坚定不移走生态优先、绿色低碳转型发展道路，实现高质量发展具有重大的现实意义和深远的历史意义。企业和资源地在绿色发展上不是对立的，而是辩证统一的。对于企业来说，发展不能牺牲环境，在生产中要重视对自然资源的保护，不能竭泽而渔，破坏生态平衡。对于资源地来说，环保不能阻碍发展，注重生态文明建设，大力发展绿色产业和绿色经济。环保与发展要实现和谐统一，在平衡中求发展，发展中平衡，实现发展与自然和平共处，人与自然和谐共生，建设天蓝、地绿、山清水秀的美丽家园。

（三）主要投入方式

企业主导、政府支持模式。企业大力推进绿色矿山建设，在目标、路径、方法、措施等方面制订长远的战略规划，同时，不断加强绿色矿山动态管理，在绿色矿山建设上示范带动，因地制宜推进资源地绿化建设。政府科学编制绿色规划，广泛考虑土地利用结构、土壤适宜性等因素，科学合理地划定绿色土壤，合理确定绿色目标、任务和空间规划，科学、严谨地编制和实施绿地相关规划；完善政策措施，加快建立生态产品提升机制，创新投融资体制和绿地机制，保持政府绿地投资的可持续性，鼓励各社会主体开展科学的土壤保护与恢复、生态保护，探索土壤激励机制，支持城市增加公园绿地；提高天然气利用率，规划天然气管道铺设区，充分利用资源以实现自产自用。企地同向发力，努力实现"绿水青山就是金山银山"。

五、中石油助力乡村振兴示范工程

（一）工程内容

党的十八大以来，经过8年精准扶贫路、5年脱贫攻坚战，我国现行标准下近1亿农村贫困人口全部脱贫，提前10年实现联合国2030年可持续发展议程的减贫目标。能够在这么短的时间内帮助这么多人脱贫，这对中国和世界都具有重大意义。中央农村工作会议强调，要坚决守住脱贫攻坚成果，做好巩固拓展脱贫攻坚成果同乡村振兴的有效衔接，工作不留空当，政策不留空白。要健全防止返贫动态监测和帮扶机制，对易返贫致贫人口实施常态化监测，重点监测收入水平变化和"两不愁三保障"巩固情况，继续精准施策。对继续开展脱贫地区产业帮扶，补上技术、设施、营销等短板，促进产业提档升级。强化易地搬迁后续扶持，多渠道促进就业，加强配套基础设施和公共服务，搞好社会管理，确保搬迁群众稳得住、有就业、能逐步致富。

油气田企业在资源地进行巩固拓展脱贫攻坚成果同乡村振兴有效衔接的过程中，要不忘初心、牢记使命，充分利用石油干部与地方干部共同致富，长期扎根资源地从事扶贫和区域产业开发工作，坚持"脱贫不脱政策、不脱帮扶、不脱责任、不脱监管"，坚守企业的政治责任、社会责任和经济责任；利用自身企业资源优势，提高城乡居民天然气气化率，改善以往使用煤炭、木柴等不环保的生活方式。为改善偏远地区与外界沟通困难的境地，做好道路等基础设施建设。积极修建学校，解决教育难点。改善各项产业落后的局面，因企施策、因地制宜，为资源地培育一些适合当地的产业。

1. 石油干部驻村帮扶+资源地乡村振兴工程

精准扶贫工作离不开扶贫干部，同样乡村振兴工作也离不开帮扶干部。央企具有强大的技术和管理优势，如何将其转化为助力乡村振兴的强大动力，是每个央企都必须面对的问题。制订助力乡村振兴框架不仅可以解决实际问题，还可以为地方政府推进乡村振兴带来新的思维方式、管理方式和工作方式。一方面，关注乡村振兴过程中的廉政问题，企业和政府在推进乡村振兴过程中投入了大量资金，不仅要善用资金，还要杜绝具体人员的腐败现象；另一方面，有针对性地进行乡村振兴工作精益管理，随着乡村振兴逐步进入了一个新的阶段，在这个过程中，企业需要探索乡村产业振兴的道路，注重产业振兴成果的综合和传播，各地在产业振兴过程中积累了大量实践经验，要及时总结、广泛传播，提高影响力和附加值。

探索与实践：甘孜州九龙县是一个以彝、藏、汉为主的多民族聚居县，乌拉溪乡石头沟村是甘孜州九龙县19个贫困村之一。2015年起，按照四川省省政府及省国资委安排，西南油气田公司确定该村为定点精准帮扶对象，全力帮助石头沟村脱贫摘帽。在公司定点扶贫地九龙县石头沟村，气矿首批扶贫干部驻村三年，帮扶当地村民脱贫致富。消除"视觉贫困"，为脱贫攻坚添砖加瓦。兴修"通村联户"路，为产业经济发展打通致富路。加大灾后援建力度，全力杜绝"因灾返贫"现象发生。目前气矿第二批干部正在当地驻村，巩固拓展脱贫攻坚成果，助力乡村振兴。气矿将继续按照习近平总书记关于脱贫攻坚、乡村振兴的重要指示精神和"四个不摘"的具体要求，做好基础设施援助建设，确保助力乡村振兴向着纵深推进，为建设社会主义现代化国家贡献力量。

2. 天然气利用带动＋资源地乡村振兴工程

提高城乡居民天然气气化率。积极布局建设城乡天然气管网，不断提高管网覆盖率，大力培育用户市场。在天然气利用较为成熟的地区，积极推行"镇镇通"，逐步实施"村村通"，加快城镇燃气管网向农村延伸，做到同规同网，实现规划建设管理"一盘棋"，因地制宜保障均等普惠。在天然气利用基础相对薄弱地区，加快建设城镇配气管道，扩大管道燃气供应范围。在管输天然气暂未通达地区，灵活采用多种方式，扩大天然气利用范围。

探索与实践：川西北气矿在苍溪、剑阁、邛崃、大邑、丹棱、雅安等天然气利用成熟地区，积极推行"镇镇通"，逐步实施"村村通"，提高城乡居民天然气气化率，积极布局建设城乡天然气管网，不断提高管网覆盖率，大力培育用户市场。加快与上述地方政府协调沟通，强化清洁能源供应，促进城镇燃气管网向农村延伸，因地制宜保障均等普惠。加快竞争区域管网适应性分析，全力推进管网建设进度。加快天然气市场销售业务滚动规划和天然气产销平衡方案编制，定期召开片区天然气终端销售联管会，片区天然气市场开发月度会，对片区资源、管网、市场、价格进行动态深入分析，推进片区天然气终端市场开发和整体发展。定期召开片区新项目投产推进会，强力推进新项目投产、达产。在天然气利用基础相对薄弱地区，加快规划城镇配气管道，扩大管道燃气供应范围。在上述管输天然气暂未通达地区，灵活采用多种方式，扩大天然气利用率。

3. 油气田精准项目增收＋资源地乡村振兴工程

做好巩固拓展脱贫攻坚成果同乡村振兴的有效衔接，除了必要的物质帮助外，让脱贫人群快速低成本地适应现代社会也是一个非常重要的着力点。对于相当多脱贫家庭来说，他们并不具备如何规划闲钱这种"致富必备常识"。油气增收项目将为脱贫人群带来新思路、新技术，通过积极搭建信息交流平台、服务共享平台和技术培训平台，及时为脱贫地区提供信息服务，为脱贫家庭打开了解党的强农富农政策的渠道，帮助他们掌握一定的法律法规知识和科学育种技术，增强致富增收能力。

探索与实践：川西北气矿在搭建捐赠助学平台后，气矿党委投入帮扶资金 20 万元，用于改善学校亟须的教学设备设施及支持乡村振兴工作；前往九龙县石头沟村开展"情系九龙 与爱同行"志愿服务，捐赠基础设施修复资金 30 万元，通过"以购代捐""以买代帮"形式，购买腊肉制品、核桃乳等总价值近 20 万元的农副产品。积极响应江油市"百企帮百村"精准脱贫行动，深入开展文明单位与贫困村结对共建工作。由气矿员工发起的"江油市滴水公益"志愿者勇敢逆行，深入社区、学校开展防疫消毒、防控宣传工作，共消毒 10 万余平方米，为社区和一线志愿者捐赠口罩 4600 个，在疫情防控战役中彰显全国文明单位的社会责任担当。

4. 井区公路+油气科技教育+资源地乡村振兴工程

乡村振兴修路先行，把封闭在大山里的百姓，链接到整个国家与社会的经济活动中来，改变道路阻隔、守着一亩三分地"闭门锁村"的状态。油气勘探开发大多远离城市，企业可以抓好基础设施建设，着力破解以住房、饮水、交通等为重点的基础设施瓶颈制约；实施农村安居工程，帮助当地农村安居房建设及危房改造工程，改善当地群众居住条件；改善基础设施，建设乡村道路、河桥，实施饮水工程。打通与外界沟通的渠道后，身处大山的农民才能发现并抓住外界的发展机会，以一人带多人的方式，充分调动当地村民勤劳致富的积极性、主动性和开放性，促使他们实现持续增加家庭收入的愿望，实现产业致富。乡村振兴，需要把乡村教育抓得更牢，一系列的油气田开发知识的普及，让山里的孩子明白知识的重要、科技的神奇、世界的美好，帮助他们成长成才，为乡村振兴贡献力量。

探索与实践：川西北气矿在钻井工程、净化工厂及采输气场站地面工程建设中，合理规划厂区及井区公路，方便当地村民出行和物资运送，促进物流业发展，连接气田、厂区的公路成为惠及地方的致富之路。实施农村安居工程和饮水工程，帮扶当地农村安居房建设及危房改造；改善基础设施，建设乡村道路、河桥。在九龙山气田开发中，投资数亿元建设旺苍县嘉川镇到九龙山观义乡的宽敞的柏油马路，一举改变当地交通出行落后的局面。修建苍溪天然气净化二厂进厂公路，方便当地村民出行和运输农副产品，助力乡村振兴。切实履行三大责任，在资源地持续开展"扶贫+扶志+扶智"工作。20 世纪 90 年代在广元市苍溪县东溪镇建立四川石油希望小学，20 余年为近 6000 名大山深处的孩子点亮"希望之光"；开展剑阁县盐店镇、苍溪县永宁镇及新观乡特殊困难学生助学活动，自 2019 年启动该项工作以来，已累计帮助困难学生 172 人次，助力贫困学子完成学业。

（二）工程意义

没有农业农村现代化，就没有整个国家的现代化。"乡村振兴战略是党的十九大提出的一项重大战略，是关系全面建设社会主义现代化国家的全局性、历史性任务，是新时代'三农'工作总抓手。"习近平总书记在主持中共中央政治局第八次集体学习时，站在党和国家事业发展全局的高度，深入阐释了实施乡村振兴战略的重大意义和深刻内涵。让乡村振兴成为全党全社会的共同行动，落实习近平总书记重要指示精神，作为我国国民经济重要支柱，国有经济发挥主导作用的骨干力量的央企，履行社会责任是与生俱来的使命。为此，作为央企的石油企业打造"宝石花"助力乡村振兴示范工程具有重要的现实意义和深远的历史意义。

油气田企业积极参与到资源地乡村振兴工作中，在履行社会责任的同时，不仅能促进地方经济的发展，带动油气勘探开发地区就业率的提升，同时也有利于企业自身在社会中建立良好的形象，刺激企业自身经济的增长，进一步推动油气田企业与资源地政府关系的良性互动，从而得到更好的发展。

（三）主要投入方式

企业通过向资源地输送人力资源，精准投入资金、科技、教育等方式，全方位配合政府开展乡村振兴工作。相较于传统的分离模式和离乡式脱贫，形成了新起点在油气开发地的乡村振兴模式的新起点。

六、企地文创产品示范工程

（一）工程内容

川西北部地区，尤其是广元市，文化资源相当丰富，但是企地文化融合不够深入，当地文化助推企业发展的作用不明显，在宣传层面、文化体系建设方面以及当地对石油企业文化认同度方面存在问题。此外，随着乐山、广汉、都江堰等历史文化旅游胜地的迅速发展，广元的文化资源开发进入了瓶颈期，很多人对广元深厚的历史文化知之甚少。科学合理开发历史文化资源，实现产业的融合发展，是当地政府和人民的当务之急。展开企地文化融合举措，借助石油产业的发展，带动当地文化资源的传播，有助于推动广元文化资源的可持续发展。

新时代油气田企业与属地文化融合研究

1. 井站+管网+储气库+净化+资源地文创产品

四川是天府之国,农耕文化历史悠久,如今四川所保留下来的文化遗产,大多源自农耕文化时代,可以说,农耕文化天然地成了我们现代文化发展的底本和底蕴。农耕文化一直根植在四川人的文化基因里,浸润在四川人的生产方式、生活方式和精神生活当中。天然气开发对于土地的需求较大,开采用地、各建设项目用地占地范围涉及许多祖祖辈辈扎根在大山里的村民,对于那里的人民来说,开发工程是个新奇事物,开发工程可能会使他们远离赖以生存的耕地。因此,要围绕勘探、开发、运输等过程开展知识讲解活动,图文并茂地向久居农耕文化时代的人们展示开发的重要性、战略性十分必要。

探索与实践:开采用地、各建设项目用地占地范围涉及气田周边乡村,对于当地群众来说,石油天然气开发工程是个新奇事物,同时开发工程也会使他们的生活逐步与井站、管网、天然气加工储集工厂等靠近。气矿围绕勘探、开发、运输等过程开展知识宣传活动,强化与地方政府沟通,强化联动处置能力。油田企业设计制作了印有石油天然气知识的环保口袋、宣传小册子等,开展了管道保护法宣传"赶集"、燃气安全进村入户等常态化讲解,并发放文创产品,图文并茂地向当地居民展示了开发的重要性、战略性。在剑门蜀道旁边的双鱼石气田打造气矿首口窗口形象井站——双鱼001-1井。井站门前"十三勇士"的故事浮雕连接气矿发展和文化建设的历史与未来,在时空中熠熠生辉。

2. 石油英模+资源地文创产品

在"爱国、创业、求实、奉献"企业精神的感召下,石油队伍英模辈出。在大庆石油会战时期涌现出了以"铁人"王进喜为代表的"王、马、段、薛、朱"五面红旗;近年来涌现出了"新时期铁人"王启民、"铁人式的共产党员"王光荣、"当代青年的榜样"秦文、"英雄女采油工"罗玉娥等一大批在全国有重大影响的典型个人和以大庆1205钻井队、四川32111钻井队等为代表的先进集体。这些典型人物和事迹在全国得到了广泛宣传,已经成为集团公司的典型标志,激励着广大石油职工为我国石油工业和国民经济的发展做出新的贡献。通过人文故事集中展示石油企业"爱国、创业、求实、奉献"的企业精神文化,"讲好石油故事"。精选人物故事,深入挖掘背后所蕴含的历史脉络和人文价值,表现"开放包容、崇德尚实""吃苦耐劳、敢为人先"的石油人品质。以"人"带事,用石油人的镜头、四川人的语言精品式讲述石油在四川的故事,传播企地和谐发展的文化。

探索与实践：在"爱国、创业、求实、奉献"企业精神的感召下，石油队伍英模辈出，他们激励着广大石油职工为我国石油天然气工业和国民经济的发展做出新的贡献。这些人文故事集中展示了石油企业"爱国、创业、求实、奉献"的企业文化。精选人物故事，深挖背后所蕴含的历史脉络和人文价值，表现"艰苦奋斗、求实创新"的川油人品格，在生产场所、重点井站打造企业文化及劳模走廊，进一步传播川西北气矿的坚实文化，弘扬劳模精神；在气矿办公楼过道建成员工风采展示区，营造浓厚的文化氛围。拍摄制作微电影、微记录、vlog日记等，用石油人的镜头讲述石油在四川的故事，传播企地和谐发展的文化。

3. 川油精神＋资源地文创产品

在同四川盆地极其复杂的地质条件和生产环境斗争中，几代川油人在探索实践中孕育形成了"艰苦奋斗、求实创新"的川油精神，这是大庆精神、铁人精神、石油精神在四川油气田的体现和深化，通过代代相传，形成了四川油气的"根"和"魂"，锤炼了川油人特别能吃苦、特别能战斗、特别能奉献的精神品质，形成了独特的川油人精神。川油精神和川油人精神，也构成了公司在新时代的合气文化。苍溪的红军文化传送着"苍溪精神"，即"为国分忧的民族精神、艰苦奋斗的创业精神、无私奉献的主人翁精神、执着进取的时代精神"。苍溪的古驿道作为我国历史上沟通西北与西南地区的交通主网络，沿线不仅以奇险栈道著称于世，也以其悠久丰富的历史文化遗存、奇特珍贵的自然景观及珍稀野生动植物资源被海内外游客所向往。此外千里蜀道还是我国当代西部开发中重要的工业科技走廊，沿途的古蜀、民俗文化也独具特色，有重要的旅游文化价值，这些都为蜀道旅游的可持续开发提供了丰富的资源基础。通过观景台集中展示川西石油以"绿色开发"为代表的生产环节，配以苍溪各种极致自然风光，集中展示了苍溪自然生态之美，宣传推广了苍溪文化、川油精神。

探索与实践：气矿始终把坚持党的领导贯穿于文化建设全过程，以习近平新时代中国特色社会主义思想为指导，从石油精神中汲取养分，在西南油气田公司"和合共生 气美家国"的合气文化统揽引导下，总结提炼形成了以"坚韧执着 实干担当"为核心的气矿坚实文化，编印下发《企业文化手册》；组织精干力量创作《新时代、新征程》《大道稳健行》《征途》《89＋》等一批饱含石油特色、讴歌气矿发展的文化作品，全面传播企业文化内涵。

4. 天然气双碳＋资源地文创产品

"3060"目标（指应对气候变化，推动以二氧化碳为主的温室气体减排，

新时代油气田企业与属地文化融合研究

中国提出二氧化碳排放力争 2030 年前达到峰值,力争 2060 年前实现碳中和)是我国对国际社会的庄严承诺,也是我国经济社会发展全面绿色转型的内在需要,鉴于我国能源消费的现实,作为清洁低碳能源,天然气可以在改善环境和实现"3060"目标中发挥重要作用。当前和未来相当长时间里我国应大力发展天然气产业,实现天然气产业的高效减排。开发一个气田,保护一方水土,造福一方百姓。西南油气田公司坚持"资源在保护中开发、在开发中保护,环保优先"的原则,推进生态文明和油气资源勘探开发绿色发展。在"十四五"时期,企业和政府应高度重视减排任务,良好的生态环境有助于丰富苍溪文化、提升苍溪旅游的知名度和美誉度。通过精品线路集中展示苍溪县以"减碳发展、美好发展、绿色发展"为一体的文化旅游精品线路。

探索与实践:川西北气矿大力推进清洁低碳能源战略,高质量跨越式发展天然气产业,发挥天然气在改善环境、助推地方经济转型升级和实现"3060"目标中发挥了重要的作用,逐步实现天然气产业的高效减排。气矿坚持"资源在保护中开发、在开发中保护,环保优先"的原则,按照西南油气田公司油气资源勘探开发绿色发展行动计划,将甲烷管控作为气矿"十四五"环保工作重点。制定"十四五"时期甲烷排放管控行动方案,将推进整体勘探、整体开发,实施油田伴生气回收和利用,试点输气管道甲烷泄漏光纤预警和次声波监测等措施。"十四五"末,甲烷排放强度要在 2019 年基础上硬降 50%。推进生态文明和油气资源勘探开发绿色发展。围绕气田开发建设、红色古道、绿色生态、传统文化等旅游线路,邀请网络达人拍摄多条线路旅行 vlog,以视频攻略的方式展示美食美景、风土人情、致密气开发,描绘企业地方和谐发展的增长模式和生活方式,推广资源地旅游精品线路,宣传低碳开发和绿色生态发展理念。

(二)工程意义

文创产品的意义在于通过产品推广文化。产品是文化的载体,文化赋予产品更高的价值,实现文化传播。通过文创产品的方式展示天然气勘探开发过程、石油英模、石油精神,其根本是推广企业文化。依托当地的历史人文资源,挖掘具有独特性的元素,提炼具有市场价值的文化符号,创作具有灵性的产品,其精髓在于通过创意"使静态的文化活起来"。文创的背后是企业文化的涓涓细流,是一种"接地气"的交流方式,能够让油气田的文化更易被资源地政府和百姓所理解和接受。

（三）主要投入方式

企业主导，政府给予支持。在企地文创产品开发的过程中，油气田企业也应发掘地方特有的文化及生活习惯，融合创造出更多文创产品，借助当地的力量，凭借本土化优势和创新优势更好地进行文化传播。

第七章　推进油气田企地文化融合建设的措施

第一节　加强企地文化融合发展的组织领导

一、建立责任分担、利益共享的企地发展机制

从目前的情况来看，在我国全面建设社会主义和谐社会的工作中，对于企业价值的衡量并不是仅仅凭借其经济效益，而是从经济、社会价值以及公益和文化等方面进行多角度的衡量。正因为如此，我国各大企业需要从自身的角度出发，加强社会责任感和使命感，积极维持和促进与地方相关管理单位之间的关系，努力为当地的经济发展和进步做出应有的贡献。与此同时，地方社会的繁荣发展也能够使企业的日常生产经营活动够顺利地开展和进行，加强企地和谐关系的构建，有利于我国地区经济的长足稳步发展。油田的生存和持续成长，很大程度上受到当地资源状况和企地关系的制约。为了使油田持续成长和壮大，必须处理好企地关系，走企地相融、企地双赢、相互支持、良性互动、同命运、共发展的路子。

油气田企业应结合与资源地的企地关系形成特点和融合发展路径，构建高效和谐的长效发展机制。构建责任分担、利益共享的企地发展机制是一项系统性、长期性的战略任务，必须坚持以党的建设为引领，以理念、文化、制度、机制为基础，不断完善企地协调发展的体制机制，动态构建和谐的新型企地发展关系，进而实现企地文化融合发展。要在党建引领上实现互通，就必须高举中国特色社会主义伟大旗帜，认真贯彻落实新发展理念，加强企地共建的基础和前提。企地双方要把加强新时代党的建设作为首要政治任务，为地方经济发展和企业高质量发展提供正确的方向保障。企地双方要在党建方面进一步合作，按照中央提出的"三个打破"的要求，共举一面旗、共谋一盘棋，在研究构建"大党建"格局上下功夫，加强企地融合共建，深入推进街道"大工委

制"和社区"大党委制"工作，政府要把企业的党建统筹纳入工作范围，属地企业要自觉落实职责、主动融入，推动企地加强沟通联络，确保在治理和创建方面发挥示范引领作用。

首先，在项目开展初期，油气田企业下属建设单位与地方政府、当地村民等极易出现纠纷、矛盾、冲突等不和谐现象，在这个矛盾共处阶段，需要畅通交流渠道，以油气田企业文化与资源地文化的一致性为纽带，搭建现场问题快速处理工作模式，深化与地方政府、各方主体的联络对接、深化企地理解互信，处置好各类相关矛盾。企地双方要坚持"以人民为中心"的城市建设发展理念，找准企地双方共同发展的融合点和契合点，以新发展理念来统筹企地关系。要把互惠互利作为支撑发展的基本原则，地方政府要贴心"走心"服务，主动营造良好的营商环境，积极为企业排忧解难；企业要自觉担负起振兴地方经济发展的重要使命，以发展成果回馈地方、惠及人民。要在多年融合发展的基础上，正确认识和处理企业与地方利益、当前与长远发展的利益，寻找企地协调发展的最大公约数，推动形成企地互相理解、支持共赢的良好局面。

其次，当理顺工作流程、建立高效矛盾处置模式后，企地关系进入命运共担、责任共担的阶段。在此阶段，企地之间认识到贯彻国家能源战略是双方的共同责任，通过在生态文明、经济建设等方面的深化合作共建，形成良性发展态势。但此阶段企地双方并未形成利益共享机制，更多是表面上的协作，效率不高，企地双方应加强思想认识。因此，更加需要持续加强文化融合力度，油气田企业应当将资源收益占比向资源地倾斜，致力于改善资源地居民生产生活条件，提升人民的获得感以及对油气资源开发的认同；促进地方政府对基础资源地的劳务用工、产业配套建设等方面给予扶持和帮助，不断促进良性互动。构建和谐的企地发展机制根本上要靠制度保障和机制约束，企地双方应探索建立党委联席会议机制，促成双方高层定期沟通交流，双方党组织要在深化制度环境和运行机制上下功夫，切实发挥统筹全局、协调各方的积极作用，寻求企业与地方合作共赢的最佳契合点，畅通企地双方的协调渠道，打造国有企业和地方发展的利益共同体。要在企地干部交流挂职的深度上下功夫、做文章，挂实职、办实事、求实效，切实把机制建好用活，架起企地沟通的"连心桥"。

最后，通过整合资源优势、建立利益分配机制，企地关系最终演变为利益共同体，在此阶段，要不断完善利益共享的企地文化融合，强化长效共赢。油气田企业要将油气资源的开发建设与地方经济社会发展紧密相连，让地方政府获益，提升人民获得感和幸福感，形成企地双方共同促进油气田勘探开发建设的内生动力；资源地政府应强化土地资源开发保障，建立油气资源开发相关行政手续办理绿色通道，强化政策支撑，做好配套产业、路网建设支撑。构建共荣共生、和谐企地发展机制是实现共同发展的需要。地方的发展离不开企业的带动，地方发展建立在企业发展的基础之上，同时，企业发展要反哺地方发展。企业要充分发挥政治优势、经济优势、技术优势、人才优势、产业优势，在产业发展方面加快结构转型，延伸产业链条，发挥好示范带动作用。在人才培育方面，发挥企业技术密集优势，建立专家库实现人力资源共享。要把绿色发展理念贯穿企业发展的全过程，正确处理好企业发展与地方生态环境保护的关系，实现人与自然的和谐相处与协调发展。要积极承担企业的社会责任，广泛参与地方社会建设事业，有效促进地方就业增长和经济发展，形成企地"一盘棋""一家亲"的共荣共生发展格局。地方政府要把企业作为城市重要组成部分进行布局规划，打造产业集群和园区化发展，帮助企业解决历史遗留问题，加快出台产城融合的政策依据和法律环境，实现产业和城市发展的"双赢"局面，全力打造产城融合发展样板，为地域经济发展和产业转型升级闯出一条新路子。

二、探索企地沟通协调新机制

很多时候，企业的发展在很大程度上依赖于地方政府所制定的相关政策以及当地治安工作等情况，尤其当企业资源及权益无法得到均衡分配时，此时企业外部环境将受到严重影响。企业与地方之间的利益关系日益明显，矛盾与冲突日益激化，进而造成了企地关系协调的难度也在不断上升。具体表现在以下几个方面。

第一，地方与企业资源相争问题明显。从区域经济学的角度来讲，企业与地方经济共同形成了两个大型的产业体系。很多时候，因为地方政府将当前所拥有的资源优势当作经济发展的主导产业，从而使得企业和地方之间在产业结构方面相似程度加剧，如此一来，会造成企业和政府争夺资源的局面。不仅如此，企业与地方政府对资源的争夺还在资源的控制权方面。很多企业或地方经济为了能够保证原材料的供应，会采取多种科学合理有效的措施来拓宽原料的供应渠道。

第二，企业日常生产受到干扰。经过相关工作人员的调查和研究发现，在我国部分地区，存在着凭借土地资源成立各类关联施工团队，到市场当中包揽工程项目，定价随意，如此一来，势必会对正常市场秩序造成严重干扰，使得各个企业正常的生产和经营受到严重的影响。少量承包施工的团队会将工程项目进行转让，自己只是收取一部分管理费，如此会对市场环境造成极大的影响，而政府相关管理部门为了能够保证当地的经济效益，对这些形式采用默许或者是支持的态度。如此一来，势必会影响企业和地方之间的关系，增加企地之间的矛盾，进而在很大程度上增加企地和谐关系建设工作的难度，对社会的发展和经济的建设工作造成了不利影响。

第三，地方建设与企业的冲突。我国城市化和社会主义新农村建设脚步的加快，很多城镇或者乡村道路建设工作逐渐开展和进行，在一些地区，会涉及企业生产相关设施拆迁的情况。对于这类情况，应该由企业以及地方相关管理单位进行协商，从而达成一致的方案，将各方的损失控制在最低范围内。但从实际的角度来讲，很多地方管理部门并没有全盘考虑过企业的利益，彼此之间的协商沟通较少。通常情况下，都是管理单位制订方案，强制要求相关企业执行，有时甚至在企业不知情的情况下展开施工，如此一来，势必会给企业带来严重的损失，影响企业的日常运转和企地关系的和谐发展。

第四，地方乱收费问题时有发生。一直以来，企业为地区经济建设和发展做出了很大的贡献，但是个别地区的相关管理单位对于企业所提出的要求却越来越高，在社会赞助、市政工程或者是道路建设等诸多方面，都要求企业投入大量的资金，这在很大程度上增加了企业的负担。另外，还有一些地区管理单位利用国家所授予的权力，以处罚等名义向企业收取费用，类似的乱收费现象时有发生，这在社会上造成了不良影响，同时也使得企地和谐关系建设受到了阻碍。

综上所述，探索企地和谐沟通协调新机制是新时期实现企地双方高质量发展的必然选择，企地双方要坚持党建引领，把国有企业的发展同地方经济社会建设有机结合，切实把国有企业的政治优势、经济优势、技术优势等转化为推进企地和谐发展的竞争优势、发展优势。

油气田企业和地方政府部门以及当地居民之间的关系，具有工作内容较多、接触时间较长的特点。文化是凝聚发展共识的强大精神动力，政府要以先进文化为引领，畅通企业文化与地方文化的沟通和交流渠道，推进企业文化与地方文化的深度融合。同时，企业也要注重吸收地方文化精髓，进一步增强文化的渗透性，提升企业适应地方环境的能力，加快企地和谐关系的构建。作为驻地企业经过多年的成长发展后，也形成了特色鲜明的企业文化，通过文化上的融合，既可以增进了解、又可以推进相互认同，不断扩大企业文化在地方的感染力和影响力，推动企地沟通协调新机制的建立。

对此，油气田企业应该与资源地地方相关部门建立多层次的沟通机制，搭建共同互动的平台，坚持基层工作座谈会以及油气田企业、地方政府部门联席会议等制度，加强协调落实，协调企业总体与企业个体文化的差异，在物质文化、行为文化、制度文化和精神文化层面切实贯彻企业文化建设的要求，形成企业文化建设的合力，使企业文化建设工作真正落到实处。从某种意义上来讲，价值源于沟通。政府是权利的掌握者，同时也代表着公共的利益，需要企业和地方政府建立起一个多层次的利益表达机制以及完善健全的沟通机制，政府定期与当地各个企业进行沟通，对企业的发展有一个全面的了解，同时也可以在会议上对规划进行细致部署。地方政府与企业之间秉承互惠互利的原则进行沟通，商讨所在地区的经济建设和社会发展战略，彼此之间可以形成良性的互动。通过企地文化融合发展联席会议，在重要的整体规划或者是设施建设的部署上，做到公开公平、共同协商，坚持互利互惠的原则，制定科学合理的发展战略，增进双方之间的信任程度。同时要在文化交流上实现融通，通过联席会议制度畅通企业文化与地方文化的沟通和交流渠道，推进油气田企业文化与地方文化的深度融合，进而在行为上进行体现。比如，在遇到冬春天然气保供宣传以及天然气泄漏、穿越段管道被冲断等突发事件时，充分发挥联席会议制度作用，及时沟通，共同开展舆情处理、应急处理，为稳健发展营造良好的氛围环境。

三、设立企地文化融合专门机构

在影响企业发展的诸多环境因素中，地方文化通过影响当地的人力资源、经济状况、社会文化环境等因素直接或间接作用于企业，对企业文化和战略的影响是通过对企业高层、企业组织群体的影响实现的。企业决策者应充分考虑地域文化的影响力，在选择、营造企业的主导文化时，应力求与企业宗旨和目标一致。对本地地域文化的特性、组织受地域文化浸染和影响的程度，以及决策层的主导文化倾向，都要有一个客观、综合的评估，从而塑造真正能发挥文化和价值观优势的企业文化。企业高层更迭时，应力争核心层文化属性的相似性，保证战略的延续性。

第一，成立由企地分管文化建设的领导组成的企地文化融合领导小组，加强组织领导，建立健全企业文化建设的领导体系，全面统筹企业文化建设工作。明确各成员单位主要领导是企业文化建设的第一设计者、第一执行者、第一宣传者和第一推动者的责任，形成由党政主要领导负总责、党委负责组织实施、党政工团协力推进、广大员工共同参与的组织领导和工作体系。其主要职责是：建立企地文化融合联席会议制度、信息交流制度、重大情况通报制度、责任追究制度，协调处理好企地文化融合发展中的关系；积极开展文化融合专项工作，打击侵害企地利益、阻碍天然气勘探开发、储运与销售利用的行为，以及侵犯企地群众生命财产安全、影响绿色经济发展的违法犯罪活动；负责筹措用于企地文化融合示范工程建设的资金投入与建设经费；负责信息平台和统计报送系统建设，保障企地文化资源信息互通与共享。

第二，明确油气田企业和资源地在企地文化建设中的主体责任。西南油气田公司主要职责是：大力弘扬石油精神，转变企地融合发展理念，以强烈的家国情怀扛起经济、政治、社会三大责任，把确保天然气平稳安全供应作为最大政治任务，研判国家相关政策，深化和扩大天然气能源在"双碳"目标实现中的作用，积极主动推进企地文化融合示范工程建设，使石油精神更具时代性、生命力和感召力。资源地的主要职责是：职能部门齐抓共管，工商、税务、自然资源、卫健、民政等部门，依据职能范围践行参与文化融合建设工作中的职责，为企业在征地、工程建设现场交通建设与维护、环境保护、社会治安综合治理、社会和谐关系、公共事件应急管理、工业水电供应、职工生活等方面，提供有效的支持。

第三，设立企地文化融合专门机构有助于打通社会边界，为企地相融提供宽广的社会舞台。一要"小"融于"大"，根本改变企业"小社会"与地方"大社会"的并立、重叠和交叉，实现企业与地方社会结构的统一、和谐。二要"合二为一"，企地之间的"二元社会"结构，是对实现城乡、工农一体化，促进社会现代化的逆反，是违背社会发展规律的。三要反对"割据"，企业必须克服油田独大、凌驾一方、财大气粗、恃强称雄的"强龙倾向"，地方必须破除行政割据、锁地闭关、排拒企业的"诸侯意识"。在此思路下，企地可以从社会资源、社会组织、社会机构、社会管理、社会机制、社会运行、社会保障，以及教育、科技、文化、医疗卫生、基础设施、公共福利、生态环境和社会环境等方面，进行统一的配置、整合、衔接、协调和控制，逐步形成企地社会合而不同、同而存异的相融格局。在上述几方面加强企地社会相融，既能大大减少相互摩擦和内耗而产生的资源虚耗，节约企地社会资源和运行成本，减轻社会负担，优化社会结构，有利于推进社会管理改革，促进和谐社会形成，实现经济社会协调、全面和可持续发展；同时，有利于企业集中精力与资源从事生产和经营，提高经济效率和效益，努力做大做强，实现持续成长。

加强企地文化融合发展的组织领导有以下重大意义。

首先，加强企地文化融合发展的组织领导是推动地方经济社会发展的重要保障。地方的发展因企业而兴，西南油气田的发展与地方政府共荣共进，特别是进入新时代以来，企地双方以全新战略眼光审视深化合作的重要意义。企地双方的战略思考符合时代要求，有利于企地之间深度沟通、创造更加良好的营商环境，有利于新型企地关系的打造和建设，为推动地方经济发展提供了重要保障。

其次，加强企地文化融合发展的组织领导是打造利益共同体、命运共同体的基本前提。企业与地方是鱼水关系，一荣俱荣、一损俱损。川内区县与西南油气田公司具有良好稳固的合作基础和深厚的合作文化，当前西南油气田进入了新一轮炼化转型升级关键期、推进深化改革攻坚期，企业正在加快推进高质量发展，公司的高质量发展离不开地方政府的支持。企业所在各区县的发展也进入了动能转换的关键时期，需要企业强有力的支撑，尤其是需要发挥特大型企业集团的示范带动作用，切实承担起地方发展的政治责任、经济责任和社会责任，成为地方经济发展新的增长极。

再次，加强企地文化融合发展的组织领导是推动企地文化融合发展的重要策略。石油石化产业是川渝地区的传统优势产业、重要支柱产业，也是重要的经济支撑，西南油气田公司具有生产规模大、产业结构优、经济总量好的特点。在新的历史时期，发挥好传统产业示范带动作用，推动企地融合发展是经济发展规律的要求所在，是工业反哺城市发展的重要举措，有利于区域经济稳定增长、业态结构稳步调整。同时，也是实现企业与社会和谐共建、协同发展的重要途径。

最后，加强企地文化融合发展的组织领导是企业实现高质量发展的基本保障。建立良好和谐的营商环境是地方政府的重要职责。地方政府是保障产业安全稳定、有序发展的坚强后盾。当前西南油气田公司的发展已进入深化改革的攻坚期、推动高质量发展的关键期，企业发展比任何时候都更为迫切，需要心无旁骛抓生产、一心一意谋发展的良好环境。政府部门建立全面支持企业沟通联系的工作机制，为解决改革发展中的难题，提升发展空间、发展质量提供强大的保障和支撑，为企业高质量发展创造了良好的环境。

第二节 强化理念转变，处理好企地文化融合的关系

一、深化和扩大天然气开发在"双碳"目标实现中的作用

作为世界第一大碳排放国，我国已在碳减排方面做出了重要探索和突出贡献，但碳排放强度仍高于大部分发达国家和主要新兴经济体，实现"双碳"目标任务重、时间紧。"双碳"目标是以习近平同志为核心的党中央根据国内发展需要和国际形势所做出的重大战略决策，"有利于我国加快经济高质量发展、

实现减污降碳协同增效、提升生态系统服务功能和彰显负责任大国担当，关乎中华民族伟大复兴中国梦和人类命运共同体的实现"。2021年9月21日，习近平总书记在第七十六届联合国大会一般性辩论会上提出，"中国将力争2030年前实现碳达峰、2060年前实现碳中和"。这是继上一年联合国大会一般性辩论会后，习近平总书记再次在联合国作出中国将全力实现绿色低碳转型的重要承诺，推动了我国绿色低碳转型步入新阶段。随着中共中央、国务院印发的《关于完整准确全面贯彻新发展理念做好碳达峰碳中和工作的意见》、国务院印发的《2030年前碳达峰行动方案》等"1＋N"政策体系陆续出台，中国的碳达峰路径日趋明确。川渝地方政府高度重视践行"双碳"国家战略，四川省提出在全国率先实现碳中和的目标，力争多数城市于2029年及之前达峰，成都市提出2025年实现碳达峰，并结合自身的资源优势、产业优势，加快推进清洁能源示范省建设。重庆市提出加快推动绿色低碳发展，全面提高资源利用效率，引入碳交易市场促使能源消耗企业节能减排。

以"碳达峰、碳中和"为核心的"双碳"目标，本质是减少二氧化碳的排放量。天然气作为替代煤炭的现实选择和可再生能源的终身伴侣，是清洁化、低碳化促进"碳中和"的关键能源，在实现"双碳"目标的进程中将发挥非常重要的作用。四川盆地常规气、页岩气资源量均居全国之首，作为全国陆上第三大含油气盆地，面积达 18×10^4 平方千米。根据自然资源部组织的"十三五"资源评价，四川盆地天然气总资源量达到 39.94×10^{12} 立方米，其中，常规天然气资源量 14.33×10^{12} 立方米，致密气资源量 3.98×10^{12} 立方米，页岩气资源量 21.63×10^{12} 立方米，累计探明储量 6.14×10^{12} 立方米。川渝两地政府贯彻落实国家能源安全新战略，高度重视天然气的发展与布局，并将天然气作为战略性新兴产业，大力推进千亿方产能基地建设，四川盆地天然气进入快速增长的"黄金发展期"。按照规划，到2025年，四川省内天然气年产量 630×10^8 立方米，天然气利用量 350×10^8 立方米；到2035年，四川省内天然气年产量 900×10^8 立方米，天然气利用量 550×10^8 立方米，建成国家天然气（页岩气）千亿立方米级产能基地。

明确天然气在"双碳"目标下的定位与作用十分关键。天然气的定位包括：第一，天然气是清洁能源体系中的主体能源之一。2017年6月中华人民共和国国家发展和改革委员会等13部委印发《加快推进天然气利用的意见》，提出逐步将天然气培育成为我国现代清洁能源体系的主体能源之一。第二，天然气是基础能源。在"双碳"目标下，我国能源结构向低碳、无碳的转型过程中，天然气作为清洁能源将补位煤炭，发挥基础能源作用。第三，天然气是可再生能源的伙伴。国家提出构建以新能源为主体的新型电力系统，天然气发电将作为最主要的调峰电源之一，与煤电、抽水蓄能、储能以及氢能等能源形成多能互补格局。天然气的作用有以下几方面：第一，天然气是清洁低碳的基础能源。相比煤炭，天然气清洁低碳优势非常突出，燃气电厂CO_2排放较燃煤电厂减排约50%。第二，天然气具有的调峰灵活性能够保障以新能源为主体的新型电力系统的供电安全。随着可再生能源比重的不断提高，保障电力运行安全已经成为新时期保障我国能源安全的新重心，天然气发电对提升以新能源为主体的新型电力系统、保障高比例可再生能源电力系统的供电安全具有重要作用。第三，天然气制氢对于氢能全产业链的形成具有先导培育作用。受制于经济性差、技术待突破的原因，可再生能源制氢商业化利用还需要较长时期。在氢能产业发展初期，天然气制氢对于扩大氢的应用场景、市场培育、技术推动具有重要意义。

当今时代，人们正面临着环境污染和能源危机，保护资源和环境是我国当前的一大基本国策。企业的生存和发展同样也会受到这些因素的影响，其原因在于企业的生存需要从地方获取资源，进而积极响应国家与政府的号召，履行相关政策，加强资源节约型、环境友好型社会建设，努力为地区发展贡献力量。围绕"双碳"目标，中国石油天然气集团有限公司首次将绿色低碳纳入高质量发展战略，将天然气业务提升为战略性、成长性、价值性工程。中国石油持续提升天然气在一次能源中的占比，2020年天然气产量达1306亿立方米，在油气产量当量中占比首次突破50%，向绿色低碳转型取得重要进展。

油气田企业和资源地应以碳中和、碳排放目标为导向，坚持资源地政府引导、市场化运作，发挥市场在资源配置中的决定性作用，积极探索企地文化融合建设的新做法、新形式、新途径，彰显企地文化资源特色，促进天然气清洁开发与高效利用，调动区域社会各方面力量支持企地双碳建设。

二、丰富完善企地理念体系

国有油田，是在依托企业所在地的资源基础上建立和发展起来的。国有油田与所在地相融的必然性和必要性，是由其自身特点、发展要求、生存环境、体制改革等复杂经济社会因素决定的，也是经济规律的客观要求。具体来说：

第一，国有油田区位的地域性，是其必须实现企地相融的决定性因素。油田一般是在资源所在地建立的，其区位的地域性，决定了企地关系存在的客观性、必然性。在不同体制下，上述企地关系具有不同的表现形式和作用。在计划经济体制下，国有资源型企业与地方是"条条"与"块块"的关系，各有各的行政隶属关系。但由于计划经济下经济利益关系的高度统一性和集中性，实行所谓"全国一盘棋"的管理模式,同时,传统体制是靠行政权力组织和推动经济活动的,地方政府与油田都要在其从属的上级政府指令下开展经济活动,按照当时的权力层次结构和运行机制,地方必须服从中央,局部要服从全局,这使企业与地方之间的经济利益关系被纳入上述权力运行轨道,利益矛盾并不突出。地处陇东老区的中石油某油田,在计划经济时期,企地关系是比较好的。老区人民就像当年支援前线的子弟兵一样,对油田的勘探、开发付出了巨大热情和牺牲。但在市场经济条件下,情况发生了根本变化。由于地方利益的凸显和油田独立市场主体身份的更换,使其与地方实质上成为平等的不同市场主体之间的利益关系,而原有的行政层级关系与行政权力的制约性,则逐渐淡出和弱化,这使企地之间的关系处理显得十分重要。而油田发展与地方的支持是分不开的,如果企业与地方之间的经济利益关系处理不好,或者出现"两张皮"现象,地方与企业就会发生利益冲突,企业经济社会环境就会恶化,正常的生产经营就会因外部环境的约束而困难重重。

第二,国有油田资源的地方性,是其必须实现企地相融的物质根源。矿藏等自然资源所有权虽然属于国家,但资源蕴藏的地理空间却具有特定性和地方性。地方要把当地资源优势转化为经济优势,为地方带来利益。这时资源蕴藏地与油田之间,围绕资源开发和经济利益,必然产生矛盾。这种利益矛盾,涉及国家、地方和企业三个方面。根据处理上述利益关系的"三兼顾"原则,就要充分考虑地方利益,否则,就会破坏三者利益的联系与统一,于三方都会造成利益伤害。而解决上述企地利益矛盾的最佳选择和现实途径,就是走企地相融的路子,实现企地双赢,共同得利。反之,则可能激化企地矛盾,相互制约,最终不利于油田的成长和发展。

第三,国有油田空间布点的广泛性、分散性,是其必须实现企地相融的重要原因。油田所属单位大都异地设立,生产经营的场所和设施具有分散性。这使这类企业与地方的关系,成为点、线与面的关系,处于地方"包围"之中。这客观上要求企业这个"点",必须融于地方这个"面"中。反之就会造成企业的自我孤立及与地方的相互阻隔,造成其存在条件和环境的残缺,影响其生存和发展。从生产力系统角度看,油田的生产力系统必须与地方生产力系统有机结合,形成统一的生产力大系统。这样,才能在系统内部形成各支系统的正向互动,增大总系统的内在驱动力,反之,则相反。

第四,国有油田产业结构多元化目标,是其必须实现企地相融的经济根源。油田产业结构的单一性与其资源约束有内在关系。资源的有限性和不可再生性,决定着这种企业的前途和生命周期。因此,从企业持续成长和长远发展看，在继续发展和壮大主产业的同时，必须逐步改变产业结构的单一性，发展后续产业和替代产业，开发新的生产经营领域，实现产业结构多元化、混合化、梯级化。而实现这一目标，企业必须与地方广泛发展经济关系，共同开发后续产业和替代产业，这样才能避免油田企业因资源枯竭而走向衰败。

第五，国有油田担负的社会职责，是其必须实现企地相融的社会原因。国有大型油田，既是先进生产力的载体，也是现代科技和先进文化的体现者，是一方土地上的经济排头兵和社会排头兵。而现代企业理念，讲究企业的社会责任、社会角色、社会形象和社会功能。这要求企业在追求自身利益和发展目标的同时，必须承担起促进社会发展的责任和回报社会的义务。这不仅不是企业的额外负担和单方面付出，相反会给企业生存、发展带来极好的社会效应、社会声誉和社会环境。同时，企业本身就是社会的细胞，必须在当地社会生根成长。尤其在贯彻和落实中央关于构建和谐社会和科学发展观的形势下，更应当而且必须把自己这个细胞融入当地社会生命有机体中，为社会和谐和全面进步做出更大贡献。这样，企业才能更多汲取社会营养和助力，获得更加广阔的发展空间。

我国在全面构建社会主义和谐社会的进程中，经济利益最大化已不再是社会对国有企业进行考量的唯一指标，只有对社会稳定、经济繁荣、文化提升、公益发展等各方面持续作出贡献的企业，才是合格的"企业公民"。因此，政府、社会要求企业认真履行好社会责任，主动肩负起经济责任、政治责任、社会责任，在保障自身发展的同时，有责任发挥国企优势，保障失地农民的利益，促进当地新型农村建设，带动区域经济发展，树立国有企业的良好形象，使企地理念体系得到进一步丰富和完善。要想全面打造和谐的企地关系，需要企业以及地方政府共同努力才能实现。企业应该树立正确的发展理念，秉承互惠互利、共同发展的基本原则，根据当地实际情况采取有针对性的措施，从根本上消除地方和企业之间存在的板块现象，共同建立和谐统一的企地关系。

油气田企业与资源地应以共同发展为目标，转变企地融合发展理念，将企地关系视为命运共同体和利益共同体。对油气田企业而言，建设一个大型油气田，带动一批产业，拉动一方经济，惠及一方百姓，是应尽的社会责任；对资源地地方政府而言，不断解放和发展社会生产力，发展一方经济，造福一方百姓，是义不容辞的使命；对当地居民而言，改善生存状态，提高生活质量，是一种基本的要求。任何一方的发展对其他各方都会产生直接影响，彼此都期望从他方的发展中受益，虽然短期内可能存在矛盾，但是总的目标和利益是一致的。采取措施带动地方区域经济有效发展的好的做法和经验，对保障项目建设快速推进、促进企地和谐、实现企地长期有效可持续发展具有重要意义。要想全面落实发展观，必须做好统筹兼顾的工作。企业是经济发展和社会财富的创造者，其自身在发展和进步的同时，还需要时刻遵循统筹兼顾的原则。在进行和谐企地关系建设的过程中，应该以工业来提高农业，积极回报社会，从而使得企业能够成为地区发展的领头羊，为促进地区发展和经济建设做出应有的贡献。

因此，在多方利益统一的前提下，要从推动企业文化顶层设计、专项文化融合发展，到做细员工思想动态分析、送文化服务下基层到现场等各个方面协同发力。从深化石油精神再学习再教育，到挖掘保护"川中会战""红村遗址"文化资源、修缮毛主席视察隆昌气矿纪念馆，从四川油气田建设六十周年展演、歌颂祖国新春快闪等文艺作品，到"铁人杯"系列体育活动，都是对企地文化融合发展理念体系的丰富与发展，也为油气田企业高质量发展积蓄了更深沉、更持久的能量。

三、处理好企地文化融合发展的相互关系

地方文化是企业文化建设不可或缺的战略资源。在挖掘企业文化资源的时候，如果忽略了企业所在地区的地方文化则会得不偿失，因为地方文化是存在于某一地区的企业所需建设的企业文化的源泉之一，企业文化建设不能离开地方文化而独立存在，没有地方文化的支撑，就不可能形成真正的企业文化。企业要发展，企业文化必须融入行业文化和地方文化之中，企业才能得以生存，一家在企业文化上没有行业特色、没有地方特色的企业，实质上等于没有企业文化。任何企业文化，都不可避免地受到企业所在地的地方文化的影响和制约，深深地打上了地方文化和民族文化的烙印。有代表性的企业文化实质上是一个地区商业、人文特征的缩影，这也是企业所具有的个性所在。地方文化对内具有共性，对外具有个性，这就造成不同地方文化的企业容易形成具有不同个性的企业文化。当我们的视角从国内转向国外，我们会发现大多数日本企业讲究规范、团队精神、员工与企业命运共同体的企业文化，这与日本文化中强调"和"的理念有密切关系，这也造就了一大批如丰田、本田杰出的全球企业；美国建国时间短，是一个以移民为主的国家，讲究包容与创新，这使得美国企业文化包含着创新因子，造就了如苹果、英特尔、IBM等不断创新的高科技产业；德国人讲究规范、追求完美的人文精神，这决定了德国的企业文化中包含着追求工艺精细，精益求精的特点，德国大众汽车是其杰出代表。因此，企业需要处理好企地文化融合发展的相互关系。

新时代油气田企业与属地文化融合研究

十九届五中全会通过的《中共中央关于制定国民经济和社会发展第十四个五年规划和二〇三五年远景目标的建议》（以下简称《建议》）强调"把新发展理念贯穿于发展全过程和各领域"。习近平总书记在关于《建议》的说明中指出："必须强调的是，新时代新阶段的发展必须贯彻新发展理念。"理念是行动的先导，发展实践都是由发展理念来引领的。新发展理念包括创新、协调、绿色、开放、共享五个方面，这五方面是相互联系的整体，其中任何一个部分都不可能脱离其他部分而独立存在。创新发展，注重的是更高质量、更高效益；协调发展，注重的是更加均衡、更加全面；绿色发展，注重的是更加环保、更加和谐；开放发展，注重的是更加优化、更加融入；共享发展，注重的是更加公平、更加正义。

企地文化融合是一个复杂的系统工程，牵扯到多方因素，必须有重点、分阶段、有步骤地逐步推进，以实现全方位、各层面、多途径的融合。根据实际情况和需要，当前至少应当注意探索以下两个方面的理论与实践问题。

第一，克服观念障碍，为企地融合构建良好的导向机制。长期以来，由于受原有体制和传统观念影响，企地两方都存在不利于融合的观念因素。从企业看，企业体制的集中性、统一性和垂直性，在观念形态上必然表现为对地方的分离和疏远。从地方看，地方的"块块"体制和相应的独立性，容易产生观念上的封闭性、保守性和一定程度的排外性。这种观念状况，必然造成企地相互疏远和排斥。在市场经济下，围绕资源和利益，又产生了新矛盾。这又加剧了上述观念的相斥性。因此，实现企地文化相融，首先需要双方进行观念更新。一是必须树立开放意识，彻底消除相互排斥、各自封闭的观念。二是必须树立双赢思想，努力克服"单边主义"观念。三是必须树立互动意识，坚决打破孤立存在、自我循环的形而上学思想。四是必须树立合作意识，认真清除各自为政的"山头主义"。五是必须树立互信意识，彻底克服彼此猜忌、互不信任、相互防范的心理。

第二，拆除经济藩篱，为企地相融合奠定牢固的经济基础。经济融合是企地融合的根本和基础，也是企地融合要解决的主要矛盾。只有实现企地经济上的一体化和利益的共同化，才能为企地全面融合提供最可靠的保证和前提。国有油田与地方在生产经营的内容、性质、技术、组织、**管理**和目标之间，虽然存在差异性甚至一定矛盾性，但也存在上述各方面的共同性和互补性，而且是主要方面。这就使企地融合具有可能性。地方发展需要企业的带动，企业需要地方的支持，则使企地融合具有必要性和必然性。为此，拆除企地经济藩篱是必然选择。一是资本互投，建立双向资本自由流动机制和实现资本结构优化。

二是人力互流，构建企地统一的人力流动机制和结构。企地人力资源规模、结构和层次是不同的。双方进行必要的人力资源交流，就可以在很大程度上满足对人力资源的需求，扩大人才规模，实现人力资源总量和结构的供求平衡。三是技术互让，实现企地技术的相互引进和服务，促进双方技术结构的升级和水平的提高。四是信息互通，建立健全双向信息交流和反馈系统，消除彼此信息阻塞带来的不利后果。五是利益互享，形成各自利益独立基础上的共同利益互享机制，共同分享资源开发和企地发展带来的成果。六是规划互接，企业发展规划要与地方发展规划相衔接，避免企地发展规划脱节和失调，影响地方经济的综合平衡和可持续发展及企业自身发展。

油气田企业要坚决贯彻落实习近平总书记的重要指示批示精神，坚持创新、协调、绿色、开放、共享的新发展理念，以推动高质量发展为主题，以深化供给侧结构性改革为主线，全面推进能源消费方式变革，构建多元清洁高效开发利用油气能源的新模式。在处理企地文化融合发展时，油气田企业要以创新、协调、绿色、开放、共享为基准，处理好多方关系。例如，处理好油气田生产建设与地方经济发展的关系；处理好以我为主与协调整治的关系，为油气田生产建设提供稳定的环境；处理好灵活机动与坚持原则的关系，切实维护好油气田的整体利益；处理好企地文化融合投入与效益的关系；处理好企地协商与依法维权的关系，切实维护好油气田的合法权益；处理好内部治理和外部协调的关系。

第三节　加强企地文化融合理论研究

一、建立企地文化研究机构

随着油气资源勘探开发利用和增储上产步伐的加快，加强资源开采与环境协调发展、提高油气资源利用水平、不断促进资源地经济水平同步发展，成为油气田企业面临的重要任务之一。实践证明，通过一系列科学观念的更新和文化创新，指导机制革新、技术创新、管理创新，是可以逐步实现油气田企业与资源地和谐可持续发展的。当然，这不仅需要多部门在推进实践中共同支撑，更需要以企地文化融合理论与方法的创新为前提。企地文化融合理论与实践研究是一项复杂的系统工程，企地文化融合不仅涉及油气田企业与资源地环境保护、综合维稳、社区关系、公共事件、应急管理等系列复杂发展要素的协调，也涉及地方政府对资源地发展诉求与对油气田企业的利益诉求，还涉及油气田企业自身文化与资源地内生文化等多重文化的共生。

为落实科技部、中央宣传部、中央网信办、财政部等部门联合出台的《关于促进文化和科技深度融合的指导意见》（国科发高〔2019〕280号），建议在油气田企业内部建立企地文化研究机构，加大文化科技创新投入，开展油气田企业与资源地企地文化融合理论课题研究，鼓励文创企业与高等院校和科研机构参加企地文化融合建设。为加强与企业文化研究机构的联系，可按年度开展企地文化融合创新与实践、跨文化管理、企地文化融合与企业管理深层次结合等研究，把握企地文化融合建设规律。应不断深化企地文化科技平台搭建、企地文化课题立项和研究成果转化等方面的工作，推进企地文化融合理论研究与实践，适应企地快速发展的需要。鼓励文化龙头企业牵头，高校、科研院所等参与，开展文化产业峰会、融合项目推介会等活动，逐步建立企地文化融合决策咨询机制，发挥文化创意高端智库作用。

建立企地文化融合机构，促进文化交流，为企地文化融合营造先进的文化氛围。企地文化具有各自鲜明的特色和内涵，反映不同的文化品格、行业特点和文化底蕴，显示出明显的异质性。促进企地文化交流，可以使企业文化和地方文化相互撞击、吸收和融合，全面提高企地文化品位、结构和层次，形成更先进的文化氛围。这不仅为企地文化融合增添了营养和动力，也为其长远发展创造了共同的文化条件和文化生态。首先，必须拓宽文化交流渠道，使企地双方能够顺利进行文化层面的接触和沟通，促使各自在思想意识、文化理念、思维方式、行为习惯等方面对对方的理解和认同。其次，必须加大文化交流的频率，使企地双方能够进行文化层面的频繁接触与了解，坚决消除因文化隔阻所造成的误解。再次，必须扩大文化交流的领域，诸如涉及企地双方有关精神文化的政治活动、社会事务、节庆活动、文艺演出、理论研究、参观访问，等等。最后，必须加大文化交流的深度，通过企地双方在经济政治和社会生活各方面的广泛合作，加深对对方文化的深入了解，切实借鉴和吸收对方文化的精髓，进一步提升企业文化建设水平，同时，为地方文化增添新的内容，注入新鲜血液。

企业文化研究机构在构建企业文化时应把握几个关键问题。

第一，对总部文化的传承。研究表明，总部文化与分支机构文化普遍存在三大方面的冲突：一是总部"政策文化"与分支机构"执行文化"的冲突，即总部强调全面、讨论、研究，而分支机构则是先干了再说，强调执行、落实；二是总部"多元文化"与分支机构"单一文化"的冲突，即总部注重各领域的平衡与协调，而分支结构则更多地考虑自身的绩效，强调选择见效快的对策；

三是总部"质量文化"与分支机构"效率文化"的冲突，即总部强调质量、安全、补漏，分支机构偏重时间和速度。总部文化与分支机构企业文化的冲突需要得到妥善处置，否则易引起双方的隔阂。

第二，对地方文化的融合。企业要想克服在地方建设中的"水土不服"，就需要充分结合双方文化各自的特点，融合形成自身的文化特征。既要遵循企业的科学管理，防范风险、追求和谐，体现对工匠精神的极致追求，也要引导员工全方位融入当地文化，不断延伸企业触角，弘扬抢抓机遇、大干快上的奋斗精神，以主人翁的姿态让企业文化牢牢扎根在川渝大地上。

第三，对企业发展的指引。企业文化常常被喻为企业的"软实力"，良好的企业文化可以营造舒适的工作氛围，提高员工的精神面貌和文化修养。事实上优秀的企业文化更应该体现对企业"硬实力"的引领，应能够帮助管理者找到准确的战略定位，明确企业的发展目标，从而促进企业经济效益和社会效益的双提升。在回顾历史、总结经验的同时，企业有必要树立一个共同愿景，指引全体员工赓续奋斗的方向。在企业愿景引领下逐步向下延伸，从而形成由企业愿景、核心价值观、企业精神和特色党建工作构成的企业文化体系，全方位描绘本企业的"集体人格"，感召全体员工为企业高质量可持续发展而共同奋斗。

第四，与党建工作的结合。企业文化建设与党建工作是国有企业两项十分重要的工作。调查发现，在价值取向日益多元化的今天，党建工作往往容易出现与企业经营发展脱节的现象，其主要表现就是缺乏企业个性色彩，为了党建而党建。企业文化建设应与党建工作深度结合，这是因为：一方面企业文化建设可以弥补传统党建工作的上述不足；另一方面党建工作的政治性又能保证企业文化建设的落地。通过开展属地化特色党建工作，可以有效地促进企业与政府、业主、社区、高校等全方位融合，提升企业品牌影响力，为企业突破发展瓶颈、构建更加符合发展需求的企业文化提供政治保障。

二、推进企地文化重构与渗透

文化本是一种积淀，是在以往成功经验的基础上积累与建立起来的，这使得文化融合本身成为一个动态转化与发展的概念。从这个意义上讲，企地文化融合是在油气田企业与资源地文化要素重构基础上，通过渗透延伸其广度与深度，引导企地文化整体结构向更高层次演化和迈进，代表着企地文化从"知"到"行"的发展跃迁。地方文化对当地人民是一笔巨大的财富，尤其是文化发达的区域，它是地方人民的思想、精神的重要载体。地方文化对人的作用是潜移默化的，如果加以积极挖掘和利用，会起到事半功倍的作用。企业文化发展到高级阶段后，必然要寻找一种文化和事业上的终极关怀，除了股东、员工和顾客，它必然要回报启蒙它并与它共同成长的故乡，并把这一文化财富最终留给本土。企业的创立、成长和发展过程，都与它所处的地方文化有密切的联系。尤其是创业者，受到地方传统文化的影响更大更深。或者就是在地方文化的影响下，形成本地企业文化的雏形，最终又通过企业巨大的经济效益和社会效益，催生和创新出更优秀的、富有个性的企业文化。地方文化是一个复杂的大系统，它的发展和创新往往需要经过数十年甚至上百年才能察觉到它的较大变化。它就像一个大熔炉，把形形色色的材料放入炉中，只有经过千锤百炼才能真正融合成独具一格的地方文化。但企业文化不同，由于企业人数少，企业文化在改革创新过程中较容易达成共识，发展也较快。企业文化的组成和实践要比地域文化简单，它的建设经过相对较短的时间就可以出成绩。因此，必须从更高层次建立企地文化融合体系，才能真正为企地文化重构与渗透提供行动指南。

"十四五"时期是我国在全面建成小康社会、实现第一个百年奋斗目标之后，乘势而上开启全面建设社会主义现代化国家新征程、向第二个百年奋斗目标进军的第一个五年。我国从"十四五"开始进入了全面建设社会主义现代化国家这样一个新的征程，也标志着我国整体上进入了新发展阶段。迈向"十四五"，如何立足新发展阶段、贯彻新发展理念、转换新发展动力、构建新发展格局、实现新发展目标，这对中国企业提出了新挑战、新命题和新要求。从企业文化必须同企业战略相适配、企业文化必须同企业管理相融入的内在要求和规律出发，我们不难预言的一个大概率事件是，中国企业在新发展阶段其企业文化将会出现以"绿色""创新"和"人本"为价值取向的三大重构方向，同时这也是做好企地文化重构渗透的方向引领。

趋势一，以"绿色"为价值取向的企业文化重构。企业实现"绿色"转型是贯彻落实新发展理念的必然要求，是社会主义生态文明建设的生动实践。事实上，自"十一五"规划开始，我国提出了节能降耗和污染减排的目标，但我们也清醒地看到，我国企业发展方式还未有效转变，发展不平衡、不协调、不可持续的问题仍然突出，在经济发展新常态下实现"绿色转型"依然任重道远。特别是，我国资源总量大、人均少、质量不高，主要资源人均占有量与世界平均水平相比普遍偏低。我国油、铁、铜、铝等重要资源对外依存度均超过50%。不少地方新增建设用地接近或超过承载能力上限。水资源空间匹配性差，600多个城市中有400多个缺水。在资源环境约束趋紧的同时，当前中国企业还普遍存在着生产要素成本上升、消耗排放强度偏高、循环利用水平较低、经济下行压力加大等风险。种种严峻的自然与环境问题的挑战，必然迫使中国企业对于人与自然的关系重新做理性的思考，并在此基础上对自身的企业文化做出相应的调整和重构。人，既不是自然界的奴隶，也不是自然界的主宰，而是自然界的朋友，人与自然界应当各得其所、和谐共存。实现人与自然的真正和解，必然要求中国企业能够遵循人与自然共生共荣的理念，必须坚持生态优先，坚持走绿色发展、低碳发展、循环发展的道路，积极推进经济结构调整和经济增长方式的转变，积极倡导生态文明建设，有效促进企业的"绿色"转型，由此实现经济发展与环境保护的"双赢"。

趋势二，以"创新"为价值取向的企业文化重构。所谓创新，用世界创新之父熊彼特的话来讲，就是要"建立一种新的生产函数"，即"生产要素的重新组合"，也就是把一种从来没有的关于生产要素和生产条件的"新组合"引入生产经营体系，以实现对生产要素或生产条件的重新组合；企业家的职能就是实现"创新"，引进"新组合"；所谓"经济发展"就是要不断地实现这种"新组合"。无疑，企业的创新行为是一种高智慧的知识流动过程与创造形态。企业要想获得创新行为，必然需要以观念创新为先导的企业文化变革为前提。换言之，企业的文化变革是创新行为的动力引擎。不同的观念就会有不同的选择，不同的选择就会有不同的结果。对于一个企业的经营者来说，他的观念创新更为重要，因为其观念将直接影响并决定了一个企业到底能走多远。由此可见，在"十四五"新发展阶段，企业文化建设的重大任务之一，就是要着力塑造一种有利于提高创新效率和创新成果的企业文化。如何增强企业的自主创新能力，实现依靠创新驱动的内涵型增长是关系我国"十四五"发展全局的重大问题，也是形成以国内大循环为主体、国内国际双循环相互促进新发展格局的关键。一个企业要真正成为"创新型企业"，必须具有相应的观念体系作支撑。不难想象，创新文化是企业创新的真正动力来源。在"十四五"新发展阶段，以"创新"为价值取向的企业文化重构是我们企业的一个必然选择。

趋势三，以"人本"为价值取向的企业文化重构。党的十九大提出，我国经济转向高质量发展阶段要坚持质量第一、效益优先，就是要从"有没有"转向"好不好"，更好地满足人民群众个性化、多样化、不断升级的需求。事实上，一部人类思想史就是对未来理想生活形态的探索过程。西方历史上苏格拉底的"至善的生活"、柏拉图的理想国、亚里士多德的"沉思生活"，中国传统文化中儒家的"大同世界"等，都是人类先哲对追求更高生活质量及其"理想生活境界"的构想和概括。到了近代，霍布斯的《利维坦》、卢梭的《社会契约论》以及洛克的《政府论》等著作中都体现了对于"美好生活"的寻求思想。但是，他们所提出的关于美好生活的想法和主张，却都未能触及"美好生活"的真正本质。随着马克思主义的诞生，才有了对于"美好生活"本质进行科学解释的理论基础。人的自由而全面的发展是马克思主义社会理想的精髓，社会全面进步的创造者是人民，享用者也是人民。不断满足人民日益增长的美好生活需要，实质上就是更好地推动人的全面发展。人民对美好生活的向往就是我们的奋斗目标。"美好生活"建设是新时代我们党带领全国人民开启全面建设社会主义现代化国家新征程的重要内容。毫无疑问，在新发展阶段，以"人本"为价值取向的企业文化重构是对我们企业的必然要求。所谓"人本"价值取向，强调的就是"以人为本"，是对欧洲中世纪神本主义的反对，是对神性的贬斥和人性的张扬，同时也是对当代物本主义的反对，是拒绝物本回归人本。当代企业语境中的"以人为本"，强调的是人与人之间的和谐、尊重、互信和支持，一方面把人作为目的，尊重人的基本需求，促进人的全面发展，使企业发展成果惠及全体员工；另一方面把人看作尺度，把广大员工的根本利益作为一切工作的出发点和落脚点。

具体到油气田企业的企地文化重构与渗透中，首先要充分考虑油气田企业与资源地发展环境变化并与之相适应，考虑油气企业赖以生存和发展的社会政治、经济与文化环境要素，资源地的区域经济发展规划、区域地理状况、发展水平、历史文化等。在这个基础上，构建"企地文化要素组合创新→企地文化要素变革重构→企地文化要素迁移渗透"为核心路径的内在融合体系，企地文化要素组合创新是企地文化重构与渗透的基础核心，组合创新成果应用于企地文化管理实践中，推动企地文化要素的变革与重构，重构后的企地文化成果按照射性路径进行迁移和渗透，在不断融合的过程中发挥文化的软性作用。

三、推进企地文化融合人才队伍建设

人才队伍对一个企业、一个产业，甚至一个区域的经济发展起着举足轻重的作用。人才是经济生活和社会事务进步与发展的核心因素，人才兴则事业兴，企业的兴衰更是如此。构建卓越的人才队伍，是我国国有企业改革与发展的客观需要、是企业科学决策的现实要求、是知识经济时代发展的需要、是创建学习型企业的时代要求、是构建现代企业有自身特色的企业文化和企业精神的必要条件。

企地文化融合人才队伍的建设与培养应优先从企业内部员工发掘，也可以

引进当地优秀人才，坚持以人为本。员工是企业文化建设的主体，要把"尊重人的个性、激发人的潜能、实现人的价值"作为企业文化建设的立足点和落脚点，深入挖掘员工潜能，最大限度调动广大员工的积极性，使员工在追求自身价值和实现全面发展过程中，迸发出巨大潜力和智慧，并凝聚成为推动企业科学发展的强大力量。因此，要为员工营造浓厚的企业文化氛围。加强企业文化基础设施建设。进一步完善员工培训中心、员工文化体育场所、图书馆等企业文化设施，策划企业文化主题活动，开展健康向上、特色鲜明、形式多样的员工业余文化活动，营造健康、祥和、温馨的文化氛围。同时要注意人才本土化的问题，人才是企业发展最重要的资源，一个企业要获得发展，必须配合其所在的环境。比如一些文化差异比较大的地区，必须聘任一些当地的员工，因为他们有更好的语言理解能力和文化适应能力，他们能更好地将地方文化融入企业中，这样的人才原本就已经实现了人才的本土化，这是基本的驱动力。在企业文化建设上，适当引进外来人才，培养多元文化形态也是企业文化更好本土化的现实需要。

注重培养企地文化融合建设高端人才和领军人才，加快复合型、创新型、外向型文化融合人才的培养，为企地文化融合的研究与实践提供高质量人力资源保障；注重加强企地文化融合基层专（兼）职队伍建设，通过业务培训、学习交流、课题研究、岗位实践等方式，培养企地文化融合理论深厚、视野开阔、经验丰富的专业人才，提升企地文化融合建设队伍整体素质和业务能力。鼓励油气田企业与资源地地方政府一道，与国家文化和科技融合示范基地、高等院校、科研机构等，共建企地文化融合人才培养基地。

成立企地文化融合人才队伍建设专家组，对企地文化融合人才队伍建设工作进行调研、指导、培训、检查、评价。建立企、地、校三位一体的企地文化融合管理人才培训体系，有计划地选送一批企地文化建设领军人才和优秀的文化管理人才进行系统培训，加强企地文化融合管理人才的使用、激励与考核。

第四节 落实企地文化融合发展的配套政策

一、创新企地融合工作制度

制度承载着企业的管理体制和运行机制，体现了企业的经营理念、管理思想和战略导向。企业规章制度作为企业的行为规范，也是贯彻和实施国家政策方针的基本形式。随着我国深化国有企业改革的稳步推进，企业制度与深化改革的联系更加紧密，对制度创新的要求也越来越高。但是由于企业长期经营管理过程中形成的固有思维和利益格局，显然不能适应企业改革发展的需要。所以唯有通过制度创新破除体制机制障碍，才能保障改革的顺利进行。我国油气田企业自开发建设以来，根据不同时期管理的需要，由企业各管理部门主导逐步建立了覆盖主要业务的制度体系，满足了管理需要，但在深化改革和全面推进合规管理的新形势下，现有制度体系中存在的问题逐步显现，有些甚至成为阻碍发展的瓶颈，这些暴露出的问题在推进企地融合工作制度体系的过程中同样需要注意。这些问题可以概括为三方面。

第一，制度体系建设缺乏系统的顶层设计。依托职能部门独立完成的制度体系，部门化倾向突出，存在政出多门、多头对下、交叉重叠、缺项漏项等问题。不同时期出台的同类制度缺乏有效整合优化，造成制度繁杂，甚至制度间相互矛盾。

第二，制度流程修订不及时，不适应新形势下管理的需要。随着国家相关法律法规等上位制度的变化和企业管理模式的调整，原制度中存在的与上位制度矛盾、权责不对等、管理界面不清晰等制度体系中的"硬伤"和问题日益突出，已不利于落实各层级管理责任、调动各层级积极性，不能满足企业深化改革与管理创新的需要。

第三，制度体系信息化程度低。大多数制度没有配套相应的业务流程，未能通过信息化手段进行固化，可操作性不强，直接导致了制度落实不到位、执行随意性较强甚至无法执行等问题，这已成为制度管理的"软肋"。

实践经验说明，在深化改革和管理创新的大背景下，企业开展制度建设不能仅对现存的制度进行修修补补，而是要采取革命性的措施，实施流程再造，使制度充分体现企业经营管理理念和改革创新部署，使制度流程有法可依、配套衔接、便于操作。这就要求企业要打破以往职能部门独立制定制度的模式，完全独立于职能部门，上升到公司层面开展制度顶层设计，真正实现制度设计与制度执行分离。通过开展制度创新，不仅要解决管理体制机制的问题，还要解决制度落地的问题。制度体系"四化"建设正是基于油气田企业制度建设现状，在吸收国际大公司制度建设先进经验的基础上，探索出来的制度创新的思路和方法。

第一，管理制度化。制度化是固化管理成果的重要基础。要对照国家法律法规等上位制度修订企业制度，确保企业制度合法合规。强化制度创新，认真总结管理规律，贯彻改革思路，吸收先进经验，创新制度设计，提高制度先进性。完善制度形成机制，对制度的必要性、关联性进行充分论证，优化整合同类制度，减少制度数量，提高制度质量。

第二，制度流程化。流程化是制度化的提炼和升级。要把制度全部转化成业务流程，流程中嵌入企业的管理意志、决策程序、管理权限、工作标准、风险管控等要求，通过流程来明确职责、协调关系、规范行为，提高制度的执行力。

第三，流程表单化。表单化是流程化的实现途径。要把工作流程的关键环节和执行要素制成一张简洁明了的表单，用直观图型和简洁文字体现工作要求，员工不需要死记硬背制度文本，只需要按照表单规定的内容、步骤和方法进行操作，管理者按表单内容进行检查考核，避免员工对制度文本理解不同造成执行走样，要使复杂问题简单化，降低制度流程的执行成本。

第四，表单信息化。信息化是提高流程和表单运行效率的重要手段。要遵循"就源输入、信息共享、环环相扣、相互钩稽"的原则，把业务表单固化到信息系统中，通过网上业务流转、工作审批、报表查询等功能，实现自动跟踪、检查、催办和稽核；每个运行步骤要环环相扣，互为印证，一个环节通过审批，才能运行下一个环节，最大限度地减少人为因素干扰。

油气田企业牢固树立"在经济领域为党工作"的理念，努力适应经济社会发展对油气增长的需求和构建清洁低碳、安全高效能源体系的需要，以党内先进政治文化引领企地文化融合建设工作，构建企地文化融合工作制度体系。一方面，成立企地融合工作组织机构并明确分工，企地融合工作组织管理机构应由油气田企业领导班子、党群工作代表与资源地地方政府代表、社区相关代表等共同组成，是企地文化融合共建宣传的决策机构与推进机构。另一方面，立足油气田企业文化建设纲要、油气田企业文化发展规划等重要文件精神，结合资源地地方发展规划与经济、社会、文化发展环境实际，编制形成《企地文化融合工作方案》，包括基本原则、发展目标、示范工程建设、保障措施等内容，为进一步推动油气企业文化与资源地文化融合发展提供行动指南。在此基础上，编制发布《企地文化融合宣传手册》，在理念体系、行为规范体系、视觉识别体系方面，开展企地文化融合共建与宣传推进。

二、加大企业文化建设投入力度

企业文化建设是国有企业生产经济发展中非常重要的一环，也是推动国有企业转型升级、稳步发展的精神支柱、动力源泉，具有引领方向、凝聚人心、支撑战略、强化管理等关键作用。在新形势背景下，国有企业面临着复杂多变的国内外市场竞争环境，企业要想更好地适应这一环境，就必须改进和加强企业内部管理，而管理主要依靠人来完成，这就需要好的企业文化将广大职工群众团结在一起,产生一种凝聚力和向心力,促使职工个人思想、个人发展与企业的发展紧密相连,全力助推企业持续健康发展。为此,国有企业必须与时俱进,积极构建一套满足企业发展需求、具备行业特色的文化体系。为了加大企业文化建设投入力度,可以从以下措施着手。

第一,强化顶层设计,发挥党组织的引领作用。对国有企业深化改革、转型升级而言,强化企业文化的顶层设计是重要手段。强有力的企业文化,可为国有企业的发展战略规划、生产经营模式的执行起到必要的支撑作用,形成关联性的影响。基于此,国有企业必须积极强化企业文化的顶层设计,全面、有效地发挥出党组织的引领作用,具体做到以下三点。①将党的领导充分渗透到企业文化建设体系之中。即在企业发展的任何时期,都要始终坚定不移地以党建思想政治工作为指导,有效融合党建工作与企业文化建设工作,在企业文化建设的全过程中渗透党的创新理论成果,积极培育和孵化党建品牌,做好党支部星级评定工作。②利用党组织的领导力,来积极影响企业文化建设。国有企业领导者与管理者均要提高对企业文化建设工作的重视程度,明确认识到文化是企业长期发展的根基,自己也要亲身参与到企业文化建设之中,全力推动企业文化变革,让企业文化能够顺利适应外部环境的变化,还需积极组织形式多样的党建活动,显著增强广大职工群众的价值认同,培养和提升其爱企奉献精神。③确定社会主义核心价值观在国有企业文化中的核心地位。在构建企业文化主体价值的过程中,必须注重企业自身价值诉求的特色呈现与科学对接,将社会主义核心价值观当作企业文化建设与管理的前提条件,借助合理的精神激励手段,加大文化的宣传力度,将爱国主义精神厚植到全体职工心中。

第二,健全企业文化建设制度。针对企业文化建设工作的开展,相关负责人应充分考虑新时代发展的需求、企业的生产经营发展目标,制定科学完善的企业文化建设管理制度,以此来确保企业文化建设有据可依、有章可循,促进企业文化建设工作的有序开展。具体应做到以下几点:①立足于国有企业发展实际,制订科学合理的企业文化建设方案,并将方案落到实处,定期对方案实施情况进行总结,找出优点和不足,最后加以不断改进和完善;②健全企业职工培训管理制度,在企业职工日常培训工作中引入企业文化建设,让全体职工能够更加充分地了解企业文化建设的重要性,并通过有效的培训,向广大职工群众创新企业精神、发展理念等;③确定企业文化建设的职责,将这项工作的责任落实到个人,层层传导,压实责任,采用有效的方法检验工作开展效果;④建立系统的管理治理体系,将企业管理治理与企业文化建设相融合,进一步完善企业安全生产、科技创新、党风廉政建设等多方面工作,从而以良好的企业文化引领，促进企业各项工作的不断发展壮大。

第三，融入经营发展目标，建立完整的企业文化体系。在企业文化建设过程中，国有企业应立足于自身发展实际，紧密结合自身经营发展目标，建立相对完善的企业文化体系。主要应做到以下三点。①利用文化特征打造良好的文化氛围。针对青年职工，可致力于打造一种以创新、活力、包容为主的文化氛围，以便吸引更多的年轻人聚集到企业中，充分释放青春热情，而老职工应以包容性对待，引导彼此向着同一目标不断努力奋斗。②深挖企业精神的内涵。国有企业的企业精神主要源自红色精神，主要体现为：永不服输、艰苦奋斗、不畏艰难险阻、勇于创新等，企业文化建设负责人应将这些企业精神融入文化建设中，促使职工树立正确的价值取向和思想意识。③使命愿景融入发展目标。企业愿景就是国有企业长期发展目标，企业文化建设负责人需要明确企业生产的根本目的和理由，从而有针对性地进行企业文化建设。

第四，强力宣贯，不断扩大企业文化影响力。为能够确保企业文化的优势得到全面发挥，相关负责人必须加大文化宣贯力度，对互联网平台、新媒体平台、企业内部宣传平台等进行有效利用，向全体职工充分展示企业文化建设的特点。其中，企业官网网站需要设置企业文化建设专栏，负责宣传企业文化建设相关内容，将企业精神、经营理念、价值取向等贯穿到企业发展战略与管理工作之中，成为全体职工需遵循的价值观念和行为准则。同时，可在企业内部树立先进典型人物，定期组织"青年文明示范岗""共产党员先锋号"等活动，通过榜样的力量来强化企业文化建设。另外，需加强人文关怀。例如，通过情感纽带，把企业文化渗透到广大职工群众的心中，从尊重职工的主人翁地位出发，组织亲子夏令营、篮球联谊赛等丰富的活动；还可建立企业论坛，鼓励职工在平台中发表自己对企业发展和管理的看法、意见，或是发挥职代会、工会等效用，组织丰富多样的文化活动，在企业内部营造强烈的文化氛围，从而有效提高职工对企业发展的参与度与责任感，更好地凝聚人心。

第五，积极创新企业文化建设方式。在新时代背景下，国有企业文化建设只有符合时代发展的需求，才能够更好地发挥自身的优势。为此，相关负责人在开展文化建设前，必须清晰、准确地掌握国有企业的文化战略目标内容，然后进行具备特色的建设工作，从多层面、多维度出发，科学创新文化建设方式，在企业内部构建统一的价值观念和行为规范，从而显著提升企业的凝聚力和竞争力。同时，国有企业应注重创造良好的品牌形象，这是强化企业市场核心竞争力的重要途径，即需明确企业文化战略目标，充分考量这一目标的可行性和有效性，保证其能够实现文化创新的目标，并能够有效强化具体效用价值。企业的文化建设，必须符合企业的客观事实、全面战略目标及未来发展要点，保证文化建设工作的可行性、创造性及规划性，还需明确定位企业文化中的价值观念，确保可以充分展现出企业的独有特征与新时代精神，这样才能够让企业更好地接受和认可，从而切实强化文化建设的效果。

在企地文化融合上加大投入要坚持"资金共筹"的原则。油气田企业要不断加大企业文化建设的投入力度，加强前期研究，要为企业文化建设提供必要的资金和人力资源支持，投入一定力量开展专项研究，提炼、培育形成企业共同价值观和企业文化理念，做好未来几年推进工作的总体规划。一是拓宽企地文化融合项目融资渠道，充分利用文化、旅游等部门专项资金，对企地文化融合发展重点项目予以重点扶持。油气田企业应与地市、县两级政府签订文化融合战略合作协议，就企地文化融合发展等重大事宜进行磋商，共同设立并开展重点项目。二是强化企地文化财政支持，建立文创发展资金引导机制，组织开展文创专项资金绩效评价，提高财政资金使用效益。要用好企业文化建设专项经费，为企业文化建设工作顺利开展提供必要的资金支持。企业文化建设资金主要用于企业文化重点项目、企业文化建设日常工作、文化教育场馆基础设施维护、研究、交流等方面，应统筹考虑，有效安排，专款专用，把有限资金用在刀刃上。三是在企地文化载体基础设施配套建设、融合项目用地指标及信贷、融资、税费等方面加大支持力度。要创新企地文化重点项目投融资机制，组织企地文化融合示范项目实施单位与金融机构专场对接，促进金融机构加大服务企地文化融合发展重点项目力度，鼓励引导社会资本积极参与项目建设。

油气田企田应建设一批工作业绩优、示范作用强、群众评价好的企业文化建设示范工程，以示范工程建设助推油气田企业与地方文化融合发展进程。企地文化融合示范工程，总体上以油气田企业文化与资源地文化等内容为核心，以文化大数据、数字出版、文化装备制造、媒体融合、文旅综合服务等为重点方向，构建油气田企业与资源地全方位、多层次、开放式的文化融合发展格局。因此，可以综合推进企地新媒体融合示范工程、企地景观视觉识别融合示范工程、企地文创产品融合示范工程、企地绿色发展项目融合示范工程等重点工程，打造新形势下面向未来、更具辨识度的企业文化品牌，促进油气田企地文化的创新与发展，把油气田企地文化融合发展的优势转化为油气产业科学发展和带动地方经济发展的无形动力，全力推动油气田企业高质量发展。

三、强化企地文化融合发展工作绩效考核制度建设

长期以来，绩效考核一直被看作能够持续改善组织与个人的关系、提升企业效率的重要手段。它对于更好地引导员工行为，加强员工自我管理，提高工

作效率、发掘员工潜能、推动公司总体战略目标的实现起到了重要作用。但是，随着现代企业的竞争力的不断变化以及绩效考核方式的不断升级，越来越多员工的工作理念就是单纯追求工作业绩和相应奖励，求快速、求捷径、求回报已经成为浸入员工思想深处的工作目标。实际上，单一以理性为前提的绩效考核制度不能有效地发挥员工的人力资本作用，而能够提升员工和部门之间的信任、合作及价值规范的社会资本则能弥补绩效考核制度的局限与不足。所以，兼收以理性为前提的绩效考核和以价值规范为准则的文化建设才是真正提高企业竞争力的根本。

企业文化作为人力资本升级的必要依托，可以弥补制度上的不足。不难看出，绩效考核体系设计的前提是把员工当作"理性经济人"，即认为员工只追求自己的利益最大化。应用到组织中，领导者也强调个人利益最大化，把个人利益作为最终的判断和决策目标，人只不过是手段和实现最终目的的工具而已。这种观念必然导致组织人员之间的对立。然而人是社会人，是有感情、价值等的追求。霍桑实验证明了人们不仅仅是趋利的，人也有友情、安全感、归属感和受人尊重感的需要。马斯洛的需求层次论也表明，人不仅有物质需求，也有精神需要。知识经济时代，知识型员工择业时更看重公司的氛围、工作的挑战性及相应的价值回报，这些充分说明单纯依靠绩效考核制度，企业已不能充分调动员工的积极性，发挥其人力资本的作用，企业必须寻求制度以外的激励手段——企业文化。同时，企业文化之所以能够超越企业绩效考核制度而发挥员工人力资本的价值，是因为企业文化在本质上是一种无形资本——社会资本。我们知道，企业文化发挥作用的目的是在企业内部营造一种相互之间信任、规范、合作的关系，而这恰恰就是社会资本的核心内容。

企业内部应加强评估考核，对企业文化建设进行动态跟踪，将企业文化建设工作目标纳入企业管理考核内容当中，定期或不定期对企业文化建设的贯彻落实情况进行评估修正，为扎实、有效推进企业文化建设提供有力保证。过去以GDP核算为核心是追求速度，经济发展速度上去后与民生改善是有距离的。在新形势下，油气田企业要求高质量发展以及实现可持续发展，都必须以民生改善为基本前提，以人民群众的获得感为根本考核。在此背景下，油气田企业与资源地的文化融合发展，必须切实解决企地文化融合建设过程中存在的体制、机制、人财物等方面的突出问题，把各级党政主要领导加强企业文化建设的重大责任落到实处，把培养造就使用企业文化人才的目标和机制落到实处，把企业文化建设专项经费落到实处，把企业文化建设的评比表彰机制落到实处，从根本上推动企业文化建设与企业发展和经营管理一同研究部署、一同组织实施、一同督促检查。应结合企地的实际情况，制订年度目标任务并分解到各责任单位，并强化年终目标考核，对目标任务完成情况较好的、企地文化融合发展工作业绩突出的单位和个人，给予相应的表彰和奖励。

第五节　搭建企地文化融合发展服务平台

一、共建企地公共信息服务平台

"公共信息服务"这个词在图书情报、电子政务、数字城市和行业信息化等领域正被广泛使用。作为提供公共信息服务的基础设施，公共信息服务平台的建设已经成为我国各级政府电子政务建设的重要内容。美国图书馆与情报学全国委员会在2001年1月26日公布的权威报告《公共信息传播的综合评估》中认为，公共信息是指联邦政府所创造的、搜集的以及管理的信息，公共信息的所有权是属于民众的，政府受民众的信赖而进行管理，民众可以获得除法律限制的其他任何信息。我国一些学者认为，公共信息主要为政府拥有，包括政策法规、经营环境、商情以及政务等方面的信息，由政府部门来生产、编辑和维护，在法律允许的范围内为公众所使用。公共信息服务是当前政府职能转变中要重点加强的一个领域，提供公共信息服务是市场经济体制下政府工作的一项重要职能，而公共信息服务平台则是提供这种服务的基础。

公共信息服务平台，从结构上看，是指各级政府电子政务框架中提供公共信息服务的界面结构、技术结构、逻辑结构、组织结构和标准规范等要素有机集成之后所形成的统一公共信息服务模式。从内容说，是在确保信息资源安全的前提下，建立公共卫生、科技成果、社区、农业、科技等各种公共信息资源统一的综合信息服务平台，实现相关政府部门面向公众和社会提供服务和应用的重要窗口，是政府为公众提供信息服务的基础，是电子政务建设的重要内容。从社会效益上说，公共信息服务平台的构建是实现信息一体化的关键，可以提高一个国家或地区的信息传播效率，加快区域经济、文化和技术的发展速度，促进整个社会效率的提高。公共信息服务平台的技术架构主体是"门户网站＋基础数据库"，其具有集成性、综合性、共享性、便捷性、服务多样性的特征，并且其类型可按政府层级、行业、服务载体进行划分。

信息服务的主体可以是政府、商会，也可以是企业，按此标准，我国公共信息服务平台的建设模式可以分为政府主导型、企业主导型、合作型3种。

1. 政府主导型

提供服务并非政府的义务，政府的义务是保证服务提供得以实现。政府在公共服务领域的决定性作用明确了政府在公共信息服务上的主导地位，政府不仅要承担制订规划、扶持多元化信息服务主体、维护信息服务竞争秩序、监管信息服务效果以及开发和公开政府信息资源的重任，而且要直接参与公共信息服务。其原因在于：政府提供公共信息可以避免市场失灵和扭曲，政府是提供公共信息物品的主体，政府提供的信息产品具有很高可信度。由于公共信息的特殊性质，按照市场经济规律，非政府组织不能或者不愿或者不完全提供这方面的服务。为提高国内市场资源配置效率、增强国家在各方面的国际竞争力，加强信息供给是政府的重要职能之一。

2. 企业主导型

随着信息技术的日益发展，各行各业也为公共信息服务平台的建设注入新鲜血液。按照行业标准划分的各类公共信息服务平台类型就是企业主导型的示例。这类平台服务比较专业和深入，目的是完善企业自身的服务，拓展业务，发掘用户需求，因此共享性不及政府主导型。当然，企业加入公共信息服务平台的建设除了自身的信息资源和资金支持优势外，还需要政府的统一规划与引导。

3. 合作型

合作型主要是指由政府和企业合作构建的信息服务平台，在共享程度和服务深度上介于前两者之间。在我国，和政府合作的商业主体主要是在信息产业发展较为迅速的行业，这些行业本身拥有先进的信息技术平台和信息资源，面向更加细化的服务区域。如电信运营商、移动通信公司等都在积极与政府合作，共同建设公共信息服务平台，努力提升公共信息服务质量。

但在我国搭建公共信息服务平台的过程中应统一规范技术标准，完善相关政策法规，采取政府主导和引导相结合，以用户为中心，以用户需求为导向。

对于油气田企业文化融合而言，应构建油气田企业与资源地政府共建的企地公共信息服务平台，整合油气田企业文化、资源地地域文化、文化融合推进进展等资源，利用数字化信息化手段，加强企地文化大数据体系工程建设，加快智慧企地文化融合大数据平台建设，建立企地文化创新成果数据监测体系。推动企地各类博物馆、图书馆、科技馆等开展文化融合数字化工作，提高企地文化成果保护、重大文化保护和再现、博物馆纪念馆展品陈列的科技水平，创新企地文化服务供给模式。加快企地文化资源数字化发展进程，利用智能信息技术，推动5G高新视频、网络视听、新媒体、数字出版、网络会展、4K/8K

电视、VR/AR 等文化产业新业态、新模式发展，加快企地文化服务业智能化升级。

二、拓展企地文化融合发展的媒体宣传渠道

在信息时代飞速发展的趋势下，新媒体技术层出不穷，文化传播渠道多元发展。麦克卢汉的著名观点"媒介即讯息"深刻揭示了传播媒介对文化信息的塑造和传播作用。计算机技术和信息传播技术建构了文化传播的当代生态，互联网传播渗透到经济社会的方方面面，与传统媒介一起构成了文化传播的体系。移动互联网的发展使信息传播和获取更加便捷，加速了传统媒体的衰落进程，手机、iPad 等移动智能终端日新月异，加之 4G、5G 等通信技术升级，万物互联时代正在来临，文化传播格局已然出现了翻天覆地的变化。"人人都有麦克风""人人都可以成为媒体"成为时代现实，自媒体对文化传播的影响愈发重要，信息的双向传播、及时反馈为文化传播效果测评提供了新的视角。企业文化传播应该告别传统的传播模式，不应将企业文化局限于发生在企业内部的信息传递行为，而应该将企业文化传播置于组织传播的整体情境中进行考量，构建全媒体传播格局。新媒体技术改善了过于繁杂或简短信息的传播劣势，使信息具有双向传播的特点，且具有直播和录播的双重功能，形成"传播媒体—受众—受众反馈—媒体播报"的闭环。通过新媒体与企地文化的有效协同，企地文化融合的宣传主体和内容不再受到身份、年龄和地域等因素的限制，使其发展的范围与信息量大大增加。

创新企地文化传播渠道包括以下内容。首先，巩固纸质媒体平台。根据新时代要求，巩固纸质传媒的传播优势，通过加强栏目策划、内容创新，以深度价值传播增添企业文化品牌塑造的可信度，进而增强企业员工和地方社会公众的认同。其次，优化展览媒体平台。加强 VR 等传播技术运用，优化展厅设计和展示方案，突出会战文化的影像表达。同时，积极谋划石油博物馆的建设，更好地传承石油文化，传播工业文明，提升展览品牌价值。再次，提升电子媒体平台，积极推动向互联网传播转型。以官网为基础，运用好"企业文化"栏目，传播公司企业文化建设成果；以短视频平台为突破口，多元化传播企业文化形象。加强四川石油电视台建设，推动《四川石油报》、企业内刊的电子版本建设，丰富公司企业文化传播的电子媒体形态。培育公司企业文化品牌塑造和传播核心队伍，创新开发自媒体资源，搭建企业文化互动传播平台，实现企业文化建设"全员参与、多维互动、融合共享"。最后，拓展产业融合平台。积极拓展产业融合平台，将企业文化内容和形象嵌入其他产业，进一步寻求与当地的文化产业、旅游产业的融合空间，进而带动地方经济的发展。

三、集成创新企地文化融合成果与传播

集成，从管理角度来说，是指一种创造性的融合过程，即在各要素的结合过程中，注入创造性的思维。也就是说，要素仅仅是一般性地结合在一起并不能称为集成，只有当要素经过主动的优化，选择搭配，相互之间以最合理的结构形式结合在一起，形成一个由适宜要素组成的，相互优势互补、匹配的有机体，这样的过程才称为集成。集成创新是美国高技术企业在20世纪90年代创造出来的一种新的技术管理和生产组织方式，这种新技术管理模式所要解决的中心问题不是技术供给本身，而是日益丰富、复杂的技术资源与实际应用之间的脱节。

企业文化和地方文化是相互影响、相互吸收和相互融合的。首先，企业初建之时，基本上都是在一个地方上发展起来的。因此，其企业文化必然会受地方文化的影响。其次，企业的发起人对企业文化的创建有着巨大的影响，发起人的性格和个性自然会影响到企业文化，而发起人又会受其所生存的地方文化的影响，从这个角度来说，企业文化会间接受到地方文化的影响。再次，当一个企业创立之后，在其生存和发展的过程中，需要不断与外界进行交流和联系，在交流和联系的过程中，企业文化的个性也会慢慢渗透到地方文化中。从这个层面来说，地方文化也受到了企业文化的影响。

受地方文化影响，企业文化在企业中的作用是举足轻重的，它是企业赖以生存和发展的灵魂所在。随着全球化速度的加快，我国企业所面临的竞争越来越激烈，不仅有本国企业的竞争，还面临着全球各国所带来的更加严酷的竞争。面对如此残酷的生存环境，企业必须着力建设企业文化。因为企业文化能为企业员工带来信仰，而信仰则会转化为员工行动的内驱力，此力将会带动企业稳步发展，增强企业的核心竞争力。在转化的过程中，地方特色会使得企业文化更具有本土化和亲和力的特征，从而为企业提供精神动力和智力支持。企业文化离不开地方文化而独立存在，没有地域文化的支撑，就不可能形成真正的企业文化。而企业文化只有不断地融入行业文化和地域文化中，企业才能得以生存。如果企业文化可以将地方文化融入其中，企业也会更快地融入新的地域环境，才会获得更好的发展。

不同的地域，也必然存在不同的文化特征。我国地域辽阔，东西南北文化差异较大，如桀骜的湖湘文化、细腻的苏杭文化、爽直的陕甘文化、开放的岭南文化、厚重的齐鲁文化、慷慨的燕赵文化、进取的徽商文化和驰骋的晋商文化等都会对各个地域的企业文化产生影响。而企业对这些文化的融入必须有选择性，不能因为敬仰某种地域文化而照搬照抄。

新时代油气田企业与属地文化融合研究

企业文化的建设，不应该是"送来主义"，而应该充分考虑企业文化的地方性，主动"拿来"并进行优化改造。因此，将集成创新这一概念应用到企地文化融合中，可以使企地文化更加适配地结合在一起，并进行有选择性的创新，使得企业文化与地方文化之间吸纳各自的优点，做到取其精华，从而让企地文化融合成果更具科学性、指导性、实践性，更好地助力企业和地方的进步与发展。

在既成的企地文化融合成果的宣扬和传播中，应充分利用企地公共信息服务平台，探索建立企地文化融合成果交易模块，将企地文化融合形成的管理模式、实践经验、成功路径进行传播推广，便于相关企业或相关地方政府进行参考；对于融合不到位的教训等，也可以作为案例进行展示，为避免出现类似情况提供一定借鉴。同时在数字时代高速发展的今天，还可以开展互联网、大数据等技术在企业文化建设中的应用研究和探索，逐步建立企地文化融合建设数据库，为企地文化融合更好地服务。

油气企业贯彻落实中国石油企业文化部署，重点彰显油气企业经营特点和区域文化特色，企业文化品牌塑造与传播已经取得了显著成效。但企业文化品牌塑造需要时间的沉淀才能在企业组织和员工中生根开花，形成广泛的精神和行为共识，转化为企业生产经营管理的强大动力，所以目前油气企业文化品牌塑造与传播尚存在一定短板。

首先，传播模式不够成熟。以西南油气田为例，十八大以来，油气田企业坚持贯彻企业文化建设的"36511"工作思路。这一工作思路较为清晰地构建了油气企业的企业文化建设方向、路径、举措等，并且取得了一定成绩。但从整体的建设情况看，企业文化传播没有形成较为成熟的模式，没有将成功的实践经验总结提炼为一套通俗易懂的工作思路或模式，从而影响了企业文化建设与传播的实际效能。

其次，传播渠道不够新颖。在视频化的时代趋势中，短视频、直播等正在成为新品牌的传播风口和营销媒介。油气企业暂时还未开发主流短视频软件账号，部分下属公司注册了相应的账号，但作品较少。时下流行的视频传播渠道，还未成为公司企业文化品牌传播的媒介，这在一定程度上影响了企业文化传播的效果。

最后，企业形象塑造尚待立体。着力塑造"科学规范，团结奋进"的企业形象，争创具有核心竞争力的现代化一流企业，促进自然资源、社会资源、人力资源和文化资源的和谐统一。这一企业形象符合其社会定位和使命担当，要使该形象更加立体，还需结合公司驻地的巴蜀文化特色，更加清晰完整地呈现出企业形象的行业性、时代性和区域性。

因此，企业文化传播策略也应予以整合，企业文化品牌是一套符号体系，要使这套体系得到认同，需要采取有针对性的传播策略，与传播渠道相结合，以丰富企业文化内涵，丰满企业文化形象。油气田企业文化传播策略，旨在塑造公司企业品牌和文化形象，策略选择要与企业发展规划和行业特征紧密匹配。

第一，专业化传播策略。油气田企业文化专业化传播可围绕发展战略、科技创新、技术开发、产品研发等领域，通过课题研究、专业成果发布、行业评价、专家认定等方式展开，对内培养员工专业素养，对外强化专业信心，增强大众的企业信赖感。

第二，故事化传播策略。讲好创业发展故事是企业文化品牌塑造和传播的重要方式。以西南油气田为例，油气田企业创业发展过程中，积累了丰富的事件记忆，对油气会战的重要事件进行总结提炼、宣传贯彻，形成鲜活的故事案例感染社会、感染企业员工，使企业文化场景化、情境化，避免了说教，社会大众和企业员工在潜移默化中受到了文化熏陶。当然，新时代故事化传播不仅要传承典型事件，而且要传播回应社会关切的故事，讲企业员工的身边人、身边事。

第三，活动传播策略。企业仪式是企业按照一定的标准、程序进行的时空有序活动。企业仪式让文化以一种更富有凝聚力的方式显现出来，生动而广泛地影响着周围的人。没有了仪式与庆典，那些重要的价值观就难以对人们产生影响。油气企业要梳理形成企业活动体系，加强活动管理，优化活动中的企业理念和文化价值导入，培育企业文化活动品牌，减少说教式传播活动，创新体验式、互动式活动，提高企业员工和社会大众的参与积极性、关注度。

第四，"名人"传播策略。"名人"传播表现为两种形式，一种是企业内部的"名人"传播；另一种是企业聘请的"名人"来助力企业文化传播。企业文化建设的重要方式之一是选树典型，典型人物集中体现了企业价值观，人格化了企业文化行为规范，具象化了企业优秀员工标准，对企业员工具有价值引领和行为示范作用。

第五，公益传播策略。积极参与公益事业，是企业履行社会责任的重要体现，是企业成熟的显著标志，也是塑造企业文化形象的途径和方式。作为国有石油企业，理应统筹兼顾企业的社会效益和经济效益。公益传播的根本在于履行公益职责，油气田公司要建立起助学、助残、扶弱、敬老的常态化机制，在公司内部加强感恩教育和责任意识培养，将公益意识转化为每位员工的价值选择，夯实公益传播基础。提高公司对社会公共事件，尤其是突发事件的反应能力和水平，完善对重大自然灾害（地震、洪灾等）、重大公共卫生事件等突发事件的应急传播机制，及时作出反应，向社会传递履行责任的企业担当。作为安全生产单位，要建立健全企业危机传播机制，加强危机传播反馈演练，做到化危为安。

第六，整合营销传播策略。从本质上讲，整合营销传播是一体化传播，重在形成企业对外传播的统一声音。油气田公司要将企业文化贯穿企业经营管理始终，借助营销活动传播企业文化，做到文化传播与产品营销、服务营销的完美结合。西南油气田企业在新时代背景下，通过传承大庆精神、铁人精神，提炼"川油精神"，打造天然气文化，形成了一系列企业文化建设成果，并加以充分的推广和传播，从而使企业文化品牌建设在当地取得显著成效。

参考文献

[1] 陈春花. 企业文化的改造与创新［J］. 北京大学学报（哲学社会科学版），1999（03）：52-56.

[2] 刘治江. 管理学原理与应用［M］. 哈尔滨：哈尔滨工业大学出版社，2011.

[3] 任广新，陈葆华. 管理学理论与务实［M］. 北京：北京大学出版社，2016.

[4] 《管理学》编写组. 管理学［M］. 北京：高等教育出版社，2019.

[5] CAMERON K S, QUINN R E, BOOKSX I. Diagnosing and Changing Organizational Culture：Based on the Competing Values Framework［J］. Personnel Psychology，2010，59（3）：755-757.

[6] 张德，张勉. 组织文化测量研究述评［J］. 外国经济与管理，2004，26（8）：6.

[7] 郑伯埙. 组织文化价值观的数量衡鉴［J］. 中华心理学刊，1990，32：31-49.

[8] 牛东旗，邵强. 浅议油气田企业文化建设［J］. 油气田地面工程，2005（01）：3-4.

[9] 曹文骏. 油气田企业文化定量评估分析［J］. 天然气技术与经济，2018，12（03）：70-73，84.

[10] 张涵洋. 组织文化40年：测量方法与应用研究述评［J］. 大众标准化，2021（03）：241-244.

[11] 章喜为，刘可青. 企业文化诊断与评估研究综述［J］. 价值工程，2012，31（27）：167-170.

[12] 孔丽娟. 基于临沂地方文化特色的企业文化建设研究［D］. 青岛：中国石油大学（华东），2013.

[13] 郭洁敏. 试论国际关系中的文化冲突［J］. 现代国际关系，2003（09）：35-41.

[14] 陈平. 多元文化的冲突与融合 [J]. 东北师大学报, 2004 (01): 35-40.

[15] 尹俊芳. 论文化冲突对社会主义和谐文化建设的影响 [J]. 求实, 2013 (03): 58-62.

[16] 钟启春. 全球化背景下的文化冲突与中国文化建设 [J]. 中共中央党校学报, 2013, 17 (04): 109-112.

[17] 汤先萍, 夏天成. 主体性反思下的异质文化冲突与适应——兼论文化融合与文化共建 [J]. 新疆社会科学, 2014 (04): 108-111, 154.

[18] 陈吉德. 全球化时代的文化冲突: 释义与分析 [J]. 人民论坛·学术前沿, 2015 (19): 88-94.

[19] 戴圣鹏. 论文化冲突产生的原因及其化解途径 [J]. 广东社会科学, 2020 (04): 82-87.

[20] 李继中, 黄周军. 基于母子公司文化整合的企业文化建设研究 [J]. 中外企业文化, 2022 (04): 82-84.

[21] 尹美子. JT集团的企业文化整合研究 [D]. 昆明: 云南财经大学, 2019.

[22] 孔丽娟. 以沂蒙精神为核心的临沂地方文化助力企业文化建设 [J]. 科技信息, 2013 (03): 494-495.

[23] 唐金湘. 企业文化与地方民俗文化整合模式研究 [J]. 管理观察, 2016 (28): 28-30.

[24] 董金梅. 谈企业文化与地域文化间的有机融合 [J]. 科学之友, 2013 (11): 77-78.

[25] 韩余辉. 试论企业文化与地域文化的结合 [J]. 经济师, 2014 (06): 283+285.

[26] 梁樑, 张毅, 周海珍. 企业文化建设: 以地域特色文化为承载 [J]. 当代电力文化, 2020 (07): 26-28.

[27] 李季, 王蓓, 张建平, 等. 新时代油气企业文化品牌塑造与传播研究 [J]. 中国石油企业, 2022 (Z1): 138-142.

[28] 林丽慧. ZGJJ公司黑山项目企业文化冲突分析及应对研究 [D]. 长沙: 长沙理工大学, 2020.

[29] 郭洁敏. 当今国际关系中文化融合的新趋势 [J]. 现代国际关系, 2005 (10): 54-59, 64.

[30] 田丽, 邹丽萍. 文化融合的起点、轨迹与演绎 [J]. 重庆社会科学,

2015 (10)：72—77.

[31] 赵垄. 新时代背景下国有企业的企业文化建设分析 [J]. 中外企业文化，2020 (11)：84—85.

[32] 钱津. 论新时代中国企业文化的发展趋势 [J]. 创新，2020，14 (04)：100—106.

[33] 刘书楠. 新时代国有企业文化建设的意义、使命、困境与对策 [J]. 企业观察家，2021 (11)：84—85.

[34] 华锐. 新时代中国企业文化的主要特征及实现路径 [J]. 当代电力文化，2019 (05)：42—43.

[35] 邵铭浩. 论大庆油田企业文化自信增强新时代石油人行动自觉 [J]. 大庆师范学院学报，2018，38 (05)：148—151.

[36] 徐平. 新时代党的使命的时代内涵和实践特征 [J]. 天水行政学院学报，2020，21 (02)：51—55.

[37] 常晓慧. 中国式现代化的新时代内涵研究 [D]. 赣州：江西理工大学，2022.

[38] 杨修洁. 浅析中国特色社会主义新时代的新内涵、新意义和新使命 [J]. 纳税，2018 (08)：182.

[39] 李红苗. 企业文化与新时代深化国有企业改革研究 [D]. 太原：山西师范大学，2020.

[40] 杨茜淋. 石油企业文化发展创新研究 [D]. 成都：西南石油大学，2015.

[41] 傅文杰，徐竞哲. 新时代国有企业加强企业文化建设之路径探索 [J]. 重庆电力高等专科学校学报，2022，27 (01)：25—28.

[42] 谢文祥. 在新时代背景下做好国有企业文化建设工作 [J]. 国有资产管理，2022 (03)：22—25.

[43] 乔东. 新时代国企文化建设的新使命、任务与路径 [J]. 企业文明，2017 (12)：41—43.

[44] 栾强. 我国企业文化建设亟待解决的问题及对策 [J]. 山东社会科学，2017 (01)：141—144.

[45] 易小明. 论系统思维方法的一般原则 [J]. 齐鲁学刊，2015 (04)：57—63.

[46] 鲁品越. 从构成论到生成论——系统思想的历史转变 [J]. 中国人民大学学报，2015，29 (05)：122—130.

[47] 王一. 我国多重法律责任实现机制研究［D］. 北京：中共中央党校，2020.

[48] 詹萍. 企地共建和谐共进——乐清发电公司参与社会管理的探索与实践［J］. 中外企业家，2016（17）：96-97.

[49] 王良锦. 构建战略大气区新型企地关系的模式与途径——以西南战略大气区为例［J］. 天然气工业，2020，40（09）：138-145.

[50] 李学林. 基于冲突理论的石油企业与资源所在地构建和谐关系探讨［J］. 产业与科技论坛，2007（09）：38-40.

[51] 吴跃庆. 企地文化融合对塑造企业形象的促进作用——云南销售民族特色加油站建设案例研究［J］. 北京石油管理干部学院学报，2019，26（05）：53-56.

[52] 晏宗新，冉小芹. 山西煤层气分公司企地和谐促发展的实践与思考［J］. 河北企业，2016（04）：112-113.

[53] 中国石化齐鲁石化公司党委. 坚持"四个导向"推动国企高质量发展［J］. 企业文明，2018（03）：88-93.

[54] 孙志钢. 让石油成为民族文化仓廪中珍贵谷粒——关于建立中国石油石化博物馆的理性思考和政策建议［J］. 中国石油企业，2016（07）：87-90.

[55] 张博. 我国第一个石油工业题材原址性纪念馆——走进大庆油田历史陈列馆［J］. 奋斗，2019（17）：73-74.

[56] 关晓红. 努力开创新时期中国石油党建思想政治工作新局面［J］. 企业文明，2012（12）：38-40.

[57] 孙宏林. 新媒体在企业文化建设中的应用［J］. 新经济，2021（07）：22-23.

[58] 张静. 非物质文化遗产与地方企业文化建设的联系［J］. 散文百家：下旬刊，2015（3）：1.

[59] 许艳萍. 浅谈城市绿道景观工程建设与发展——集美田塘绿道建设［J］. 江西建材，2014（11）：194+196.

[60] 毛静远. 厦漳城际南环线铁路绿色通道景观工程设计探讨［J］. 工程技术研究，2018（13）：79-81.

[61] 刘丹. 企业形象识别系统［J］. 东北农业大学学报：社会科学版，2006，4（1）：3.

[62] 蒋维娟. 和谐社区文化建设的思考与探索［J］. 赤子（上中旬），2016

(23)：34.

[63] 王晓娟. 论如何增强石油企业社区文化建设软实力［J］. 经济期刊，2016，000（002）：351.

[64] 夏忠胜，丁延武. 农村社区组织与制度［M］. 成都：四川大学出版社，2007.

[65] 李增元. 乡村治理转型视角下的农村社区建设——社会融合与共同体建构［J］. 山东科技大学学报（社会科学版），2009，11（03）：60-65.

[66] 赵洁. 城乡一体化视野下农村社区建设问题探析［J］. 管理观察，2014（04）：178-179.

[67] 冯士莹. 关于夯实石油企业型社区社会管理基础的几点思考［J］. 中国科技纵横，2013（4）：229.

[68] 孔明德. 浅论企业文化与地域文化的相互影响与深度结合［J］. 东方企业文化，2014（03）：131.

[69] 慕玲，路风. 集成创新的要素［J］. 中国软科学，2003（11）：105-111.

[70] 江辉，陈劲. 集成创新：一类新的创新模式［J］. 科研管理，2000（05）：31-39.

[71] 王伟军，孙晶. 我国公共信息服务平台建设初探［J］. 中国图书馆学报，2007（02）：33-36.

[72] 李晓辉. 以文化常青促基业长青［J］. 科技创新导报，2014，11（31）：216.

[73] 王瑞翔. 地域文化与企业文化结合的相关因素分析［J］. 生物技术世界，2013（03）：174-175.

[74] 刘志勇. 论经营者人才队伍建设的重要性及战略对策［J］. 企业家天地，2007（06）：173-174.

[75] 吴朋. 关于企业文化与地域文化和谐共建的模式探讨［J］. 企业家天地，2007（06）：172-173.

[76] 平功沛. 地域文化与企业发展战略——从海尔与新飞发展历程的对比谈地域文化对企业发展战略的影响［J］. 北方交通大学学报（社会科学版），2002（01）：33-38.

[77] 郭永喜，陈雅珺. 新形势下构建和谐企地关系的几点思考［J］. 中国石油企业，2020（03）：92-94.

[78] 效田. 企地关系助力企业发展［J］. 中国石油企业，2014（07）：100.

[79] 白骁. 新形势下和谐企地关系建设探讨［J］. 中国石油和化工标准与质

量，2019，39（10）：66-67.

[80] 宋国新，董雪. 我国"双碳"目标实现的主要挑战与路径选择［J］. 东北亚经济研究，2022，6（06）：109-119.

[81] 李森圣，何润民，王富平，等."双碳"目标下川渝地区天然气与新能源融合发展对策研究［J］. 天然气技术与经济，2022，16（01）：60-66，72.

[82] 贾劝宝. 企地相融：国有油田发展的必由之路［J］. 胜利油田党校学报，2007（06）：110-112.

[83] 李扬. 国有企业属地化分支机构的特色企业文化构建［J］. 现代企业文化，2022（14）：4-6.

[84] 徐耀强. 企业文化在新发展阶段的三大重构方向［J］. 中外企业文化，2021（10）：20-23.

[85] 崔奋. 关于油气田企业制度创新的思考［J］. 化工管理，2016（33）：95.

[86] 文斌. 国有企业文化建设中存在的问题及应对［J］. 现代企业文化，2022（08）：7-9.

[87] 蒲新微. 从绩效到文化：人力资源管理的双轮驱动力研究［J］. 人力资源管理，2015（07）：47-48.

[88] 陆泽杰，贾文良，陈安迪. 新时期石油企业文化建设的思考［J］. 化工设计通讯，2016，42（07）：24.

[89] 辜穗，陈睿，张莉，等. 油气企地文化融合发展模式［J］. 天然气技术与经济，2022，16（04）：74-80.

[90] 景扬，陈玉龙，张仪晖，等. 加强天然气文化建设提升油气田企业软实力［J］. 北京石油管理干部学院学报，2015，22（04）：39-41.